빅데이터는 무엇이고,
빅데이터 전문가는 어떤 일을 할까?

빅데이터 커리어 가이드북

조성준, 김현용, 박서영, 안용대, 임성연 지음

길벗

빅데이터 커리어 가이드북
Big Data Career Guidebook

초판 발행 · 2021년 11월 12일
초판 4쇄 발행 · 2023년 2월 3일

지은이 · 조성준, 김현용, 박서영, 안용대, 임성연
발행인 · 이종원
발행처 · (주)도서출판 길벗
출판사 등록일 · 1990년 12월 24일
주소 · 서울시 마포구 월드컵로 10길 56(서교동)
대표 전화 · 02)332-0931 | **팩스** · 02)323-0586
홈페이지 · www.gilbut.co.kr | **이메일** · gilbut@gilbut.co.kr

기획 및 책임 편집 · 최동원(cdw8282@gilbut.co.kr) | **표지 및 본문 디자인** · 이도경 | **제작** · 이준호, 손일순, 이진혁
영업마케팅 · 전선하, 차명환, 박민영 | **영업관리** · 김명자 | **독자지원** · 윤정아, 최희창

교정교열 · 안종군 | **전산편집** · 예다움 | **CTP 출력 및 인쇄** · 천일문화사 | **제본** · 신정제본

ISBN 979-11-6521-749-5 03000
(길벗 도서번호 007093)

가격 20,000원

독자의 1초까지 아껴주는 정성 길벗출판사
길벗 · IT단행본, IT교육서, 교양&실용서, 경제경영서
길벗스쿨 · 어린이학습, 어린이어학

페이스북 | www.facebook.com/gilbutzigy
네이버 포스트 | post.naver.com/gilbutzigy

저자의 말

조성준

'대한민국 최고의 데이터마이닝 전문가'이자 서울대학교 산업공학과 교수로, 서울대학교 산업공학과를 졸업하고 동 대학원에서 석사 학위를 받았다. 미국 워싱턴대학교에서 인공지능 연구로 석사 학위, 메릴랜드대학교에서 신경망과 기계학습 연구로 박사 학위를 받았다. 현재 서울대학교 데이터마이닝센터 센터장과 국무총리 산하 공공데이터전략위원회 공동위원장을 맡고 있으며, 정부3.0추진위원회 빅데이터전문위원장과 한국데이터마이닝학회 회장을 지냈다.

최근 들어 빅데이터는 기업과 우리 사회 전체를 발전시키는 데 결정적인 역할을 하고 있습니다. 과거에는 나이가 많거나, 경험이 풍부하거나, 지위가 높은 사람의 의견을 따라 의사결정을 하는 경향이 있었지만, 빅데이터가 등장한 이후에는 객관적인 데이터를 분석해 도출된 인사이트를 근거로 의사결정을 하는 추세로 바뀌었습니다. 이러한 추세에 발맞추기 위해서는 컴퓨터 사이언스, 산업공학, 통계학을 전공한 사람들이 데이터 리서처, 데이터 사이언티스트, 데이터 엔지니어가 돼야 합니다. 다른 분야의 전문가들도 빅데이터의 기초를 배우면 데이터 애널리스트, 데이터 기획자, 시티즌 데이터 사이언티스트가 될 수 있습니다. 빅데이터는 인문, 사회, 경영, 경제, 의료, 과학, 스포츠, 예술 등과 같은 거의 모든 분야에 적용되기 때문입니다.

빅데이터는 전공과는 무관하게 공부해야 하는 미래 지식입니다. 100년 전에는 '문맹', 30년 전에는 '컴맹'이 있었지만, 지금은 모두 사라졌습니다. 그 대신 지금은 '데맹'이 있습니다. 데맹에서 벗어나면 굉장한 기회가 주어집니다. 이 책에는 제가 지난 수십 년간 머신러닝, 인공지능, 빅데이터 분야에서 연구를 하거나 교육을 하면서 만난 많은 분이 수행하고 있는 일, 업무를 수행하는 데 필요한 지식, 실제 현업의 목소리가 담겨 있기 때문에 진로를 탐색하는 고등학생, 취업 준비를 하는 대학생, 이미 현업에서 일을 하고 있는 직장인에게 도움이 될 것이라 확신합니다.

저자의 말

저는 데이터 리서처로서 커리어를 시작했습니다. 컴퓨터 사이언스 박사 과정 중 우연히 수강하게 된 '연결주의 컴퓨팅'이라는 수업에서 뉴럴 네트워크 기반의 머신러닝을 접하고는 곧바로 이 분야의 매력에 빠져버렸습니다. 그 이후 새로운 알고리즘을 개발하는 연구를 하면서 자연스럽게 데이터 리서처의 삶을 살아왔습니다. 또한 국내 굴지의 기업에서 만든 데이터를 분석해 인사이트를 도출해 주는 데이터 사이언티스트의 역할도 수행하고 있습니다. 이 작업을 하면서 평소 해당 문제를 고민하는 현업의 임직원들을 보고 문제의 본질을 알아야만 데이터를 제대로 분석할 수 있다는 것과 분석을 잘할 수 있도록 데이터를 준비하는 전처리 작업이 전체 분석 시간의 80~90%를 차지한다는 것을 알게 됐습니다.

분석에 필요한 데이터는 당연히 사내 어딘가에 존재하지만, 이를 찾거나 모으는 일은 데이터 엔지니어의 몫입니다. 시스템 에어컨의 실외기에서 생성되는 센서 데이터를 어떤 방식으로, 어디에 저장할 것인지를 결정하는 것도 데이터 엔지니어가 해야 할 일입니다.

저는 이 책을 준비하면서 영업 마케팅 분야의 산학 협력을 통해 각 매장에서 들어오는 매출 데이터를 정리하고 분석하는 데이터 애널리스트들을 직접 만났습니다. 이 경험을 통해 서로 비슷한 작업이 모든 기업에서 일어나고 있고, 해당 업무에 종사하는 사람들이 매우 많다는 걸 알게 됐습니다.

어느 날은 사내 ERP 프로젝트를 수행하는 과정에서 생성된 엄청난 양의 데이터를 어떻게든 분석해 인사이트를 도출하고 싶다며 모 기업의 연구소 팀장이 찾아왔습니다. 자신들은 빅데이터 분석을 어떻게 하는지도 모르고, 어떤 데이터로 무슨 분석을 할 수 있는지도 모른다고 말했습니다. 이 분과 대화를 나누면서 가장 선행돼야 하는 작업이 데이터-인사이트-밸류를 찾는 기획이라는 걸 알게 됐고, 이 과정에서 현업 담당자들과 마주앉아 데이터 기획자로서 수십 시간의 토론 끝에 다섯 건의 분석 기획안을 만들었습니다.

이후에는 현업에서 어떤 문제가 중요하고, 어떤 데이터가 있는지를 알고 있는 임직원들에게 데이디 사이언스를 기르치기 시작했습니다. 머신러닝, 통계, 시각화, 최적화 등과 같은 애널리틱스 분석 방법을 교육하면서 임직원들을 시티즌 데이터 사이언티스트로 성장시켰습니다. 소위 파워유저라고도 할 수 있는 이들은 스스로 기본적인 분석을 할 수 있고, 전문 데이터 사이언티스트와 기술적인 내용을 소통할 수도 있습니다. 또한 자신이 할 수 있는 일과 전문가에게 맡겨야 할 일을 정확히 구분할 수 있고, 자신이 원하는 바가 무엇인지를 전문가에게 정확히 이야기할 수도 있습니다. 시티즌 데이터 사이언티스트는 기업 내에서 바텀업으로 데이터 기반의 의사결정이 정착되도록 하는 데 결정적인 역할을 합니다.

이 책이 소개하는 빅데이터 전문가의 직무를 수행하는 분들을 직접 만나 본 것은 제게 큰 축복이었습니다. 삼성전자, 현대차, 포스코, CJ제일제당, 대우조선해양, 농협은행, 엘지유플러스, 현대카드, VAIV 관계자들께 감사드립니다. 저를 머신러닝 분야로 이끌어 주신 메릴랜드대학교 제임스 레지아 교수님, 저와 함께 수많은 연구를 함께 수행한 포스텍, 서울대학교의 제자들에게도 감사드립니다.

저자의 말

김현용

현재 서울대학교 산업공학과 데이터마이닝 연구실에서 박사과정을 밟고 있으며, 파이낸셜 데이터옵스 기술 기반 스타트업 ㈜프리즘39의 대표를 맡고 있다. 서울대학교 응용생물화학부와 통계학과에서 학부 졸업한 후 AXA에서 프라이싱 스페셜리스트로 금융 데이터를 분석했다. 퇴사 후 서울대학교 산업공학과 데이터마이닝 연구실에서 석사 학위를 취득했으며, 데이터 기반 자동화 기술과 머신러닝 기술의 금융 분야 응용에 많은 관심을 갖고 있다.

몇 년 전부터 빅데이터와 인공지능 분야에 대한 관심이 증가하면서 빅데이터 전문가로 커리어를 시작하려는 사람이 굉장히 많아졌습니다. 하지만 막상 빅데이터 커리어를 준비하려 해도 빅데이터 전문가의 업무와 분야가 어떻게 나뉘고, 어떤 일을 하는지, 무엇을 준비해야 하는지와 같은 정보가 매우 제한적이었습니다. 이 책을 통해 빅데이터 전문가를 꿈꾸는 모든 사람이 궁금증을 해소하고 빅데이터 커리어 여정의 출발점을 찾으실 수 있길 바랍니다.

이 책은 수많은 데이터마이닝 연구실과 데이터 업계 선후배님의 도움으로 만들어졌습니다. 도움을 주신 모든 분들께 감사드립니다. 글이 책이 되도록 허락해 준 길벗 출판사와 관계자 그리고 특별히 최동원 차장님에게 감사드립니다. 기획부터 글 마침까지 함께한 집필진과 언제나 저를 지지해 주는 가족에게도 감사의 마음을 전합니다.

박서영

현재 펜실베이니아대학의 와튼스쿨에서 박사과정을 밟고 있다. 듀크대학에서 공공정책학 학사 학위를 받았고, 워싱턴 디씨의 부즈 알렌 해밀턴에서 컨설턴트로 근무했다. 당시 데이터마이닝에 관심을 갖게 돼 각종 온라인 강의로 독학했다. 이후 서울대학교 산업공학과에서 석사과정을 시작해 데이터마이닝 연구실에서 다양한 연구 개발 경험을 쌓았으며, 2021년 2월 석사 학위를 취득했다.

돌이켜보니 사소하고도 우연한 계기로 이 책을 시작하게 된 것 같습니다. 여느 때와 다름없이 연구실에서 머리를 식힐 겸 커피 한잔하며 수다를 떨던 중 누군가 '빅데이터 전문가는 정확히 어떤 사람을 의미하는 걸까?'라는 화두를 던졌던 것으로 기억합니다. 높아져가는 빅데이터에 대한 관심에도 불구하고 빅데이터를 공부하려면 어디에서 시작해야 하는지, 빅데이터 전문가가 되기 위해선 어떤 과정을 거쳐야 하는지 등에 대한 정보가 여전히 부족하다는 결론을 내리게 되었고, 함께 뜻을 모아 책을 출판하기로 결심했습니다. 저 역시 오랜 기간 진로에 대해 고민하고 정보를 찾아 헤매던 사람으로서 이 책이 많은 독자에게 조금이나마 도움이 되었으면 합니다.

책의 취지에 공감해 주시고 흔쾌히 시간을 내 준 빅데이터 전문가에게 다시 한번 깊은 감사드립니다. 책의 출판을 도와준 길벗출판사 관계자, 특히 최동원 차장님께 감사드립니다. 또한 소중한 의견과 시간을 내 처음부터 끝까지 책의 모든 여정을 함께한 집필진에게도 감사드립니다.

마지막으로 언제나 저를 믿고 응원해 주는 가족과 친구들, 감사하고 사랑합니다.

저자의 말

안용대

현재 동형암호 기술 기반 스타트업 ㈜디사일로에서 데이터 사이언스팀 팀장을 맡고 있고, 세종대학교 호텔관광대학 호텔관광경영학과 LINC+ 관광플랫폼 D&M 트랙 연구 교수를 겸임하고 있다. 한국과학기술원 산업 및 시스템공학과를 학부 졸업한 후 현대중공업 조선사업기획부에서 3년간 근무했다. 퇴사 후 서울대학교 산업공학과 데이터마이닝 연구실에서 석·박사 통합과정으로 2021년 8월 박사 졸업했다. 대학원 과정 중에 쇼박스, LG전자, LS산전, 현대자동차 등 다양한 기업의 데이터 분석 관련 연구 과제에 참여했다.

머리말을 작성하고 있는 이제야 끝나지 않을 것만 같았던 작업이 끝나간다는 것을 실감합니다. 빅데이터 커리어를 시작하려고 하는 사람에게 등대와 같은 책을 쓰겠다는 마음은 온데간데없고, '이 책이 정말 그 사람에게 도움이 될 수 있을까?', '혹시 내용이 부족하거나 잘못된 내용을 전달하는 건 아닐까?' 하는 의심과 고민 속에서 이글을 적고 있습니다. 부디 빅데이터 커리어를 시작하려는 누군가에게 조금이라도 도움을 줄 수 있는 책이 되었으면 합니다.

연구실 동료와 이 책을 기획한 이후 지금까지 개인적으로 많은 일이 있었습니다. 사랑하는 사람과 결혼을 했고, 소중한 딸 유안이를 얻었습니다. 감사하게도 저에게 또 다른 보물이 될 둘째 태산이(태명)도 곧 나오겠네요. 감사한 일이 많았던 시간이었지만, 대학원 생활과 집필 작업 그리고 육아를 동시에 진행하는 것이 쉽지 않았습니다. 남편으로서, 아빠로서, 대학원생으로서, 모든 면에서 부족했고 모자랐습니다. 제가 작업할 수 있는 시간을 내 주기 위해 온전히 유안이를 돌본 아내가 아니었다면, 진작에 포기했을 것입니다. 힘든 시간을 묵묵히 견디며 지지해 준 사랑하는 아내 민아에게 감사의 마음을 전합니다.

임성연

현재 서울대학교 산업공학과 데이터마이닝 연구실에서 석·박사 통합 과정을 밟고 있다. 영국 임페리얼 칼리지 런던에서 수학 학사 학위를 취득했고, 홍콩 HSBC에서 비즈니스 애널리스트, 홍콩 BNP 파리바에서 시스템 애널리스트로 근무했다. 금융 데이터와 머신러닝 기술에 대한 관심으로 다양한 연구 개발 활동을 이어가고 있다.

이 책을 기획할 때가 생각납니다. 빅데이터 전문가를 꿈꾸는 사람들을 차례로 만나며 어떤 정보를 전달해야 도움이 될 수 있는지를 고민했습니다. 의욕과 열정은 있었지만 현장의 상황과 지식이 절실하다고 판단했습니다. 다양한 아이디어가 있었고, 지금의 결과물이 나오기까지 수많은 토의와 준비 과정이 있었습니다. 많은 독자가 좋아해 주면 좋겠습니다. 특히 이미 빅데이터 전문가로 활동하고 계시는 선배의 이야기를 전달할 수 있어서 행운이라고 생각합니다.

오랜 과정을 함께 해 준 집필진과 봉준이형, 하연누나 정말 고맙습니다. 흔쾌히 인터뷰에 응해 주신 선배님들 감사합니다. 큰 도움 주신 최동원 차장님도 고맙습니다. 응원해 주신 가족도 감사합니다. 이 책이 예비 빅데이터 전문가 분들에게 많은 도움이 됐으면 합니다.

추천사

저희 경력개발센터 연구팀의 2020년 하반기 조사 결과, 기업이 리더에게 요구하는 역량 중 '데이터 활용'이 2020년 상반기 대비 193%나 증가했습니다. 대한민국 데이터마이닝의 대명사로 불리는 조성준 교수 연구팀이 저술한 《빅데이터 커리어 가이드북》은 데이터 활용에 대한 기대 수요가 상승한 시기에 단비와 같은 책입니다. 전공을 불문하고 누구나 손쉽게 빅데이터를 이해하고 활용할 수 있도록 핵심 개념과 현장의 사례가 소개돼 있으니 부디 만끽하시길 바랍니다.

_**이찬**(서울대학교 교수, 서울대 경력개발센터장)

'AI가 발전하려면 AI 모델, 인재, 잘 정제된 빅데이터, AI 인프라(Infra)의 네 박자를 잘 갖추고 있어야 한다.'라는 법칙이 있습니다. 또한 기업이 성공하려면 고객을 제대로 이해하고 있어야 합니다. 고객은 자신의 마음을 데이터라는 형태로 표현하는 속성이 있습니다. 이러한 고객의 속성을 파악하기 위해서는 빅데이터를 잘 수집·정제·분석해야 하지만, 이를 위해서는 고도의 전문성이 필요합니다.

실전과 이론을 겸비하는 데 도움이 되는 가이드북이 출간된다는 소식을 듣고 무척 기뻤습니다. 기업 현장에서 쓸 수 있는 AI, 클라우드 기반의 기술과 플랫폼, 서비스를 개발하고 제공하고 있는 기업의 경영자로서 《빅데이터 커리어 가이드북》의 출간은 큰 의미가 있습니다. 꿈을 꾸고 있는 많은 빅데이터, AI, 클라우드 분야의 인재들에게 이 책의 일독을 권합니다.

_**백상엽**(카카오 엔터프라이즈 대표이사)

'우리 회사 빅데이터팀의 리더는 내부에서 발탁해야 할까, 외부에서 영입해야 할까?', '우리 회사의 빅데이터팀은 경쟁력 있게 구성돼 있는가?', '빅데이터 분석은 디지털 트랜스포메이션 시대에 어떤 역할을 하는가?' 《빅데이터 커리어 가이드북》은 이런 경영진의 고민에 대한 명쾌한 해답을 제시하고 있습니다. 이 책은 회사 내·외부의 데이터를 정보화·시각화함으로써 의사결정 기구의 역할을 할 수 있는 빅데이터팀을 구성하는 데 많은 도움이 될 것입니다.

_**이승우**(SAS Korea 대표)

빅데이터라는 새로운 단어가 세상에 나온 지도 벌써 10년이 돼갑니다. 우리의 일상에서 쏟아지고 있는 데이터의 광산에서 유용한 인사이트를 찾아내려는 사람들의 시도와 경험이 하나둘씩 모이고 있습니다. 《빅데이터 커리어 가이드북》은 이처럼 용감한 탐험가들에게 길잡이 역할을 해 줄 것입니다. 빅데이터 전문가의 꿈을 꾸고 있는 많은 사람에게 이 책을 추천합니다.

_**송길영**(마인드 마이너, 바이브컴퍼니 부사장)

추천사

《빅데이터 커리어 가이드북》은 데이터 관련 직종에서 일하고 싶은 사람들에게 훌륭한 안내자 역할을 해 줄 수 있는 책입니다. 빅데이터 전문가는 수학이나 통계학을 전공한 사람만이 될 수 있다는 고정관념에서 벗어나 '어떻게 하면 데이터 시장에서 전문가로 자리매김할 수 있는지'를 상세히 설명해 주고 있습니다.

_**이상래**(농협은행 부행장)

최근 들어 데이터의 중요성이 부각되고 있습니다. 이런 흐름은 전통 산업인 금융업에서도 예외가 아닙니다. 국내외 대부분 금융 기관에서 데이터 관리와 분석에 필요한 인프라 구축과 인재 채용에 투자를 아끼지 않고 있습니다. 《빅데이터 커리어 가이드북》은 변화를 이끄는 기업이 어떤 인재를 원하는지 소개하고 있을 뿐 아니라 빅데이터 전문가들이 현업에서 겪은 생생한 경험도 담겨 있습니다. 이 책은 훌륭한 취업 준비 안내서 역할을 하는 동시에 자신의 빅데이터 지식을 점검하고 발전시키는 데 많은 도움을 줄 것입니다. 빅데이터 시대를 함께 이끌어 갈 모든 분께 이 책을 추천합니다.

_**임미선**(HSBC 코리아 COO 부대표)

현대는 '디지털 인재 전쟁(War for Digital Talents)'의 시대입니다. 7~8년 선부터 '니지털 전환(Digital Transformation, DX)'이라는 물결을 예상한 거의 모든 기업이 앞다투어 빅데이터 플랫폼을 갖추고 인재를 영입해 왔습니다. 각 기업의 인사 담당자들은 빅데이터 역량을 얼마만큼 갖췄는지에 따라 고객 경험의 혁신, 획기적인 운영 효율 개선, 새로운 사업 발굴 등의 성과가 결정된다는 것을 몸소 체험하면서 빅데이터 관련 인재를 영입하는 데 열을 올리고 있습니다. LG는 지난 2년간 서울대 데이터마이닝센터의 도움을 받아 매년 100여 명 이상의 초·중급 빅데이터 전문가를 양성해 왔습니다. 이번에 출간되는 ≪빅데이터 커리어 가이드북≫은 빅데이터 역량을 배양하고자 하는 분들은 물론 인재를 육성하고자 하는 기업에 많은 도움이 될 것이라 생각합니다. ≪빅데이터 커리어 가이드북≫이 DX 시대의 필독서로서 많은 사람에게 사랑받기를 바랍니다.

_**양효석**(LG유플러스 CHO 전무)

통신사를 비롯한 많은 기업은 ABC(AI, BigData, Cloud) 기반의 디지털 전환(Digital Transformation)을 진행하고 있고, 그 중심에는 기술을 보유하고 있거나 비전을 품고 있는 인재가 있습니다. ≪빅데이터 커리어 가이드북≫에는 저자들이 실제로 진행되는 프로젝트 책임자들을 인터뷰한 내용을 바탕으로 회사에 필요한 인재가 알아야 할 내용과 관련 전문 지식을 습득 방법이 상세하게 담겨 있기 때문에 이 분야로 진출하고자 하는 인재들에게 친절한 길잡이 역할을 해 줄 것입니다. 또한 이 책에서 제시하고 있는 빅데이터 직무 관련 내용은 빅데이터팀을 운영하거나 계획 중인 실무자들에게 훌륭한 인사이트를 제공하고 있기 때문에 빅데이터 산업 종사 희망자라면 꼭 한 번은 읽어봐야 한다고 생각합니다.

_**임미숙**(KT AI연구소 AI 서비스 담당 상무)

서문

매일같이 4차 산업혁명이 화제가 되고 있는 가운데, 혁신적인 인공지능 기술이 끊임없이 발표되고 있습니다. 이에 발맞춰 많은 기업이 앞다퉈 빅데이터 인력을 모집하고 있지만, 아직까지 빅데이터가 정확히 무엇인지 그리고 빅데이터와 관련된 직업과 직무를 어떻게 정의하고 구분 지어야 하는지에 대한 논의는 계속 진행되고 있습니다. 수많은 빅데이터 관련 구인·구직 공고가 등장하지만, 구체적으로 무슨 일을 하는지, 관심 있는 빅데이터 직업을 가지려면 무엇을 공부하고 어떻게 준비해야 하는지를 알기 힘든 실정입니다.

이 책의 목표는 지금까지 누구도 알려 주지 않았던 빅데이터 직업과 직무를 마치 친구나 선후배로부터 전해 듣는 것처럼 생생하게 경험하도록 도와주는 것입니다. 이를 위해 집필진의 경험과 지식, 현업에서 활발히 활동 중인 빅데이터 전문가와의 인터뷰 그리고 철저한 조사를 바탕으로 지금까지 빅데이터 전문가로만 소개됐던 직무를 세분화했습니다. 직무별 설명뿐 아니라 해당 직무에 필요한 지식과 능력, 취업 준비에 필요한 내용도 함께 담았습니다. 더 나아가 각 빅데이터 직무가 현실 세계에서 어떤 식으로 유기적으로 협업하는지를 쉽게 보여 주기 위해 여러 케이스 스터디도 담았습니다. 취업을 준비 중인 독자가 빅데이터 진로를 더 철저하게 준비해 꿈꾸던 취업을 이루길 기원합니다. 빅데이터 팀을 적극적으로 구성하려는 기업의 인사 담당자나 빅데이터가 불러일으킨 직업 세계의 변화에 대해 알차게 배우고 싶은 독자에게도 많은 도움이 되길 바랍니다.

이 책의 구성

이 책은 4개의 마당으로 구성돼 있습니다. 각 마당에서는 빅데이터가 무엇이고, 빅데이터 전문가는 어떤 일을 하는지 그리고 빅데이터 전문가가 되려면 어떤 지식이 필요하고, 빅데이터 전문가로 취업하려면 어떤 준비가 필요한지를 구체적으로 설명합니다.

첫째마당에서는 최근 각광받는 빅데이터가 무엇인지 설명하고, 이에 따른 기업과 빅데이터 직업의 변화 그리고 새로운 직업의 탄생을 다뤘습니다. 우선 빅데이터 산업 내에서 빈번하게 등장하는 업무와 특징을 기준으로 빅데이터 전문가를 여섯 직무로 나눴습니다. 또한 각 직무가 서로 현업의 다른 부서와 유기적으로 작동하는 과정을 보여 주기 위해 실제 회사에서 진행한 프로젝트를 바탕으로 케이스 스터디를 실었습니다.

둘째마당에서는 각 직업의 구체적인 업무를 상세히 설명하고, 실제로 다양한 환경에서 근무하는 빅데이터 전문가의 인터뷰를 담았습니다. 같은 직종에서 같은 업무를 수행하더라도 그 경험은 개개인의 성격이나 배경, 관심사 등에 따라 다를 것입니다. 집필진 역시 단편적인 특징만으로 직무를 정의하는 데 그쳐선 안 된다고 생각했기 때문에 최대한 다양한 경험을 가진 빅데이터 전문가를 인터뷰했습니다.

셋째마당에서는 빅데이터 직무별로 반드시 갖춰야 할 핵심적인 지식과 기술적인 역량을 다뤘습니다. 저희 집필진의 전문 지식과 온라인 구인·구직 공고 분석, 빅데이터 전문가 인터뷰, 기업의 인사팀과 경영진 인터뷰를 바탕으로 내용을 정리했습니다. 여기에는 오래전부터 데이터 분석에 사용한 선형 대수학 및 통계 기법부터 최근 몇 년 사이 크게 각광받는 딥러닝도 포함돼 있습니다.

넷째마당에서는 빅데이터 관련 취업 준비 과정을 다뤘습니다. 누구나 자신만의 준비 방법과 스타일이 있지만, 빅데이터 관련 취업 준비가 다른 분야와 어떻게 다른지 그리고 현재 취업 시장에서 어떤 지식과 기술 및 태도를 요구하는지에 중점을 뒀습니다.

이 책의 대상 독자

빅데이터와 빅데이터 전문가에 대한 관심은 계속 늘고 있지만, 아쉽게도 빅데이터 전문가의 수요에 비해 공급이 적어 빅데이터 전문 인력이나 팀을 구성하더라도 협업 부서와 갈등을 겪는 경우가 허다합니다. 이 책의 대상 독자는 빅데이터에 관심있는 학생을 비롯해 빅데이터 직무로의 취업을 희망하는 취업준비생입니다.

이 책이 제대로 된 빅데이터 팀을 구성하려는 기업의 인사 담당자나 경영진, 지금 몸 담고 있는 팀이나 기업에서 변화를 추구하는 빅데이터 전문가와 빅데이터로 세상을 바꾸고 싶은 예비 창업자에게 도움이 되길 바랍니다. 빅데이터 전문가와 빅데이터 프로젝트를 진행하는 팀을 제대로 이해하고 협업하려는 진취적인 모든 전문가, 빅데이터 시대에서 새로운 진로를 찾고 있는 학생이나 부모님에게도 큰 도움이 됐으면 합니다.

이 책을 읽을 독자가 각 빅데이터 직업별로 어떤 내용을 더 중점적으로 읽어야 할지 참고할 수 있도록 '북맵'을 제공합니다. 북맵을 제공하는 이유는 이 책에서 다루는 빅데이터 직업과 내용이 광범위하기 때문입니다. 예를 들어 데이터 시각화에 흥미를 갖고 '데이터 애널리스트'를 꿈꾸는 독자라면 셋째마당의 '6. 프로그래밍'에 대한 내용을 자세히 읽을 필요가 없을 수도 있습니다. 그 대신 '3. 시각화'는 데이터 분석 결과를 효과적으로 전달할 때 꼭 필요한 지식이므로 중점적으로 읽는 것이 좋습니다. 반면, '데이터 리서처'를 꿈꾼다면 '6. 프로그래밍'을 통해 자유도 높은 데이터 분석에 많은 도움을 얻을 수 있을 것입니다. 만약 빅데이터 팀을 구성하고 빅데이터 프로젝트를 기획하고자 하는 '데이터 기획자'라면 첫째마당 '빅데이터 세상'과 둘째마당 '빅데이터 직무'가 빅데이터 프로젝트에 참여하는 각 전문가의 업무와 전체 프로세스를 이해하는 데 도움이 될 것입니다.

북맵의 별점은 다음과 같은 기준으로 구성됐습니다.

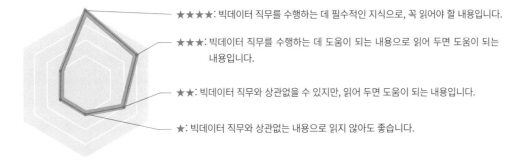

★★★★: 빅데이터 직무를 수행하는 데 필수적인 지식으로, 꼭 읽어야 할 내용입니다.

★★★: 빅데이터 직무를 수행하는 데 도움이 되는 내용으로 읽어 두면 도움이 되는 내용입니다.

★★: 빅데이터 직무와 상관없을 수 있지만, 읽어 두면 도움이 되는 내용입니다.

★: 빅데이터 직무와 상관없는 내용으로 읽지 않아도 좋습니다.

이렇게 이 책에서 제시하는 빅데이터 직업과 직무를 구분해 각 독자의 목표와 배경 지식에 따라 유익한 정보를 선별적으로 접할 수 있도록 북맵을 제공합니다. 어떤 내용을 더 중점적으로 읽어야 할지 고민된다면 북맵을 참고해 읽어보세요. 북맵이 이 책의 지도이자 가이드가 될 것입니다.

목차

둘째마당.
빅데이터 직무

목차

셋째마당.
빅데이터 지식

목차

넷째마당.
빅데이터 취업

빅데이터 세상

빅데이터 세상에 오신 것을 환영합니다. 첫째마당에서는 빅데이터가 등장한 배경과 이에 따른 변화를 알아보겠습니다. 빅데이터라는 새로운 환경에서 기업이 어떻게 변화하고 있는지, 기업의 변화와 함께 탄생한 새로운 직무에는 무엇이 있고, 이들은 구체적으로 어떤 일을 하는지도 알아보겠습니다.

1 빅데이터의 등장

1장에서는 언제부터인가 심심치 않게 들려오는 빅데이터가 어떤 배경에서 생겨났는지 알아보겠습니다. 빅데이터와 함께 발전한 IT 기술, 이에 따라 달라진 생활 환경과 정부의 정책, 기업의 노력에는 무엇이 있는지도 살펴보겠습니다.

빅데이터 직업과 상관없이 반드시 읽어야 할 내용입니다.

01   쌓이는 데이터

바야흐로 빅데이터 시대에 접어들었습니다. 데이터는 전혀 새로운 것이 아닌데도 언제부턴가 '빅데이터'라고 불리기 시작하더니 최근 들어 많은 사람의 관심을 받고 있죠.

이러한 변화를 살펴보면 요즘 데이터는 예전과 차이가 있다는 생각을 하게 됩니다. 데이터와 빅데이터의 차이는 바로 '데이터 양', '빠른 생성 속도', '다양성'에 있다고 할 수 있습니다.

세상의 상황을 측정하는 수많은 센서 기술의 발전 덕분에 기업이 데이터를 수집하는 일이 편리해졌고, 스마트폰의 등장과 함께 디지털 세상에 접어들었습니다. 스마트폰, SNS, 신용카드, 이메일, 온라인 쇼핑 등 우리는 일상의 대부분을 디지털 환경에서 보내고 있죠. 이런 환경 속에서 일어나는 모든 일은 디지털 데이터로 만들어지고, 기업은 이 디지털 환경에서 발생한 데이터를 자동으로 수집합니다. 그뿐 아니라 공장, 기업에서 수많은 기계가 만들어 내는 센서 데이터, 기기 간의 통신 데이터 등도 자동으로 수집되고 있습니다.

과거에는 데이터를 사람이 일일이 기록하는 방식으로 수집했다면 이제는 디지털 환경이 스스로 기록하고 자동으로 수집합니다. 지금 이 순간에도 다양한 분야에서 수많은 종류의 데이터가 엄청난 속도로 쌓이고 있죠. 마침내 '빅데이터'가 등장한 것입니다.

1950년대, 약 4MB(보통 음질의 MP3 노래 한 곡)를 저장할 수 있었던 'IBM RAMAC 305'의 크기는 무려 냉장고 두 대, 무게는 1톤, 한 달 대여 비용은 수천만 원에 달했습니다. 사정이 이렇다 보니 데이터를 저장하기 어려워 수많은 데이터를 그냥 흘려버릴 수밖에 없었죠.

이후 데이터 저장 매체의 크기와 비용이 점차 감소하면서 이제는 단돈 몇십 원이면 1GB의 저장 공간을 마련할 수 있게 됐습니다. 이는 1950년대와 비교하면 수억 배나 적은 비용입니다. 비로소 빠른 속도로 생성되는 많은 양의 데이터를 저장할 수 있는 시대가 온 것이죠.

전문가의 조언　**데이터와 통계의 차이점**

데이터는 상대적으로 개별 사건에 대한 정보를 담고 있는 반면, 통계는 여러 사건을 요약한 정보를 담고 있습니다. 교통사고를 예로 들면, 언제 어디서 누가 어떤 사고를 냈는지 교통사고별로 기록하면 '교통사고 데이터'가 되지만, 이 데이터를 요약해 지난 1년간 발생한 교통사고 수를 기록하면 '교통사고 통계'가 됩니다.

02　연산 기술의 발전

데이터가 크다고 해서 바로 가치가 생기는 것은 아닙니다. 큰 데이터를 분석하고 처리할 수 있는 연산 기술이 없다면 빅데이터는 저장 비용만 축낼 것입니다. 예를 들어 온라인 쇼핑몰에서 데이터를 분석해 고객에게 실시간으로 제품을 추천할 때 컴퓨터의 연산 속도가 너무 느려 추천하는 데 하루가 걸리거나 연산 비용이 고객에게 제품을 추천한 효과보다 크다면 추천하는 의미도 없고 가치도 없겠죠.

다행스럽게도 저장 비용이 그랬던 것처럼 연산 비용이 감소한 것은 물론 연산 속도도 크게 향상됐습니다.

2000년의 인텔 CPU는 1초에 20억 회 계산할 수 있었던 반면, 2020년의 인텔 CPU는 1초에 12,000억 회 이상 계산할 수 정도로 빨라졌습니다. 20년 동안 연산 속도가 무려 600배 이상 빨라진 것이죠. 이는 20년 전에 1년 8개월 넘게 걸렸던 계산이 1일이면 끝난다는 것을 의미합니다. 또한 같은 기간 동안 연산 비용은 3만 배 넘게 감소했습니다.

이렇게 저렴하고 빠른 연산 덕분에 이제 빅데이터를 가공하고 분석해 얻을 수 있는 가치가 비용을 앞질러 빅데이터가 경제성을 갖기 시작했습니다. 이와 더불어 *클라우드 컴퓨팅 기술이 발전하면서 연산에 필요한 CPU나 GPU를 직접 갖추고 있지 않아도 고성능 연산 장치를 누구나 쉽게 이용할 수 있게 됐습니다. 비로소 빅데이터를 분석할 수 있는 기반이 마련된 것입니다.

전문가의 조언　　클라우드 컴퓨팅

'클라우드 컴퓨팅'은 인터넷을 통해 저장, 계산 등과 같은 IT 자원을 이용자가 요청하는 만큼 제공하는 서비스입니다. 이용자는 IT 인프라에 대한 투자나 관리 비용 없이 필요한 만큼 IT 자원을 사용하고, 이에 대한 이용료만 지불하면 됩니다. 해외에는 아마존(Amazon)의 'AWS', 마이크로소프트(Microsoft)의 'Azure', 구글(Google)의 '클라우드 플랫폼'과 같은 서비스가 있으며, 국내에는 카카오엔터프라이즈의 'Kakao i Cloud', 네이버의 '네이버 클라우드 플랫폼'이 있습니다.

03 데이터 개방과 융합

데이터가 쌓이고 분석 환경이 마련됐다고 해서 빅데이터 시대가 저절로 열리는 것은 아닙니다. 빅데이터가 빛을 보기 위해서는 데이터의 '개방'과 '융합'이라는 조건이 충족돼야 하기 때문입니다. 데이터는 부분적인 정보를 담고 있기 때문에 분석으로 가치를 높이기 위해서는 다른 데이터와 융합해 포괄적인 정보를 담은 빅데이터를 만든 후 이를 분석 대상으로 삼아야 합니다. 데이터 융합이 원활하게 이뤄지기 위해서는 표준화된 데이터를 개방하고 데이터 접근성을 높이기 위한 노력이 필요합니다. 각국의 정부와 기업은 데이터의 개방으로 빅데이터의 가치를 키우기 위해 노력하고 있습니다.

참고로 우리나라에서는 2020년 1월 9일, 국회 본회의에서 '데이터 3법'이라 불리는 「개인정보보호법」, 「정보통신망 이용 촉진 및 정보보호 등에 관한 법률」(약칭 「정보통신망법」)', 「신용정보의 이용 및 보호에 관한 법률(약칭 「신용정보법」)'이 통과됐습니다. 이 법안은 개인정보와 관련된 빅데이터를 기업에서 좀 더 쉽게 활용할 수 있도록 규제를 완화하는 것으로, 개인정보 처리자의 책임을 강화하되, 개인을 식별할 수 없도록 정보를 가명 처리할 때, 본인의 동의 없이도 데이터를 연구 목적 등으로 활용할 수 있게 하는 법안입니다. 정부는 이와 같이 데이터 개방과 유통 확대를 바탕으로 데이터 융합과 활용을 촉진함으로써 4차 산업혁명 시대의 핵심 자원인 데이터를 통해 신산업 육성을 장려하고 있습니다.

전문가의 조언   공개 데이터를 살펴볼 수 있는 곳

국내 공공 분야(공공데이터포털, 금융 빅데이터 개방 시스템, 보건 의료 빅데이터 개방 시스템)

대한민국 정부는 「공공데이터의 제공 및 이용 활성화에 관한 법률」 제21조(공공데이터포털의 운영)에 따라 공공데이터포털(https://www.data.go.kr/)에서 공공 기관이 생성 또는 취득해 관리하고 있는 공공데이터를 공개하고 있습니다. 2021년 3월 20일을 기준으로 957개 기관의 파일 데이터 38,172건, 오픈 API 6,786건, 표준 데이터셋 10,057건을 제공하고 있죠. 행정안전부 범정부 공공데이터 중장기('19~'21) 개방 계획에 따르면, 정부는 2021년까지 보유 공공데이터의 34%인 142,601건을 개방할 예정이라고 합니다.

이외에 산업별 데이터도 공개되고 있습니다. '금융 빅데이터 개방 시스템(https://credb.kcredit.or.kr:3446/)'은 금융 및 신용 정보를 가공해 분석용 데이터를 제공합니다. '개인 신용 DB', '기업 신용 DB', '보험 신용 DB'와 같은 표본 DB를 제공하고 있으며, 단계적 서비스 확대를 통해 '맞춤형 DB'를 제공할 예정입니다. '보건의료빅데이터개방시스템(https://opendata.hira.or.kr/)'은 전 국민의 진료 정보와 의료 기관, 제약회사 등에서 수집한 정보를 분석 및 정제해 의료 빅데이터를 제공합니다. 조성준 저자가 국무총리와 함께 공동위원장으로 있는 공공데이터전략위원회에서는 공공 분야 데이터 개방을 위한 전략을 만들고 있습니다.

국내 민간 분야(네이버 데이터랩, 중소·중견기업 빅데이터 유통 플랫폼)

'네이버 데이터랩(https://datalab.naver.com/)'은 포털 서비스에서 발생하는 검색어 트렌드, 쇼핑 인사이트, 지역 통계, 댓글 통계 등의 데이터를 제공합니다. '중소·중견기업 빅데이터 유통 플랫폼(https://www.bigdata-sme.kr/)'은 공공과 민간의 협업을 통해 회계, 기업정보, 인사, 부동산, 산업경제, 교육, 채용, 무역 등의 데이터를 유·무료로 제공합니다.

해외 공공 분야(Data.gov, data.gov.uk, OECD Data)

미국 연방 정부는 2021년 3월 20일을 기준으로 'Data.gov(https://www.data.gov/)'를 통해 연방 정부 관련 데이터뿐 아니라 미국 주 정부와 세계 53개국의 데이터 280,234건을 제공합니다. 또한 영국 정부는 'data.gov.uk(https://data.gov.uk/)'를 통해 공공 분야의 데이터를 제공합니다. 각국 정부 외에 'OECD'와 같은 국제 기구도 'OECD Data(https://data.oecd.org/)'를 통해 데이터 공개에 참여하고 있습니다.

해외 민간 분야(Kaggle, AWS)

'캐글(Kaggle)'은 머신러닝 프로젝트 경쟁 플랫폼으로, 프로젝트와 관련된 데이터를 공개합니다. 2021년 3월 20일을 기준으로 데이터 공개 플랫폼(https://www.kaggle.com/datasets)을 통해 76,215건의 데이터를 공개하고 있죠. '아마존(Amazon)'도 AWS를 통해 데이터를 공개하고 있습니다. AWS(https://registry.opendata.aws/)는 2021년 3월 20일을 기준으로 221건의 데이터를 공개하고 있습니다.

2 기업의 변화

빅데이터의 등장에 맞춰 기업도 사업과 조직을 재편하고, 기존의 방식으로는 어려웠던 일을 빅데이터를 통해 해결하려는 움직임을 보이고 있습니다. 2장에서는 빅데이터에 대응하고 있는 기존 기업과 앞으로 등장할 미래 기업에 대해 알아보겠습니다.

빅데이터 직업과 상관없이 반드시 읽어야 할 내용입니다.

01 기존 기업의 전환

빅데이터가 가져온 세상의 변화에 가장 발 빠르게 대응하고 있는 곳은 '기업'입니다. 이미 자체적인 시스템을 갖추고 데이터를 수집하거나 저장하고 있었기 때문에 기존 방식으로 해결하지 못했던 기업 내 문제를 해결하기 위해 쌓여 있었던 데이터를 적극적으로 활용하고 있습니다. 특히 '빅데이터 실행'이라는 새로운 사업 모델을 적극적으로 사용하거나 기존 사업에 접목하려는 시도가 이뤄지고 있죠.

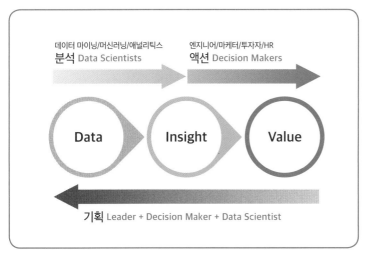

데이터 마이닝/머신러닝/애널리틱스
분석 Data Scientists

엔지니어/마케터/투자자/HR
액션 Decision Makers

Data **Insight** **Value**

기획 Leader + Decision Maker + Data Scientist

▲ 빅데이터 실행

'빅데이터 실행'은 '데이터(Data)에서 인사이트(Insight)를 도출함으로써 가치(Value)를 창출해내는 과정'을 일컫는 말로, 빅데이터에서 사업적 가치를 창출해내는 것을 말합니다. 예를 들어, 아마존은 구매 정보에서 고객이 어떤 제품을 구매하는지를 이해해 고객 추천 서비스를 만들었고, 그 결과 매출이 40%나 증가했습니다. 여기서 고객 구매 정보는 '데이터', 어떤 제품을 구매하는지를 이해하는 것은 '인사이트', 인사이트의 결과로 증가한 매출 40%는 '가치'인 것이죠. 빅데이터를 활용하기 전에는 데이터의 적재와 관리가 어려웠기 때문에 실무 경험을 통해 인사이트를 얻었지만, 이제는 이런 '빅데이터 실행'을 통해 데이터에서 인사이트를 도출하고 있습니다.

'빅데이터 실행'을 가능하게 하려면 사업적 가치에 대한 비전을 세운 후 비전을 실현할 수 있는 인사이트를 상정하고, 그 인사이트를 도출할 수 있는 데이터를 찾는 과정이 필요합니다. 이 일련의 과정을 '빅데이터 기획'이라고 합니다. 예를 들어, 디너 파티를 성공적으로 개최하기 위해서는 참석자의 성향을 파악해 분위기를 적절하게 조성하고, 요리 등과 같은 준비를 해야 합니다. 여기서 성공적인 디너 파티는 '기업의 비전', 참석자의 성향을 파악하는 것은 '인사이트', 성공적인 디너 파티를 위한 준비 과정은 '빅데이터 기획'에 해당하죠. '빅데이터 기획'이 없다는 것은 디너 파티가 시작되기 몇 시간 전에 냉장고 문을 열어 그곳에 있는 재료로 만들 수 있는 요리를 대접하는 것과 같습니다. 이런 이유로 빅데이터 기획을 위해 의사결정자와 빅데이터 전문가가 함께 전략을 세우는 기업이 늘어나고 있습니다.

기업은 '빅데이터 기획'과 '빅데이터 실행'을 효율적으로 실행하기 위해 데이터를 변환·가공하는 '디지털 트랜스포메이션' 작업을 진행하는 동시에 데이터를 바탕으로 의사결정을 하는 데 필요한 인력을 채용하고 조직을 재정비하고 있습니다.

디지털 트랜스포메이션은 '정보 통신 기술(Information and Communications Technologies, ICT)을 활용해 새로운 해결책을 제시하거나 운영 혁신, 사업 기반 재구축 등으로 경쟁력을 확보하고 새로운 성장의 발판을 마련하는 행동'이라고 정의할 수 있습니다. 좀 더 쉽게 설명하면, 디지털 트랜스포메이션은 기업이 기존에 보유하고 있거나 보유할 수 있는 데이터를 디지털화해 사용할 수 있는 형태로 가공해 기존에는 알 수 없었던 새로운 인사이트를 얻는 기회를 만드는 것이죠. 기업은 이런 기회를 얻기 위해 기업 내에 흩어져 있던 데이터 관련 인력을 모아 데이터 분석팀을 구성한 후 각 부서에 필요한 분석 업무를 처리해 주거나 해당 부서에 데이터 분석 인력을 배치해 사내 교육을 진행하는 등 데이터 분석을 활성화함으로써 데이터 분석 업무의 활용도와 영향력을 높일 수 있도록 빅데이터 전문 인력을 확보해 조직 체계를 재정비하는 노력을 해야 합니다.

02 새로운 기업의 출현

빅데이터를 활용해 인사이트를 얻고, 기존 방식으로는 어려웠던 일을 해결하려는 기업이 등장하기 시작했습니다. 국내 기업의 대표적인 예로는 '수아랩'과 '뷰노'를 들 수 있습니다. '수아랩'은 2013년에 창업한 *인공지능(Artificial Intelligence, AI) 스타트업으로, *딥러닝 기술을 기반으로 하는 자동화 검사 솔루션 '수아 킷(SuaKIT)'을 제공합니다. 수아킷은 디스플레이, 태양광, 인쇄 회로기판, 필름, 반도체 등에 필요한 각종 검사를 자동화할 수 있고, 기업은 수아킷의 분할(Segmentation), 분류(Classification), 탐지(Detection) 등을 통해 제조 공정상 발생할 수 있는 불량 검사 과정을 손쉽게 무인화할 수 있습니다.

'뷰노' 역시 인공지능 스타트업으로, 2014년에 설립됐습니다. X-ray, CT, MRI 등과 같은 영상 의료 데이터나 생리학적 신호 데이터 등과 같은 진단 데이터를 활용해 질병을 진단할 수 있는 의료 영상 분석 장치 소프트웨어인 '뷰노메드'를 제공합니다. 뷰노의 목표는 뷰노메드를 통해 의료 부문을 효율화하는 것입니다.

수아랩과 뷰노 모두 전문 교육을 받은 인력만 가능했던 일을 데이터를 통해 해결함으로써 시장에서 기술력과 필요성을 인정받고 있습니다. '수아랩'은 2019년 미국 나스닥 상장 기업인 '코그넥스(Cognex)'에 1억 9,500억 달러에 인수됐습니다. 이는 국내 기술 분야 스타트업의 매각 사례 중 최대 규모였습니다. 뷰노 또한 기술력을 인정받아 최근 코스닥 시장에 기술 특례로 상장됐습니다.

데이터를 활용한다는 점에서는 앞서 소개한 기업과 비슷하지만, 새로운 방향에서 기회를 찾은 기업도 등장하기 시작했습니다. 인공지능이 이미지, 자연 언어 등을 제대로 학습하기 위해서는 다양한 경우의 정확한 *레이블 데이터를 확보하는 것이 중요합니다. 'Scale AI'는 1억 달러를 투자받은 스타트업으로, 인공지능을 개발하기 위한 학습 데이터를 '크라우드 소싱' 방식으로 제공해 주는 역할을 하고 있습니다. 크라우드 소싱은 대중을 의미하는 '크라우드(Crowd)'와 자원을 의미하는 '소싱(Sourcing)'이 합쳐진 용어로, 불특정 다수의 참여를 유도해 비즈니스로 활용하는 것을 말합니다. 크라우드 소싱은 아웃소싱과 비슷한 개념이지만, 특정한 제3자 또는 기업의 업무 중 일부를 위탁, 처리하는 것이 아니라 불특정 다수를 대상으로 한다는 데 차이점이 있습니다.

Scale AI의 직원은 100명 정도이지만, 외부에 있는 3만 명의 파트너가 데이터를 직접 확인하면서 '레이블링'을 진행합니다. 이와 비슷한 형태의 국내 스타트업으로는 '크라우드웍스(Crowdworks)', '셀렉트스타(SelectStar)', '슈퍼브에이아이(SuperbAI)' 등이 있습니다.

이외에도 데이터를 통해 기업의 시스템 전반을 혁신하고자 하는 기업, *시각화, *머신러닝과 같은 데이터 분석 기능을 서비스로 제공하는 기업도 나타나고 있습니다.

- **인공지능**: 인간의 학습 능력, 추론 능력, 지각 능력, 이해 능력 등과 같은 지적 행동을 컴퓨터가 모방할 수 있도록 하는 것을 말합니다. 인공지능은 영화 <아이언맨>의 '자비스'와 같이 다양한 분야에 보편적으로 활용할 수 있는 '강인공지능(Strong AI)'과 2016년 이세돌 9단과의 승부에서 승리한 '알파고'와 같이 특정 분야에만 활용할 수 있는 '약인공지능(Weak AI)'으로 분류할 수 있습니다. '알파고'와 같은 약인공지능은 이미 현실에 적용되면서 다양한 분야에서 맹활약 중입니다. 하지만 '자비스'와 같은 강인공지능은 아직 영화나 소설 속에나 나올 법한 상상의 존재로, 현실에 적용되려면 최소 20~50년 이상은 걸릴 것으로 생각됩니다.

- **딥러닝**: 다양한 머신러닝 기법 중 하나로, 여러 층으로 구성된 심층적인 구조를 반영하고 있다는 의미에서 '딥러닝'이라고 부릅니다. 딥러닝은 데이터의 복잡한 특징을 잘 학습할 수 있기 때문에 데이터가 증가함에 따라 더욱 높은 성능을 보이는 특징이 있습니다. 딥러닝에 대한 자세한 내용은 276쪽을 참고하세요.

- **레이블 데이터**: 레이블은 '데이터의 목적에 맞게 붙인 이름표'를 말합니다. 만약, 고양이와 개의 사진을 구분하는 모델을 만들고 싶다면, 컴퓨터가 고양이와 개의 고유한 패턴을 학습할 수 있도록 해야 합니다. 이때 컴퓨터가 각각의 고유한 패턴을 학습할 수 있도록 고양이 사진에는 '고양이', 개 사진에는 '개'라는 이름표를 붙이는 것을 '레이블링한다.'라고 하죠. 그리고 이렇게 레이블링된 데이터를 '레이블 데이터'라고 합니다. 예를 들어, '장비 센서 데이터'의 경우에는 '고장', '정상', 뉴스 기사 데이터와 같은 '자연 언어 데이터'의 경우에는 '경제', '정치', '사회' 등이 레이블 데이터에 해당합니다.

- **시각화**: 그래프, 다이어그램, 테이블, 지도 등의 다양한 방법을 통해 데이터의 특징을 좀 더 알기 쉽게 표현하는 방법으로, 막대그래프, 꺾은선그래프 등이 모두 시각화 방법에 해당합니다. 시각화는 데이터 분석의 첫걸음으로, 잘 활용하면 데이터에 숨어 있는 패턴을 찾아내거나 경향을 예측하는 등 다양한 인사이트를 얻을 수 있습니다. 시각화에 대한 자세한 내용은 189쪽을 참고하세요.

- **머신러닝**: 컴퓨터가 데이터에서 패턴을 찾아 목표를 분류하거나 예측할 수 있도록 하는 일련의 학습 체계를 말합니다. 머신러닝은 인공지능의 한 분야로, 사람이 데이터에서 미처 찾지 못한 패턴을 파악해 복잡한 예측을 수행하는 등 데이터에서 다양한 인사이트를 도출해 빅데이터가 주목받게 하는 데 큰 역할을 했죠. 머신러닝에 대한 자세한 내용은 246쪽을 참고하세요.

03 미래 기업의 모습

미래의 기업에서는 데이터에서 기회를 포착하고, 데이터를 바탕으로 한 의사결정이 더욱 자연스러워질 것입니다. 클라우드 플랫폼 인프라와 분석 기술은 오픈소스의 형태로 점점 저렴하게 배포돼 무료에 가까워지고 있지만, 데이터는 그렇지 않습니다. 데이터를 수집하려면 장비와 시간이 필요하기 때문이죠. 고객 데이터를 확보하기 위해서는 고객에게 서비스를 제공하고, 데이터를 수집할 시간이 필요합니다. 미래 기업의 경쟁력은 각 기업이 얼마나 많은 *양질의 데이터를 보유하고 있느냐에 달려 있습니다.

특히, 데이터 전송 속도의 획기적인 증가로 스마트폰뿐 아니라 다양한 장치의 센서를 이용해 데이터를 전송하거나 전송받는 양 또한 기하급수적으로 늘어날 것입니다. 이런 데이터를 저장, 처리하고 분석하는 기술 역시 활성화되고, 이 과정에서 인공지능, 클라우드 컴퓨팅 등의 기술이 확산돼 전 산업에 영향을 미칠 것입니다.

전문가의 조언　　양질의 데이터

양질의 데이터는 '해결하려는 문제에 사용할 수 있는 좋은 데이터'를 말합니다. 최근 들어 주목받고 있는 인공지능은 컴퓨터가 데이터의 분포와 패턴을 파악할 수 있도록 학습시키는 방법으로 문제를 해결하는데, 양질의 데이터가 많을 수록 성능이 높아집니다. 예를 들어 미세먼지의 농도를 예측하기 위해 지하철 플랫폼이나 역 입구 등에서 미세먼지를 측정해 수집한 데이터는 양질의 데이터이지만, 지상 20m 상공에서 측정한 데이터는 양질의 데이터가 아닙니다. 지상 20m 상공에서 측정한 미세먼지의 농도는 실제로 예측하고자 하는 지상의 미세먼지 농도 분포와 다르기 때문이죠. 결국, 문제를 해결하는 데 적합한 데이터를 확보하고 있지 않다면 문제를 해결할 수 없는 것은 물론, 새로운 가치를 만들어 낼 수도 없습니다. 양질의 데이터와 반대 개념인 '더티 데이터'에 대한 자세한 내용은 124쪽을 참고하세요.

3 빅데이터 직무를 정의하는 이유

기업은 데이터 분석을 전문화함으로써 기업 내외의 데이터에서 인사이트를 도출하기 위해 노력하고 있습니다. 이를 위해 데이터 전문 인력을 대거 채용하고 있습니다. 하지만 아직 역할과 직무 범위가 체계적으로 수립되지 않아 많은 시행착오를 겪고 있습니다. 3장에서는 국내외의 채용 공고 사례를 이용해 실제로 어떤 문제점이 존재하는지, 왜 직무를 정의하는 것이 중요한지 알아보겠습니다.

빅데이터 직업과 상관없이 반드시 읽어야 할 내용입니다.

01 직무 공고 현황

기업은 디지털 트랜스포메이션의 가속화에 발맞춰 빅데이터팀을 새롭게 조직하고, 데이터 분석을 전문화함으로써 기업 내외의 데이터에서 인사이트를 도출하기 위해 노력하고 있습니다. 하지만 빅데이터와 관련된 기술은 비교적 최근에 부각됐고, 그 역할과 범위가 체계적으로 정리되지 않아 필요한 직무를 제대로 정의하지 못하고 있는 것이 현실입니다. 그 결과, 담당하는 업무는 같지만 직무명을 다르게 분류하거나 서로 다른 업무를 담당하는데도 하나의 직무명으로 분류하는 등 채용 공고가 모호한 경우가 많죠.

다음 페이지의 표는 각각 보험·광고 분야에서 '데이터 사이언티스트'와 '데이터 애널리스트'를 모집하기 위해 게시한 채용 공고입니다. 처음 보는 용어가 많아도 당황할 필요 없습니다. 이 책을 모두 읽은 후에는 채용 공고의 문제점을 파악할 수 있을 테니까요. 우선 여기서는 밑줄 친 부분을 비교했을 때 서로 다른 업무를 담당할 전문가를 모집하지만, 거의 같은 역할을 요구하고 있다는 것 정도만 이해하면 됩니다.

구분	예시 1 데이터 사이언티스트(A 보험사)	예시 2 데이터 애널리스트(광고 분야)
직무	• 데이터 모델링의 목적을 이해하고, 다양한 알고리즘을 활용해 모델링 결과 도출 • 목표 달성을 지원하기 위해 최적의 가용 데이터를 능동적으로 활용해 결과 도출 • 프로젝트 수행 주체로서 최종 목표를 달성하기 위한 분석 방향을 설정, 운영해 완수	• 광고 퍼포먼스를 최적화하기 위한 지표 분석 및 발굴 • 광고 매체 데이터 분석, 기여도 모델 수립 • 오디언스 타깃팅을 최적화하기 위한 다양한 머신러닝 모델 적용 및 결과 도출 • 시장 조사 데이터 및 내외부 사용자 데이터를 활용한 광고 비즈니스 기회 발굴 • 소셜 데이터 수집, 분석 및 인사이트 도출
요구사항	• 머신러닝, 데이터 마이닝(Data Mining) 2년 이상의 경력자 • R, Python, SAS, Matlab 등 데이터 분석 소프트웨어 활용 경험 보유자 • 다양한 머신러닝 알고리즘을 활용한 데이터 모델링(Data Modeling) 프로젝트 수행 경험자 • 관련 전공자(통계학, 산업공학 등) 선호 • 직무 관련 석사 이상의 학력 소지자 우대	• 데이터 마이닝 수행 및 분석 리포트 작성 경험자 • 데이터 비주얼라이제이션(Data Visualization) 도구 활용 및 최적화 경험자 • NLP, 텍스트 마이닝(Text Mining)을 통한 자연어 분석 경험자 • 퍼포먼스 마케팅 분야 유경험자 우대 • 데이터 모델링 유경험자 우대 • 로그 데이터 모델링 유경험자 우대

▲ 국내 기업 채용 공고 사례

두 기업의 채용 목적은 머신러닝 및 여러 알고리즘의 모델링을 활용해 데이터에서 가치를 창출해내는 것이지만, 예시에서는 비슷한 역할을 데이터 사이언티스트와 데이터 애널리스트로 달리 구분하고 있죠. 이렇게 제대로 정의되지 않은 채용 공고는 업무의 핵심을 파악하는 데 방해가 되기 때문에 구직자의 입장에서는 혼란스러울 수밖에 없습니다.

해외 기업의 상황도 크게 다르지 않습니다. 다음 페이지의 표는 2020년 2월 실제 해외 기업의 채용 공고를 번역해 정리한 것입니다.

기업에서 원하는 전문가는 '머신러닝 스페셜리스트', '머신러닝 엔지니어', '데이터 엔지니어'로, 머신러닝 엔지니어와 데이터 엔지니어의 직무와 요구사항이 비슷합니다. 특히 머신러닝 스페셜리스트와 머신러닝 엔지니어는 직무명에 '머신러닝'이라는 단어가 포함돼 있어 언뜻 보기에는 비슷한 업무를 수행할 전문가를 채용하는 것 같지만, 주요 업무가 '데이터 모델링'과 '머신러닝 모델이 작동할 시스템'을 만드는 것이어서 서로 다른 것을 알 수 있

구분	예시 3 머신러닝 스페셜리스트(기업 금융)	예시 4 머신러닝 엔지니어(데이터 제공)	예시 5 데이터 엔지니어(에너지)
직무	1. 내부 고객 요구사항 분석/머신러닝 문제로 정의 2. 데이터 기반 머신러닝/인공지능 알고리즘을 통한 비즈니스 문제 해결 • 문제 해결을 위한 접근법 제안, 필요한 데이터 수집 및 도구 선정 • 머신러닝/인공지능 모델 개발, 테스트 및 성능 평가 3. 애플리케이션 라이프사이클을 따라 고객과 협업 • 모델 배포와 유지보수에 참여	1. 머신러닝 알고리즘과 스파크 등 빅데이터 기술을 이용한 시스템 기능 구현 및 개선 2. 도커, 쿠버네티스 등을 이용해 머신러닝 서비스 시스템 구축 3. 플랫폼에 독립적인 머신러닝 시스템 개발 4. 사용하는 기술: Java, SQL, noSQL, 분산 컴퓨팅 플랫폼(HDFS, Spark), REST, Python, Jupyter, AWS SageMaker, Docker, Kubernetes, Git, Shell	1. 데이터 소스에서 시각화까지 이어지는 엔드-투-엔드 솔루션 설계, 개발, 배포와 유지(Azure와 Power BI 등 사용) 2. 비즈니스 부서와의 긴밀한 협업을 통해 분석 프로그램 관련 요구사항 분석 3. 팀은 애널리틱스와 IT 전문 인력으로 구성
요구 사항	학력 사항 • 수학, 통계, 공학, 데이터 사이언스 관련 학과 석사 학위 소지자(또는 공학 그랑제꼴) 경력 사항 • 3년 이상의 데이터 애널리스트 경력자 우대 사항 • 애플리케이션 개발 프로세스 참여 경험자 기타 • 자연어 처리 또는 문서 처리 자동화 경험자 • 머신러닝 모델 개발 경험 또는 BI/통계 프로그램 사용 경험자 • 자연어 처리 또는 딥러닝/인공지능 모델 개발 경험자	학력 사항 • 컴퓨터공학 학사 이상 소지자, 컴퓨터공학 석사 이상 소지자 우대 • IT나 컴퓨터공학 전공자가 아닐 경우에는 상당한 경험 필수 경력 사항 • 5년 이상의 클라우드 기반 애플리케이션 개발 경력자(AWS, Azure, GCP) 기타 • 머신러닝, 딥러닝 알고리즘에 대한 실전 경험 필수(예: RNN, CNN, LSTM, 로지스틱 회귀, XGBoost 등) • Java8 등 상기된 기술에 대한 경험 필수	• Data Lake Store, Data Factory, SQL DB, Databricks 등 Microsoft Azure 애널리틱스 도구 또는 클라우드 플랫폼 애널리틱스 도구 경험자 • SQL, Python, R 개발 경험 및 Ansible, Jenkins 등의 소프트웨어 개발 도구 경험자 • SAFe, 칸반, Microsoft ADO 등 애자일 프로젝트 참여 경험자 • Power BI 등을 통한 시각화 자료 생성 경험 및 발표 능력자

▲ 해외 기업 채용 공고 사례

습니다. 이것은 게임 개발자 공고를 보고 입사를 지원했더니 게임 스토리까지 전부 기획해야 하는 경우처럼 직무명이 실제 직무의 역할을 잘 표현하지 못하고 있습니다.

채용 공고를 좀 더 살펴보면 머신러닝 엔지니어는 '모델링' 외에 '유지보수' 업무를 설명하는 부분이 많습니다. 그리고 '스파크', '도커', '쿠버네틱스', 'AWS' 등 인프라 기술과 관련된 경험을 요구합니다. 물론 경력직 머신러닝 엔지니어라면 대부분 알고 있겠지만, 경력이 없는 구직자의 입장에서 머신러닝 스페셜리스트와 머신러닝 엔지니어는 비슷한 직무명인데, 서로 다른 능력을 요구하고 있어 어떤 기술을 먼저 공부해야 할지 혼란스러울 수도 있죠.

반면, 머신러닝 엔지니어와 데이터 엔지니어의 업무는 비슷합니다. 아직 생소한 단어가 많지만 다른 그림 찾기를 하듯이 살펴보면 공통적으로 'Azure', 'SQL DB' 등 데이터 분석과 시각화에 필요한 솔루션 개발을 담당한다는 것을 알 수 있습니다. 이후 좀 더 자세히 설명하겠지만, '데이터 엔지니어'는 '머신러닝 엔지니어'보다 포괄적인 개념의 직무명이긴 하지만 분명히 다른 역할을 수행하는 직무입니다.

잠깐만요 | 데이터 엔지니어에 대한 자세한 내용은 49쪽을 참고하세요. |

이처럼 빅데이터 관련 구직 시장에서는 업무는 비슷하지만 직무명이 다른 경우나 직무명은 같지만 업무가 전혀 다르거나 더 많은 업무를 수행하는 경우가 흔합니다. 이러한 현상이 발생하는 이유는 무엇일까요?

직무명은 같지만 전혀 다른 성격의 업무를 동시에 수행해야 하는 이유는 업무 간 유기적인 협업을 중시하는 기업 문화가 있거나 데이터 전문 부서가 성숙하지 않아 비즈니스 기능이 체계적으로 세분화되지 않았기 때문입니다. 실제로 상당수의 기업이 데이터 전문 부서를 '이상적으로' 운영할 여건을 갖추고 있지 않거나 전사적 데이터 관리 및 분석 전문 기구가 없습니다.

특히 이런 현상은 기업의 핵심 사업이 저조한 성적을 보이는 경우에 주로 나타납니다. 데이터 전문 부서가 자리잡기 위해서는 디지털 트랜스포메이션과 같은 초기 투자가 필수적인데, 기업의 자금 사정상 초기 투자가 힘들기 때문이죠. 상황이 이렇다 보니 데이터 송수신 시스템을 개발하는 사람이 분석까지 수행해야 하는 경우가 생깁니다.

물론, 직무를 제대로 구분하는 기업도 있습니다. 채용 공고에서 요구하는 업무는 같더라도 직무명이 다른 것은 각 기업의 경영 방침이 다르기 때문입니다. 빅데이터가 새롭게 주목받고 있는 만큼 데이터 사이언티스트와 데이터 애널리스트의 경우와 같이 아직 각 직무명의 정의가 제대로 합의되지 않은 것이죠.

앞서 설명한 두 가지 상황 모두 빅데이터 취업을 준비하는 구직자의 입장에서는 혼란스러울 수밖에 없습니다. 각 기업마다 다른 직무명을 사용하고, 업무 설명 또한 다르기 때문에 구직자는 뚜렷한 목표를 세워 취업을 준비하기 어려운 것이죠.

02 직무 정의

이 책에서는 이런 상황에서 채용 공고를 올리는 기업에 중요한 화두를 던지려고 합니다. 이상적인 빅데이터팀을 이루려면 구성원을 각각 어떤 포지션으로 나눠야 할까요? 빅데이터 업무를 묶고 직무의 정의를 체계적으로 정리할 수 있다면 구직자는 물론 빅데이터팀을 구축하고자 하는 기업에게도 굉장한 희소식이 될 것입니다. 현재는 동일한 직무명의 전문가에게 다른 역할을 요구하거나 다른 직무명의 전문가에게 동일한 역할을 요구하기 때문에 입문자 레벨의 구직자는 취업을 어떻게 준비해야 할지 혼란스러울 수밖에 없습니다. 물론 이런 직무 정의는 어디까지나 '이상적인' 빅데이터팀의 구성이기 때문에 실제 채용 공고와 완벽히 맞아떨어지지 않을 수도 있지만, 빅데이터 업무의 큰 틀을 잡는다는 측면에서는 큰 의의가 있을 것입니다.

실제 빅데이터 업무는 단순하지 않지만, 독자의 이해를 돕기 위해 간단한 예를 들어 보겠습니다. 빅데이터 직무를 '데이터 분석 모델링'이 주요 업무인 '데이터 사이언티스트', '시스템 개발'이 주요 업무인 '데이터 엔지니어'라고 정의한다면 구직자나 취업 준비생은 이 두 직무의 성격, 요구되는 스킬과 성향을 뚜렷하게 구분할 수 있을 것입니다. 하지만 구체적인 정의 없이 업무의 설명만을 접한다면, 업무의 핵심을 파악하지 못해 취업 준비가 어려울 것입니다. 결국 이런 상황이 지속되면 구직자는 적합한 빅데이터 업무 분야를 선택하기 힘들 수밖에 없겠죠.

이 책에서는 여러 채용 공고와 이상적인 빅데이터팀의 업무 수행 방식을 고려해 명확한 본질과 자격 요건에 따라 빅데이터 직무를 '데이터 엔지니어(Data Engineer)', '데이터 애널리스트(Data Analyst)', '데이터 사이언티스트(Data Scientist)', '데이터 리서처(Data Researcher)', '데이터 기획자(Data Project Manager)'로 구분했습니다. 그리고 특별히 빅데이터 직무로 분류하진 않지만 본연의 업무에 빅데이터를 결합하는 인재에 대해 설명하기 위해 *'시티즌 데이터 사이언티스트(Citizen Data Scientist)'라는 직무를 추가했습니다. 이를 바탕으로 각 직무별 역할과 책임을 알아보고, 여섯 가지 직무의 가상 채용 공고를 통해 각 직무에 대한 요구사항을 살펴보겠습니다.

전문가의 조언　　**시티즌 데이터 사이언티스트**

'시티즌 데이터 사이언티스트'는 앞서 소개한 직무와 달리 특정 직무를 지칭하기보다는 자신만의 전문 분야를 갖춘 실무 전문가 중 빅데이터에 대한 관심을 바탕으로 관련 지식을 쌓는 사람을 의미합니다. 본인의 회사, 산업, 업무에 해박하면서도 빅데이터에 대해 충분한 이해와 통찰력을 가진 '파워 데이터 유저'인 셈이죠. 자신만의 전문 지식에 데이터를 결합한 새로운 비즈니스 가치를 창출하는 데 적합한 위치에 있습니다.

4 | 직무별 개관

앞서 말한 바와 같이 이 책에서는 빅데이터 직무를 '데이터 엔지니어', '데이터 애널리스트', '데이터 사이언티스트', '데이터 리서처', '데이터 기획자', '시티즌 데이터 사이언티스트'로 분류했습니다. 4장에서는 6개의 빅데이터 직무가 각각 어떠한 역할을 하고, 어떤 책임을 지는지를 간략히 알아보고 가상의 채용 공고를 이용해 이들의 업무와 요구사항을 살펴보겠습니다.

빅데이터 직업과 상관없이 반드시 읽어야 할 내용입니다.

01 직무별 한 줄 설명

이 책에서는 이상적인 빅데이터팀의 업무 수행 방식을 고려해 빅데이터 직무를 '데이터 엔지니어', '데이터 애널리스트', '데이터 사이언티스트', '데이터 리서처', '데이터 기획자', '시티즌 데이터 사이언티스트'로 구분했습니다. 하지만 이러한 구분이 무색하게도, 빅데이터의 중요성이 점점 더 강조되면서 다양한 영역에서 모든 빅데이터 직무가 필요해지고 있습니다. 4장에서 자세하게 다룰 예정이지만, 대기업 및 중소기업 그리고 스타트업, 심지어 공기업과 준정부기관에서도 빅데이터 관련 인력들을 원하고 있습니다. 특히, 대기업 및 중소기업, 스타트업에서는 빅데이터 관련 인력이 없어 채용을 못하고 있는 실정입니다. 따라서 대학교에서도 빅데이터 인력을 육성하기 위해 빅데이터 관련 학과 및 대학원을 설립하고, 학생과 교수를 적극적으로 모집 및 채용하고 있습니다.

데이터 엔지니어

데이터 엔지니어는 데이터 자체와 데이터를 둘러싼 시스템을 책임지는 사람으로, 데이터 관리뿐 아니라 수집·보관·처리 시스템의 개발, 구조 설계, 유지보수를 담당합니다. 또한 사내 데이터 분석 도구나 시각화 도구를 직접 개발하기도 하죠. 빠르게 쌓이는 대용량 데이터의 품질과 직결된 업무를 담당하는 만큼 데이터 산업에서는 필수적인 존재입니다. 기존 시스템 개발자의 역량에는 빅데이터 관련 기술도 요구되기 때문에 개발자가 데이터 엔지니어로 변모하는 경우가 잦습니다.

데이터 애널리스트

데이터 애널리스트는 데이터에서 기업의 현재 상태와 관련된 인사이트를 도출해 경영진에게 효율적으로 전달하는 업무를 담당합니다. 인사이트의 사전적 정의는 '통찰력'이지만, 경영 차원에서의 정의는 '개선해야 할 문제를 찾아내고 이를 해결할 아이디어를 생각해내는 것'입니다. 주로 간단한 데이터 분석 도구나 *대시보드 등과 같은 다양한 시각화 도구를 활용해 데이터에서 인사이트를 발견하는 일을 합니다.

전문가의 조언　**대시보드**

대시보드(Dashboard)라는 말은 원래 '말을 모는 사람을 보호하기 위해 만들어진 장벽'에서 유래했으며, 주로 '자동차 계기판'을 말합니다. 여기서는 '자동차 계기판처럼 한 화면에 다양한 정보를 모아 관리할 수 있는 애플리케이션의 모음'을 말합니다. 즉, 대시보드에 표시할 성과 지표, 차트 테이블, 이미지 등 다양한 정보를 가진 애플리케이션을 추가하는 것을 말합니다. 대시보드를 통해 정보의 상태를 실시간으로 모니터링하거나 결정을 내릴 수 있기 때문에 대시보드를 제작하는 사람은 어떤 것을, 어떻게 전달할 것인지를 고민해야 합니다.

데이터 사이언티스트

데이터 사이언티스트는 통계 방법론, 머신러닝 그리고 데이터 마이닝 지식을 바탕으로 정량적이고 과학적인 데이터 분석을 통해 데이터에서 인사이트를 발굴하는 일을 담당합니다. 그리고 보다 깊이 있는 분석 기법을 적용함으로써 현재 상황을 묘사하고 분석할 뿐 아니라 미래 상황을 예측하거나 미래에 발생할 수도 있는 문제를 예방하기도 합니다. 적용하는 기술이 빠르게 발전하기 때문에 새로운 알고리즘을 습득할 수 있는 이론적인 이해도와 더불어 분석하고자 하는 업종 전반에 대한 지식, 가치 창출과 인사이트 발굴 능력 등을 골고루 갖추고 있어야 합니다. '데이터 사이언티스트'라는 용어는 데이터 산업 전반에 종사하는 사람을 칭하는 넓은 의미로 사용되기도 하지만, 이 책에서는 앞에서 소개한 좁은 의미를 사용하겠습니다.

데이터 리서처

데이터 리서처는 데이터를 분석하기 위한 새로운 알고리즘과 방법론을 연구, 개발하는 일을 담당합니다. 보통 연구 개발 (Research and Development, R&D) 부서에 소속되며, 최신 연구 동향을 파악하기 위해 학회에 참석하거나 혁신적인 발견을 이뤄낼 경우 논문을 발표하기도 합니다. 사내 비즈니스팀이 설정한 목표에 따라 연구 주제가 정해지기도 하고, 연구 주제가 연구팀 내에서 자발적으로 형성되는 경우도 많습니다. 이러한 미래 지향적 연구 결과는 소속 회사의 명성을 높이거나 해당 분야 자체의 혁신을 앞당기는 역할을 합니다. 대학에 근무하는 관련 학과의 교수 및 연구원, 대학원생도 데이터 리서처에 포함됩니다.

데이터 기획자(데이터 프로젝트 매니저)

데이터 기획자는 빅데이터 비즈니스 사이클의 계획과 원활한 운영을 책임지는 사람입니다. 데이터 기획자는 빅데이터 비즈니스 사이클을 성공적으로 이끌기 위해 확실한 목표를 설계하고, 그 목표를 실행하기 위한 데이터, 시스템, 인력을 효율적으로 운영해야 할 책임이 있습니다. 그리고 간단한 데이터 시각화나 분석을 통해 프로젝트의 방향을 정하고, 데이터 기술의 동향을 파악해 적절한 기술이 프로젝트에 적용되고 있는지를 살펴야 합니다. 특히, 데이터에 기반을 둔 가치를 시장에 직접 전달하기 위해 기업을 운영하는 사람을 '모험적인 사업가'를 뜻하는 '앙트레프레너(Entrepreneur)'와 합쳐 *'데이터 앙트레프레너(Data Entrepreneur)'라 부르기도 합니다. 앙트레프레너는 13세기 불어에서 유래한 단어인데, 'Entreprendre'라는 '착수하다.', '시작하다.' 등의 의미로 사용됐습니다. 케임브리지 사전에 따르면, 오늘날의 앙트레프레너는 단순히 기업가를 말하는 것이 아니라 '새로운 기회를 찾는 사업가'를 의미합니다.

잠깐만요 | 빅데이터 비즈니스 사이클에 대한 자세한 내용은 179쪽을 참고하세요. |

전문가의 조언 **데이터 앙트레프레너**

앙트레프레너는 13세기 프랑스에서 유래한 단어로, 'Entreprendre'는 '착수하다.', '시작하다.'라는 의미로 사용됐습니다. 케임브리지 사전에는 앙트레프레너를 단순한 기업가가 아닌 '특히 새로운 기회를 찾는 사업가'라고 정의합니다.

데이터 앙트레프레너는 창업을 통해 빅데이터 그 자체에서 가치를 창출하거나 기존 사업 아이템에 빅데이터를 접목해 새로운 아이템을 창출해내는 사람을 의미합니다. 둘째마당에서 소개할 'Superb AI'의 대표이사 김현수 씨는 학창시절부터 오랫동안 쌓아온 풍부한 빅데이터와 인공지능 지식을 바탕으로 빅데이터 전문 서비스를 제공하는 'Superb AI'를 설립했습니다. 또 다른 데이터 앙트레프레너로는 온라인 쇼핑몰의 제품 후기 게시판의 불편함을 개선하기 위해 창업한 '크리마'가 있습니다. 크리마는 제품 후기를 쉽게 등록할 수 있는 '크리마 리뷰'를 통해 큰 성공을 거두고, 서비스 확장 가능성을 모색하던 중 인공지능 기반의 '크리마 핏'이라는 솔루션을 개발했습니다. 크리마 리뷰를 통해 리뷰를 작성하는 사용자는 자신의 체형 정보를 함께 입력할 수 있는데, 크리마 핏은 이 과정에서 누적된 빅데이터를 활용해 꼭 맞는 의상 크기를 추천해 주는 서비스입니다. 이렇게 새로운 빅데이터 시대에 발맞춰 기존의 서비스나 상품에 빅데이터를 접목해 새로운 가치를 창출해내는 인재가 모두 '데이터 앙트레프레너'입니다.

02　**직무별 직무기술서**

앞서 소개한 여섯 가지 빅데이터 직무 중 '시티즌 데이터 사이언
티스트'는 데이터 관련 부서가 아닌 다른 부서에서 데이터를 특히
많이 사용하는 사람을 칭하는 말이기 때문에 '시티즌 데이터 사
이언티스트'를 채용한다는 채용 공고는 보기 힘들 것입니다. 시티
즌 데이터 사이언티스트를 제외한 다섯 가지는 모두 빅데이터 채
용 시장에서 볼 수 있는 직무로, 각 직무를 가장 잘 표현할 수 있
는 가상의 채용 공고를 통해 이들의 업무와 요구사항을 살펴보겠
습니다.

	업무	요구사항
데이터 엔지니어	• 비즈니스를 이해하고 대량의 데이터셋을 가공 • 데이터 파이프라인 개발 및 관리 • 사내 데이터 애널리스트와 데이터 사이언티스트가 제품을 최적화하기 위한 분석 도구 개발 • AWS, 애저(Azure), GCP 등 클라우드 환경에서 대량의 데이터 관리 백엔드 시스템 개발 • 하둡(Hadoop), 스파크(Spark) 등을 이용해 대용량 데이터 분산 처리 시스템 개발	• 컴퓨터 관련 전공 우대 • SQL 필수 • 시스템 개발에 필요한 프로그래밍 언어 사용 스킬 필수(자바, 자바스크립트, 파이썬, C/C++ 중 1개) • 하둡, 스파크 등 빅데이터 도구 경험자 우대 • 도커 개발 및 배포 경험 우대
데이터 애널리스트	• 최적의 의사결정을 내리는 데 도움을 주는 비즈니스 인사이트 제공 • 데이터의 경향, 패턴, 이상치 등을 인식하기 위한 시각화 진행, 보고서 작성 • 비즈니스 팀과 연계해 각 팀의 전략을 수립하거나 업무 효율화에 필요한 데이터를 수집 및 분석	• 대학 졸업 필수(전공 무관) • SQL, 기초 통계 지식 필수 • 태블로(Tableau), 스팟파이어(Spotfire) 등 데이터 시각화 도구 사용 경험 우대 • AWS 등 클라우드 솔루션 활용 경험 우대 • 데이터 분석에 활용할 수 있는 프로그래밍 지식 우대
데이터 사이언티스트	• 머신러닝 모델을 사용해 정형, 비정형 데이터에서 인사이트 창출 • 사내 데이터를 이용해 고객 행동 패턴 모델링 진행, 패턴을 찾아내거나 이상치 탐지 • 예측 모델링, 추천 시스템 등을 개발해 비즈니스 의사결정에 필요한 인사이트 제공	• 통계, 수학, 컴퓨터공학, 산업공학 등 수리·전산 기반의 대학원 졸업자 우대 • 데이터 애널리스트 경력자 우대 • SQL 필수 • 데이터 분석을 위한 1개 이상의 프로그래밍 언어 지식 필수 • 머신러닝 알고리즘으로 데이터 분석 프로젝트 진행 경험자 우대
데이터 리서처	• 최신 머신러닝, 인공지능, 통계 접근법의 연구와 구현 • 데이터 엔지니어와 협업해 알고리즘과 모델의 구현 및 배포 • 최신 연구 동향과 유용한 기술 등을 습득해 문서화 • 머신러닝 문제를 정의하고 해결하기 위한 알고리즘 및 모델 개발	• 통계, 수학, 컴퓨터공학, 산업공학 등 수리·전산 기반의 대학원 졸업자(박사) 우대 • 데이터 분석·처리 및 인공지능 학회 논문 게재 실적 우대 • 독자적 연구 진행 경험 우대 • 프로그래밍 스킬 필수
데이터 기획자	• 클라이언트의 요구와 분석 가능한 데이터를 파악해 프로젝트의 범위와 문제 정의 • A/B test, 시각화 등을 통해 서비스 개선 방안 제안 • 프로젝트팀 구성원들의 경과를 추적해 다수의 프로젝트를 기한 내에 완료 • 프로젝트 내 데이터 분석 알고리즘의 적절한 활용 진단 및 적용	• 기획 업무 경력자 우대 • 프로그래밍 언어 1개 이상 사용 가능자 우대 • Power BI 등 데이터 시각화 도구, 태블로, 스팟파이어 등 분석 도구 사용 스킬 필수

▲ 직무별 업무 및 요구사항

앞서 알아본 직무별 업무 및 요구사항은 가상의 채용 공고이기 때문에 AWS, 애저, 태블로와 같은 특정한 제품은 클라우드 시스템, 시각화 도구와 같이 일반화해도 됩니다. 이로써 빅데이터 직무가 갖는 책임과 역할이 명확해졌습니다.

이제 각 직무를 맡는 빅데이터 전문가가 유기적으로 협업하는 상황을 살펴보겠습니다. 다양한 목표를 이루기 위해 빅데이터 팀을 어떻게 꾸려야 하는지 알 수 있습니다. 또한, 각 빅데이터 직무를 맡게 됐을 때의 역할과 협업하는 다른 빅데이터 전문가의 업무와 책임을 이해할 수 있을 것입니다.

5

케이스 스터디

지금까지 빅데이터로 세상에 어떤 변화가 생겼는지, 이런 세상에서 일하는 전문가는 어떤 사람들인지 알아봤습니다. 5장에서는 그들이 일하는 모습은 어떤지 실제 프로젝트 사례를 이용해 알아보겠습니다.

5장의 북맵은 각 섹션의 개요를 참고하세요.

01 빅데이터팀 구성

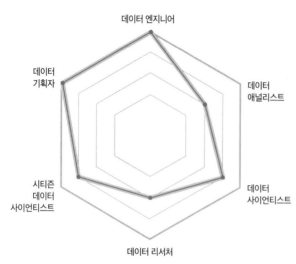

★★★★
데이터 엔지니어: 매일 방대한 양의 데이터가 흘러들어오는 조직에서 데이터 엔지니어의 역할은 매우 중요합니다.

★★
데이터 애널리스트: 데이터 애널리스트가 등장하지 않지만, 빅데이터팀이 성장함에 따라 데이터를 체계적으로 시각화해 경영진에게 전달하는 인재도 필요해질 것입니다.

★★★
데이터 사이언티스트: 데이터 파이프라인을 통해 수집한 방대한 양의 데이터를 활용해 정교한 데이터 분석을 진행해야 하므로 데이터 사이언티스트의 역할이 중요합니다.

★★
데이터 리서처: 정교한 데이터 분석을 진행해야 할 때가 오면 기존의 알고리즘을 적용하는 것에서 더 나아가 새로운 알고리즘을 연구하고 개발하는 데이터 리서처의 역할이 생길 수도 있습니다.

★★★
시티즌 데이터 사이언티스트: 빅데이터팀이 원활하게 구성되기 위해서는 빅데이터 전문가의 중요성을 인지하는 시티즌 데이터 사이언티스트의 역할이 중요합니다.

★★★★
데이터 기획자: 미래에는 조직 내 빅데이터의 흐름을 이해하는 것이 프로젝트와 회사 운영에 중요한 요소로 작용할 것이므로 데이터 기획자의 역할은 매우 중요합니다.

A 사는 온라인 패션 브랜드 쇼핑 플랫폼 스타트업으로, 주요 서비스는 해외 브랜드 패션 상품을 한국으로 직배송하는 것입니다. 사업 초기에는 별도의 빅데이터팀이 없었지만, 사업의 규모가 급격

히 커지고 경쟁사가 등장하자 기존 고객을 유치하고 신규 고객을 공격적으로 유치하기 위해 빅데이터를 활용하기로 결정했습니다. A 사가 어떤 과정을 거쳐 빅데이터팀을 구성하는지 살펴보겠습니다.

빅데이터팀 리더 고용

A 사의 경영진은 사내의 모든 데이터와 관련된 일을 수행할 빅데이터팀을 새로 구성하기로 결정했습니다. 이를 위해 빅데이터팀을 이끌 수 있는 유능한 리더를 확보하는 것이 중요했죠. 여러 후보를 신중하게 물색한 결과, 다년간 국내 굴지의 대기업에서 추천과 검색 시스템 개발을 주도해 온 최 이사가 새로운 빅데이터팀의 리더로 발탁됐습니다. A 사가 최 이사를 다른 후보자보다 높이 평가한 이유는 오랜 기간 현업에서 추천과 검색 시스템을 연구, 개발해 온라인 쇼핑에 적합한 기술력을 갖추고 있고, 15명 내외로 구성된 사내 빅데이터팀을 효율적으로 이끌어 왔기 때문입니다.

빅데이터팀원 고용

A 사에 채용된 최 리더는 우선 빅데이터 팀원을 충원하는 데 집중했습니다. A 사의 경영진은 흔쾌히 최 리더에게 인사결정 권한을 맡겼죠. 최 리더는 모든 분야를 완벽하게 알고 이해하는 빅데이터 전문가는 전설 속에나 존재하는 동물인 유니콘만큼이나 찾기 어려울 것이라 조언했고, 경영진과 최 리더는 빅데이터를 분석할 수 있는 환경조차 제대로 갖춰지지 않은 상태에서는 개발 친화적인 *제너럴리스트(Generalist)형 인재가 필요하다는 것에 동의했습니다. 제너럴리스트형 인재는 특정 분야에 대한 고도의 전문 지식은 부족하더라도 A 사처럼 빠르게 변하는 스타트업에서

제너럴리스트
스페셜리스트(Specialist)와 반대되는 의미로, 모든 분야에 상당한 지식과 경험을 가진 사람

다양한 역할을 수행하는 데 거부감이 없을 것이고, 빅데이터를 통해 새 비즈니스 기회를 찾는 능력을 갖췄을 것이라는 기대 때문이었습니다.

최 리더는 가장 먼저 같은 대학원 연구실 출신 동문 중 오랫동안 데이터 엔지니어로 일한 후배와 후배의 전 직장 동료를 고용했습니다. 이렇게 모인 세 명은 함께 빅데이터팀의 궁극적인 목표에 대해 고민했고, '데이터가 제대로 흐르는 조직을 만들자.'라는 목표를 세웠습니다. 그리고 팀의 비전은 '재미있는 문제를 잘하자.'로 결정했습니다. 이렇게 큰 목표와 비전을 세우고 나니 중장기 계획과 단기 목표를 세우는 것이 훨씬 쉬워졌습니다.

이후 최 리더는 연구실 네트워크, 회사 지인, 스타트업 전문 온라인 채용 웹 사이트 등 다양한 경로를 통해 꾸준히 팀원을 모집했습니다. 철저한 대면 면접과 코딩 시험을 통해 실력 있는 인재를 뽑고자 노력했지만, 채용 결과가 늘 만족스럽지는 않았죠. 큰 기대를 걸었던 신입이 실망스러운 행태를 보여 부득이하게 사직을 권고해야 했던 적도 있었고, 고용 당시 염려스러웠던 사람이 눈부신 실적을 내며 나날이 발전하는 모습을 뿌듯하게 지켜보기도 했습니다.

데이터 수집 및 저장 공간 구축

새로운 빅데이터팀은 데이터를 수집하고 저장할 환경과 공간을 만들었습니다. 끊임없이 들어오는 온라인 사용자 로그 데이터를 실시간으로 모아 저장하는 시스템을 구축하고, *비즈니스 인텔리전스(Business Intelligence) 등과 연결해 데이터를 분석할 수

비즈니스 인텔리전스
기업이 보유한 수많은 데이터를 정리하고 분석해 기업의 의사결정에 활용하는 일련의 과정

하둡
여러 대의 컴퓨터를 하나로
묶어 대용량 데이터를 분산
처리하는 기술로, 하이브,
임팔라, 스파크는 모두 하둡
과 관련된 처리 도구

있는 데이터 웨어하우스를 구축했습니다. 또한 빅데이터 분산 저장 및 처리 전문 소프트웨어인 *'하둡(Hadoop)' 시스템과 '하이브(Hive)', '임팔라(Impala)', '스파크(Spark)'와 같은 플랫폼 시스템을 구축하면서 인프라 운영을 자동화하기 위한 개발을 진행했습니다. '데이터가 제대로 흐르는 조직'이라는 목표를 달성하기 위해 시스템과 리소스들이 안전하고 안정적으로 접속할 수 있는 환경을 구축하는 데 주력한 것이죠.

빅데이터팀 운영

팀을 효과적으로 운영하기 위해 사내 다른 부서가 사용하는 소통 도구와 정책을 참고하고, 자체적으로 아이디어를 내기도 했습니다. A 사는 빠르게 변화하는 쇼핑 분야의 스타트업인 만큼 *'슬랙(Slack)'을 주요 소통 도구로 사용하고, *'애자일(Agile)' 기반의 팀 운영 방식을 활용하고 있었습니다. 빅데이터팀 역시 슬랙과 애자일 기법을 사용하기로 결정하고, *'노션(Notion)'을 도입해 팀이 이룩한 업적, 고민거리, 앞으로 해결해야 할 문제 등을 기록하는 활동 일지로 활용했습니다.

슬랙
팀원이 효과적으로 의사소
통할 수 있는 협업 커뮤니케
이션 도구

애자일
계획이나 문서화 작업보다
프로그래밍 과정에 초점을
둔 소프트웨어 개발 방식

노션
일정 관리, 갤러리, 협업 기
능, 홈페이지, 문서 작성 등
의 페이지 형식으로 기록할
수 있는 메모 애플리케이션

사내 다른 팀과의 커뮤니케이션

팀이 성장함에 따라 최 리더는 직접 개발 업무에 매달리기보다 사내 다른 팀과 회의하고 소통해야 하는 일이 잦아졌습니다. 데이터가 마케팅과 매출을 이끄는 원동력이 되면서 경영 전반에 큰 영향을 미치게 됐기 때문이죠. 이에 따라 자연스럽게 빅데이터팀의 위상도 높아졌습니다. 그러나 소통 과정에서 가장 힘들었던 점은 아직은 빅데이터가 생소한 집단에게 기술적인 용어나 수학적인 지표를 사용해가며 설명하는 일이었습니다. 최 리더는 이 문제를 해결

하기 위해 빅데이터팀의 결과를 보다 이해하기 쉬운 용어로 명쾌하게
전달할 수 있는 데이터 애널리스트를 고용하기로 마음 먹었습니다.

빅데이터팀 예산 편성

최 리더는 다음 해 예산 편성을 논의하는 자리에서 두 가지를 제
안했습니다. 첫째는 무조건 최신 빅데이터 알고리즘을 적용하기
보다 효용성과 비용을 신중하게 고려해야 한다는 것이었고, 둘째
는 개발과 유지보수 비용에 관례처럼 책정해 온 예산의 비율을
바꿔야 한다는 것이었습니다. A 사에서는 지금까지 개발과 유지
보수라는 2개의 영역에 약 10:1 정도의 비율로 예산을 책정하고
있었습니다. 최 리더는 유지보수 과정 자체가 개발과 비슷하기 때
문에 유지보수에 개발의 10%밖에 되지 않는 예산을 책정하는 것
은 무리라고 주장했습니다. 한 번 개발된 결과물을 지속적으로 잘
사용하기 위해서는 유지보수 과정에서 새로운 기능을 더하고, 기
존 기능을 교체해야 하기 때문이었죠.

또한 유지보수 과정에서 결과물의 효과를 지속적으로 모니터링
하고 성과를 측정할 때 발생하는 비용 역시 간과할 수 없다고도
설명했습니다. 예를 들어, 고객에게 상품을 추천하는 알고리즘의
경우, 명확한 성능 평가 지표가 존재하지 않기 때문에 그 성능을
확인하기 위해 다소 많은 비용이 필요한 *A/B 테스트에 의존할
수밖에 없습니다. 최 리더는 이러한 근거를 바탕으로 개발에 들어
가는 예산의 두세 배 정도를 유지보수에 책정해 주기를 당부했습
니다.

A/B 테스트
디지털 마케팅 등에서 두 가
지 이상의 시안 중 최적을
선정하기 위해 실행하는 테
스트

02 데이터베이스 구축과 시각화 도구 도입

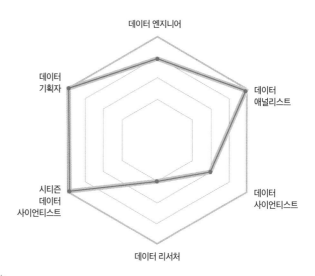

★★★
데이터 엔지니어: 중요한 데이터를 저장하는 데이터베이스를 만들고 관리하는 입장에서 읽고 이해하는 것이 좋습니다.

★★★★
데이터 애널리스트: 전공 지식과 무관하게 누구나 데이터를 이해할 수 있는 시각화를 담당하고 있는 데이터 애널리스트에게 매우 중요한 내용입니다.

★★
데이터 사이언티스트: 여기에 등장하는 조직은 데이터 분석이 필요할 만큼 복잡한 비즈니스 문제를 풀거나 그에 적합한 방대한 데이터를 소유하고 있지 않습니다. 데이터 사이언티스트와는 크게 관련이 없는 내용으로 보일 수도 있지만, 읽어 두는 것이 좋습니다.

★
데이터 리서처: 새로운 알고리즘을 개발하고 연구하는 데이터 리서처와는 무관한 내용이지만, 조직 내에서 새로운 기술이 도입되는 과정이 궁금하다면 한 번쯤 읽어 보는 것이 좋습니다.

★★★★
시티즌 데이터 사이언티스트: 빅데이터를 다룰 수 있는 도구의 필요성을 파악하고, 빅데이터 전문가와 비전문가 사이를 잇는 다리 역할을 충실히 해낸 시티즌 데이터 사이언티스트의 활약이 돋보이는 케이스 스터디입니다.

★★★★
데이터 기획자: 미래에는 빅데이터 도구에 대한 지식이 프로젝트 및 회사 운영에 필수적인 요소로 부상할 것입니다. 빅데이터 도구의 도입 과정을 이해하기 위해 충분히 이해하는 것이 좋습니다.

프로젝트 개요

빅데이터에 대한 관심은 빅데이터를 효율적으로 다루는 도구에 대한 관심으로 이어졌습니다. 데이터를 전문적으로 다루는 기업뿐 아니라 다양한 분야의 기업 역시 데이터를 저장하고 이해하는 데 적합한 도구를 찾기 시작했죠. 과거에는 대부분의 기업이 데이터를 저장하기 위해 사람이 직접 종이에 기록하거나 마이크로소프트 사(이하 MS 사)의 엑셀(Excel)을 사용했습니다. 그리고 데이터를 이해하기 위한 시각화 도구로 MS 사의 엑셀 또는 파워포인트를 활용했습니다.

기업이 데이터 저장과 시각화 도구로 엑셀을 활용한 이유는 무엇일까요? 엑셀은 많은 사람이 한 번쯤은 사용해 본 상당히 친숙한 도구로, 이미 많은 기업과 학교에 보급돼 있어 추가로 소프트웨어를 설치해야 하는 불편함을 겪지 않아도 됩니다. 엑셀을 활용하면 다양한 수식 작업을 할 수 있고, 시각화에 유용한 도표나 피벗 테이블 기능을 사용할 수 있습니다. 하지만 엑셀을 빅데이터를 위한 데이터베이스나 시각화 전문 도구로 사용하는 데는 치명적인 한계가 있습니다. 그 이유는 바로 엑셀이 여러 사용자가 공동으로 작업하기에 적합하지 않고, 엑셀에 저장한 데이터 용량이 클수록 처리 속도가 느리기 때문입니다. 또한 시각화 기능이 제한적이기 때문에 반응형 시각화 기능을 제공하지 않습니다.

잠깐만요 | 반응형 시각화 기능은 사용자가 인터넷 지도와 같이 시각화된 결과물에 마우스 커서를 올려놓거나 클릭하면 '부산'과 같은 텍스트가 표시되거나 부산과 관련된 정보만을 보여 주는 기능을 말합니다. |

파워포인트 또한 엑셀과 마찬가지로 발표 및 보고에 최적화된 도구로, 다양한 시각화 효과와 기능을 제공합니다. 하지만 파워포인트도 데이터 시각화 전문 도구로 보기는 어렵죠. 데이터를 체계적으로 저장할 수 없는 구조를 지니고 있을 뿐 아니라 엑셀과 마찬가지로 반응형 시각화 기능을 제공하지 않기 때문입니다.

이제부터 살펴볼 케이스 스터디에서는 데이터베이스와 시각화 전문 도구를 성공적으로 도입한 가상의 공공 기관 사례를 통해 데이터 직무별 역할과 책임을 알아보겠습니다.

새로운 데이터 관리 도구의 필요성과 문제 정의

B 공공 기관은 정부의 의료보험 정책을 총괄하는 단체입니다. B 공공 기관의 정보 부서는 의료보험 사업자의 신상 정보와 정책 참여 여부를 관리하는 동시에 의료보험 사업자의 정책 참여를 장려하는 업무를 담당하고 있죠. 초기에는 신상 정보와 참여 여부를 아우르는 모든 데이터를 하나의 엑셀 파일에 저장했습니다. 만약 업데이트해야 하는 정보가 있으면 정보 부서의 팀원 중 한 명이 엑셀 파일에 필요한 정보를 직접 입력했습니다. 그리고 통계치나 도표가 필요하면 그때그때 엑셀의 수식과 기능을 활용했습니다.

하지만 급속도로 증가하는 의료보험 사업자의 수에 맞춰 정보 부서의 규모가 커지면서 문제가 생겼습니다. 정보 부서의 여러 팀원이 이메일로 하나의 엑셀 파일을 주고받으면서 정보를 업데이트하다 보니 어떤 팀원의 엑셀 파일이 최신 버전인지 구분하기 어려워진 것이죠. 그리고 엑셀 파일에 접속하는 인원이 많아지면서 입력된 정보의 오류도 증가하기 시작했습니다.

정보 부서를 총괄하는 김 팀장은 엑셀로 수많은 데이터를 유지하고 보수하는 방식을 바꾸기로 결정했습니다. 김 팀장을 비롯한 경영진은 지금까지 겪은 문제의 근본적인 해결책을 찾기 위해 데이터 전문가를 고용하기로 하고, 약 1년에 걸쳐 다른 공공 기관의 데이터 문제 해결 사례를 조사했습니다. 그리고 수많은 회의 끝에 필요한 예산을 확보해 총 4명의 빅데이터 전문 인력을 고용했습니다.

적합한 데이터베이스 구축

시니어 데이터 엔지니어, 주니어 데이터 엔지니어, 데이터 애널리스트, 프로젝트 매니저로 구성된 데이터팀은 정보 부서의 김 팀장과 논의한 끝에 MS 사의 액세스(Access)와 팁코(TIBCO) 사의 '스팟파이어(Spotfire)'라는 라이선스 시각화 도구를 선택했습니다.

김 팀장은 코딩이나 데이터 분석 경험은 전혀 없지만, 의료보험 정책, 정보 부서의 예산 상황, 정보 부서에서 다루는 데이터의 종류에 대해 잘 알고 있는 '시티즌 데이터 사이언티스트'라고 볼 수 있습니다. 데이터팀이 처음 해결책으로 제시한 도구는 주로 사기업에서 좋은 평가를 받은 것들이었지만, 김 팀장은 정보 부서가 보유하고 있는 데이터의 양과 종류가 다른 곳에 비해 훨씬 적기 때문에 지나치게 복잡하고 고도화된 기능은 필요하지 않았습니다. 그래서 전문 데이터 교육을 받지 않은 팀원이 쉽게 배우고 사용할 수 있는 방식을 원했죠.

또한 엑셀을 활용한 단순 반복 작업을 자동화할 수 있는 도구를 원했습니다. 그리고 새로운 소프트웨어를 도입할 때는 복잡한 보안 및 설치 절차를 거쳐야 하므로 가능하면 별도의 설치 과정을 거칠 필요가 없는 프로그램을 원했습니다. 이런 김 팀장의 요구사항에 맞춰 데이터팀이 제시한 도구가 바로 '액세스'였던 것입니다. 액세스는 김 팀장과 데이터팀 모두가 만족할 만한 대안이었습니다. 엑셀과 쉽게 연동되고, 전문적인 데이터베이스 관리 프로그램보다 직관적이고, 각종 자동화 기능을 더할 수 있고, MS 사의 기본 오피스 패키지에 포함돼 있어 별도로 설치할 필요가 없기 때문입니다.

시니어 데이터 엔지니어는 프로젝트 매니저와 함께 새로운 액세스 데이터베이스의 목적과 방향성을 결정하고, 이를 수행하기 위한 구체적인 계획을 세웠습니다. 시니어와 주니어 데이터 엔지니어는 액세스의 접근 권한과 같은 사항부터 액세스에 들어갈 데이터 테이블별 *기본키(Primary Key), 저장되는 데이터 타입 등과 같은 구체적인 사항에 대한 정의를 내렸습니다. 그리고 결정된 사항을 프로젝트 매니저를 거쳐 김 팀장에게 전달했습니다. 김 팀장에게 허가받은 부분부터 본격적으로 데이터베이스의 구축이 시작됐습니다. 시니어 데이터 엔지니어와 주니어 데이터 엔지니어는 VBA(Visual Basic for Applications) 코딩을 통해 액세스 데이터베이스를 차근차근 구축해 나갔습니다.

기본키
데이터베이스를 연결하기 위해 사용하는 고유한 값으로, 데이터베이스에서 각 개체를 식별하는 값(Key)

적합한 데이터 시각화 도구 구매

김 팀장은 정보 부서 팀원을 대상으로 어떤 시각화 기능을 원하는지에 대한 설문 조사를 진행했고, 대다수가 한눈에 대시보드 형태로 볼 수 있는 반응형 시각화 도구를 원했습니다. 그리고 데이터팀은 시장 조사 끝에 스팟파이어가 가장 적합한 도구라는 결론을 내렸죠. 스팟파이어는 엑셀과 달리 수십 만 개에 이르는 데이터를 빠르게 처리할 수 있고, 데이터를 다양한 방식으로 세분화하거나 막대·꺾은선·파이·지도 등과 같은 수많은 그래프를 선택해 적용할 수 있습니다. 그리고 함께 제공되는 필터를 통해 데이터의 범주, 종류를 변형하거나 반응형 그래프, 그림, 글 등을 하나의 대시보드에 포함시킬 수 있습니다. 무료 사용 기간 동안 확인한 스팟파이어의 성능에 만족한 김 팀장은 스팟파이어 라이선스 시각화 도구의 구매를 허가했습니다.

스팟파이어 라이선스 시각화 도구는 데이터팀의 데이터 애널리스트가 주도적으로 관리했습니다. 데이터 애널리스트는 액세스에 저장된 데이터를 스팟파이어로 불러온 후 적합한 도표를 선택해 여러 도표를 한데 아우르는 대시보드를 만들었습니다. 스팟파이어는 대다수의 시각화 기능을 포함하고 있으므로 코딩 지식은 거의 필요하지 않았죠. 이로써 파워포인트 수십 장 분량의 보고 자료를 한눈에 담을 수 있는 시각화 대시보드가 만들어졌습니다. 사용자의 편의에 따라 필터를 선택해 방대한 데이터 중 필요한 일부분만 감상하거나 각종 수치를 손쉽게 비교할 수 있는 시각화 대시보드가 탄생한 것입니다.

하지만 모든 과정이 순조롭기만 한 것은 아니었습니다. 외부 인력을 고용하고 낯선 도구를 구입하는 것에 의문을 제기하는 사람도 있었죠. 기존의 도구가 완벽하지는 않더라도 제기능을 수행해 왔는데 군이 새로운 방식을 도입해야 하느냐는 식으로 거부감을 드러내기도 했습니다. 프로젝트 매니저는 김 팀장을 포함한 정보 부서와 데이터팀 사이에서 원활한 소통을 위해 끊임없이 노력했습니다.

프로젝트 매니저는 김 팀장의 도움으로 정보 부서가 겪고 있는 고질적인 문제를 확실하게 정의했습니다. 새로운 데이터 도구를 도입하는 과정에서 사내 설문 조사 결과와 구매 과정을 꼼꼼하게 기록하고 투명하게 공개했습니다. 그리고 액세스와 스팟파이어 대시보드를 구축하는 과정에서 데이터팀의 성과가 부각될 수 있도록 경과 보고서를 쉬운 용어로 작성했습니다. 결과 발표 시에는 데이터 애널리스트의 도움을 받아 설득력 있는 시각화 자료를 첨부했습니다.

성과: 데이터베이스를 통한 작업 자동화

새 데이터 도구를 사용하기 전에는 모든 수식과 시각화 작업이 수작업으로 이뤄져 일부 데이터가 실수로 누락되거나 중복되기도 했습니다. 그리고 매번 비슷한 작업을 반복했기 때문에 피로감을 호소하는 팀원도 있었습니다.

데이터 엔지니어들은 액세스에 데이터 저장 공간을 마련하고, 기존 엑셀 파일에 저장돼 있던 데이터를 통째로 옮겼습니다. 그리고 데이터를 용도별로 구분하고, 각각의 고유 기본키를 가진 테이블을 만들어 누락되거나 겹치는 정보는 없는지 꼼꼼하게 살펴봤죠. 이후 각종 수작업을 자동화하기 위한 VBA 코딩 작업을 통해 몇 시간씩 걸리던 반복 작업을 액세스 내부에서 자동으로 처리할 수 있는 코드를 작성했습니다. VBA 코드가 완성되자 통계치나 도표를 작성하기 위해 몇 시간씩 할애해야 했던 작업이 액세스에 접속해 몇 개의 버튼만 클릭하는 것으로 해결할 수 있게 됐습니다. 또한 정보 부서는 반복 작업에 소요되는 시간을 절약함으로써 더 의미 있는 업무에 전문 인력을 할당할 수 있게 됐습니다.

성과: 데이터베이스와 대시보드 유지·보수 및 관리

이제 완전히 새로운 통계치나 도표를 작성해야 할 경우, 액세스를 활용해 몇 줄의 코드만으로 손쉽고 빠르게 결과물을 만들 수 있게 됐습니다. 이미 모든 정보가 효율적으로 정리된 액세스 내에 새로운 데이터 저장 공간을 생성하는 것 역시 클릭 몇 번으로 해결할 수 있게 된 것이죠. 기존 데이터와 결합해야 하는 새로운 데이터가 등장하더라도 빠르게 해결할 수 있게 됐습니다. 이처럼 액세스 데이터베이스의 구축은 효율성 향상과 노동 시간 감축이라는 중요한 결과를 불러왔습니다.

스팟파이어 대시보드 역시 기존의 데이터를 주기적으로 업데이트하는 방식으로 개선됐습니다. 정보 부서의 팀원이 새로운 도표를 요청하면, 데이터 애널리스트는 새로 도표를 생성하고 이미 구축된 대시보드에 추가했습니다. 정보 부서는 시각화된 대시보드를 살펴봄으로써 사업자 참여율이 저조한 지역의 특징을 정리하고, 집중적인 홍보 전략을 세우는 등 기존에는 놓칠 수밖에 없었던 인사이트를 찾아내고 대책을 세울 수 있게 됐습니다.

03 분석 환경 설계 및 구축

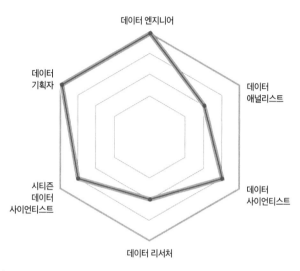

★★★★
데이터 엔지니어: 데이터 엔지니어의 주요 업무에 대한 내용으로 반드시 읽어 둬야 합니다.

★★
데이터 애널리스트: 데이터 애널리스트에게는 중요하지 않은 내용이지만 데이터 엔지니어와의 협업이 쉬워집니다.

★★★
데이터 사이언티스트: 분석 환경 설계 및 구축 단계에서부터 데이터 사이언티스트의 의견이 적극적으로 반영되면 데이터 분석 업무를 좀 더 손쉽게 수행할 수 있습니다.

★★
데이터 리서처: 새로운 알고리즘과 방법론을 연구·개발하는 데이터 리서처와 직접적인 관련은 없지만, 알아 두면 좋은 내용입니다.

★★★
시티즌 데이터 사이언티스트: 최신 모델과 다양한 기법을 적용할 수 있는 분석 환경이 구축되면 데이터 분석에 집중할 수 있습니다.

★★★★
데이터 기획자: 데이터 기획자는 데이터 분석 환경 전반에 대한 이해가 뛰어나야 합니다. 기술적인 내용을 깊이 이해하지는 않더라도 전반적인 사항과 필수적으로 체크해야 하는 사항에 대해 파악하고 있어야 합니다.

프로젝트 개요

빅데이터 분석으로 새로운 성장 동력을 확보한 다양한 사례가 소개되면서 많은 기업이 자신의 기업에서 보유하고 있는 데이터를 분석하려는 시도를 하고 있습니다. 하지만 대부분의 기업은 각 부서마다 데이터를 별도로 관리하고 있어서 부서 간 공동 작업이 쉽지 않거나 컴퓨팅 파워와 같은 분석 자원에 대한 지원 자체가 부족해 분석 환경을 갖추기 어려운 경우가 많죠. 이런 경우에는 분석할 수 있는 환경을 먼저 제공해야 하는데, 이를 위해서는 분석 환경을 설계 및 구축하는 작업이 필수적입니다. 이어지는 프로젝트로 분석 환경을 설계하고 구축하는 데 있어 데이터 기획자와 데이터 엔지니어가 어떤 역할을 수행하는지 살펴보겠습니다.

분석 환경 설계 및 구축의 필요성

C 사는 전력 변환 시스템을 제작하는 기업으로, 차량용 컨버터를 제작해 자동차 기업에 납품하고 있습니다. 최근 들어 납품하는 제품이 복잡해지면서 제품을 구성하는 부품의 개수와 필요한 검사의 숫자가 대폭 늘어나게 됐죠. 기존에는 작업자가 최종적으로 불량 여부를 파악해 대략적인 원인을 추적했지만, 점점 어떤 문제로 불량이 발생했는지를 파악하는 것이 힘들어지고 있습니다. 이런 상황에서 경영진은 몇몇 실무자가 검사 데이터를 활용해 불량 제품을 조기에 발견하는 등 좋은 성과를 거두고 있다는 보고를 받았습니다. 이 보고를 통해 경영진은 더 뛰어난 제조 기술을 확보하고, 데이터를 쉽게 분석할 수 있는 환경을 구축해 기업의 경쟁력을 높이는 것과 동시에 새로운 성장 동력을 찾을 수 있을 것이라 기대했습니다. 그래서 데이터 전반에 대한 이해가 뛰어난 김 팀장에게 분석 환경 설계 및 구축 업무 전반을 총괄하는 데이터 기획자의 역할을 맡아 진행하도록 지시했습니다.

사내 자원 현황 파악

김 팀장은 분석 환경을 설계하기에 앞서 사내 자원을 파악하기 위해 사내 데이터베이스와 운영 프로그램의 개발, 관리를 담당하는 전산 부서에 도움을 요청했습니다. 그리고 전산 부서에서 데이터베이스를 주로 담당하고 있는 실무자 3명을 데이터 엔지니어로 파견했습니다. 현재 데이터 엔지니어팀이 담당하고 있는 업무가 많기 때문에 분석 환경을 구축하는 등과 같은 새로운 업무에 인력을 투입하는 것은 힘든 상황이라는 의견도 제시했습니다.

김 팀장과 데이터 엔지니어팀은 데이터 분석 환경을 자체 개발해 구축하는 것은 시간과 비용이 너무 많이 필요하기 때문에 힘들 것이라 판단했고, 결국 분석 환경의 전체적인 뼈대는 최대한 외부 자원을 활용해 구축하되, 각 부서에 필요한 소프트웨어나 일부 기능은 기업 내부의 개발 자원을 활용하는 방향으로 보고했고, 경영진에게 승인을 받았습니다.

사용자 요구사항 파악

외부 자원을 활용한다고 해서 분석 환경의 모든 문제가 해결된 것은 아니었습니다. 시장에는 다양한 데이터 분석 서비스가 있지만, 각 서비스마다 장단점이 있기 때문에 실제 사용자의 요구사항을 반영하기 위해 사내에서 데이터를 사용하고 있는 실무자의 요구사항을 파악했고, 대부분의 실무자는 다음과 같은 사항에 불편함을 느끼고 있다는 것을 알게 됐습니다.

• 분석 환경을 위한 프로그램 설치와 같은 번거로운 작업을 하지 않았으면 좋겠다.

- 데이터 읽기, 데이터 다루기, 데이터 분석하기 등의 처리 속도가 빨라졌으면 좋겠다.
- 여러 데이터를 쉽게 조합할 수 있으면 좋겠다.
- 데이터를 쉽고 빠르게 시각화해 볼 수 있으면 좋겠다.
- 각종 통계 기법 및 머신러닝 관련 기술을 적용할 수 있었으면 좋겠다.

김 팀장은 이 요구사항으로 실무자가 데이터 탐색뿐 아니라 데이터를 쉽게 분석할 수 있는 환경에도 관심이 많다는 것을 알게 됐습니다.

AWS를 활용한 분석 환경 설계·구축

김 팀장과 데이터 엔지니어팀은 요구사항을 통해 데이터 분석을 활성화하려면 실무자가 쉬운 분석 환경을 구성하는 것과 더불어 고성능의 컴퓨팅 파워가 필요하다고 생각했습니다. 그리고 이를 만족시키기 위해서는 프로그램 설치 등의 번거로운 작업을 최소화할 수 있고, 개별 컴퓨터의 저장 공간과 데이터 처리 능력을 쉽게 확장할 수 있는 클라우드 서비스를 이용하는 것이 좋다고 판단했습니다.

클라우드 서비스를 이용하기로 결정한 후 여러 서비스를 조사한 결과, 아마존에서 제공하는 클라우드 컴퓨팅 솔루션 서비스인 'AWS(Amazon Web Services)'를 선택했습니다. AWS는 컴퓨팅, 스토리지, 데이터베이스와 같은 인프라 기술에서 머신러닝 및 AI 기술까지 150가지 이상의 서비스를 제공하고 있으며, 이미 전 세계적으로 많은 대기업, 스타트업, 공공 기관에서 채택해 사용하고 있으며, 사용한 만큼만 요금을 지불하는 과금 시스템으로, 분석 환경을 더 빠르고, 쉽고, 경제적으로 구축할 수 있습니다. 프로젝트를 진행하는 도중, 일부 경영진이 사내 데이터를 클라우드상에 업로드하는 것에 대한 보안 문제를 우려했지만, AWS의 핵심 인프라는 군사, 국제 은행 및 보안이 매우 중요한 조직의 보안 요구사항을 충족하도록 설계됐다는 점, 90개의 보안 표준과 규정 준수 인증을 지원한다는 점, 고객 데이터를 저장하는 117개의 모든 AWS 서비스에서 해당 데이터를 암호화하는 기능을 제공한다는 점을 부각해 어렵지 않게 설득할 수 있었습니다.

카테고리	사용 사례	AWS 서비스
분석	대화식 분석	Amazon Athena
	빅 데이터 처리	Amazon EMR
	데이터 웨어하우징	Amazon Redshift
	실시간 분석	Amazon Kinesis
	운영 분석	Amazon Elasticsearch Service
	대시보드 및 시각화	Amazon QuickSight
	시각적 데이터 준비	AWS Glue DataBrew
데이터 이동	실시간 데이터 이동	AWS Glue
		Amazon Managed Streaming for Apache Kafka(MSK)
		Amazon Kinesis Data Streams
		Amazon Kinesis Data Firehose
		Amazon Kinesis Video Streams
데이터 레이크	객체 스토리지	Amazon S3 AWS Lake Formation
	백업 및 아카이브	Amazon S3 Glacier AWS Backup
	데이터 카탈로그	AWS Glue AWS Lake Formation
	타사 데이터	AWS Data Exchange
예측 분석 및 기계 학습	프레임워크 및 인터페이스	AWS Deep Learning AMI
	플랫폼 서비스	Amazon SageMaker

▲ AWS 분석 서비스

[출처: https://aws.amazon.com/ko]

AWS 서비스를 활용해 전체적인 뼈대를 구성하기로 결정하고, 데이터 엔지니어팀과 서비스 체계를 설계했습니다. 우선 사내에서 수집되는 각종 제조 데이터와 검사 데이터는 *'S3'에 저장하고, 이를 *'Athena'와 *'QuickSight'를 활용해 탐색하고 시각화할 수 있도록 구성했습니다. 그리고 *'Sagemaker'를 이용해 최신의 머신러닝 기법을 적용해 배포할 수 있도록 했습니다.

전체적인 뼈대를 잡은 후 회사 내의 데이터베이스와 기존 프로그램을 어떤 방식으로 AWS와 연결해 데이터가 흐르도록 할 것인지 등 실제적인 문제에 대해 데이터 엔지니어팀과 협의했습니다. 데이터 엔지니어팀은 각 부서별로 사용하고 있는 데이터를 조사했고, 데이터 간의 선후 관계와 연관 관계 등을 파악해 필요한 데이터와 필요하지 않은 데이터를 정리했습니다. 그리고 실무자가 추가로 요청하는 데이터를 생성하는 작업을 진행했습니다.

전문가의 조언　　AWS 서비스의 특징

S3는 인터넷상에 어디서나 원하는 양의 데이터를 저장하고 검색할 수 있도록 구축된 객체 스토리지로, 안정성이 뛰어나고 가용성이 높으며 무제한으로 확장할 수 있는 데이터 스토리지입니다.

- **Athena:** 표준 SQL을 사용해 S3에 저장된 데이터를 간편하게 분석할 수 있는 대화식 쿼리 서비스로, 데이터 분석을 준비하기 위한 ETL 작업이 필요 없기 때문에 SQL을 다룰 수 있는 사람은 누구나 신속하게 대규모 데이터를 분석할 수 있습니다. ETL에 대한 자세한 내용은 89쪽을 참고하세요.

- **QuickSight:** 데이터를 사용한 시각화를 제공하고, 애드혹 분석을 이용해 사업과 관련된 인사이트를 얻을 수 있는 비즈니스 분석 서비스입니다.

- **Sagemaker:** 개발자와 데이터 사이언티스트가 머신러닝 모델을 빠르게 구축하고 학습 및 배포할 수 있도록 한 완전 관리형 서비스입니다. 머신러닝 프로세스의 각 단계에서 부담스러운 작업을 제거해 고품질의 모델을 좀 더 쉽게 개발할 수 있고, 머신러닝에 사용되는 모든 구성 요소를 단일 도구 세트로 제공해 적은 노력과 저렴한 비용으로 모델을 더욱 빠르게 생산할 수 있습니다.

시범 적용 및 배포

김 팀장은 데이터 엔지니어팀의 작업이 끝난 후 구축한 서비스를 경영진에게 보고했고, 경영진은 제품을 검사하는 부서에 한해 서비스를 시범 적용했습니다. 시범 적용 결과, 접근할 수 있는 데이터의 양이 훨씬 많아졌을 뿐 아니라 데이터에 빠르게 접근해 처리할 수 있게 됐고, 별도의 프로그램 설치와 같은 번거로운 작업을 하지 않고서도 데이터를 시각화해 확인할 수 있다는 점에서 만족도가 매우 높았습니다. 특히, 기존의 불량 제품 조기 진단 검사에 최신의 알고리즘을 적용해 손쉽게 비교, 평가할 수 있기 때문에 빠른 모델 업데이트가 가능했습니다. 경영진은 시범 적용 결과에 굉장히 만족했고, 전사에 서비스를 배포하기로 결정했습니다.

04 고객 이탈 예측 모델 개발

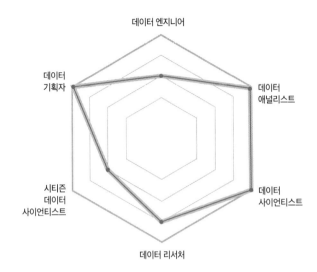

★★
데이터 엔지니어: 데이터 엔지니어의 주요 업무와는 상관없을 수도 있지만, 한 번쯤 읽어 보는 것이 좋습니다.

★★★★
데이터 애널리스트: 분석 리포트가 주요 업무인 데이터 애널리스트가 데이터 프로젝트에서 어떤 역할을 하는지 알 수 있습니다.

★★★★
데이터 사이언티스트: 모델링이 주요 업무인 데이터 사이언티스트가 데이터 프로젝트에서 어떤 역할을 하는지 알 수 있습니다.

★★★
데이터 리서처: 데이터 사이언티스트와의 협업에 대해 알 수 있는 내용입니다.

★★
시티즌 데이터 사이언티스트: 시티즌 데이터 사이언티스트의 주요 업무와는 상관없을 수도 있지만, 한 번쯤 읽어 보는 것이 좋습니다.

★★★★
데이터 기획자: 빅데이터 프로젝트를 총괄하는 데이터 기획자에게 반드시 필요한 지식으로, 프로젝트 구조를 이해하는 데 도움이 됩니다.

프로젝트 개요

일반적으로 기업은 고객을 많이 확보해야 큰 이익을 얻을 수 있습니다. 많은 기업이 신규 가입 고객을 증가시키고, 기존 고객이 떠나지 않도록 다양한 노력을 기울이는 이유는 바로 이 때문입니다. 그 노력의 일환으로 탄생한 것 중 하나가 '고객 이탈 예측 모형(Churn Modeling)'입니다. 이 모형은 고객이 이탈할 위험, 즉 더 이상 해당 기업의 제품·서비스를 이용하지 않을 확률이 있을 때 사용됩니다. 기업은 고객 이탈 예측 모형의 결과를 바탕으로 이탈 확률이 높은 고객에게 다양한 형태의 혜택을 제공해 이탈하지 않고 계속 서비스를 이용하도록 유도합니다. 이번에는 고객 이탈 예측 모형 개발 프로젝트에서 데이터 직무별로 어떤 역할을 수행하고, 서로 어떻게 상호작용하는지 살펴보겠습니다.

매출의 하락과 원인 분석

D 사의 경영진은 월간 영업 보고서를 검토하는 도중, 주력 서비스의 매출이 최근 2개월 연속 하락하고 있다는 것을 발견했습니다. 지난 달까지 만해도 일시적인 현상이라고 생각했지만, 더 이상 그렇게 보긴 어려워진 것이죠. 경영진과 데이터 기획자는 데이터 애널리스트가 수행한 1차 분석의 결과를 검토하기로 했습니다.

데이터 분석 결과에 따르면, 판매 가격에는 변동이 없었지만 판매가 부진한 것으로 나타났습니다. 다음 쪽의 위 그래프와 같이 신규 고객의 유입은 지속적인데 비해 기존 고객의 이탈이 증가하고 있었던 것이지요. 고객군별로 살펴본 결과, 다음 쪽의 아래 그래프와 같이 가격에 민감한 10~30대 고객의 이탈이 많았고, 젊을수록 이탈 증가 폭이 컸습니다.

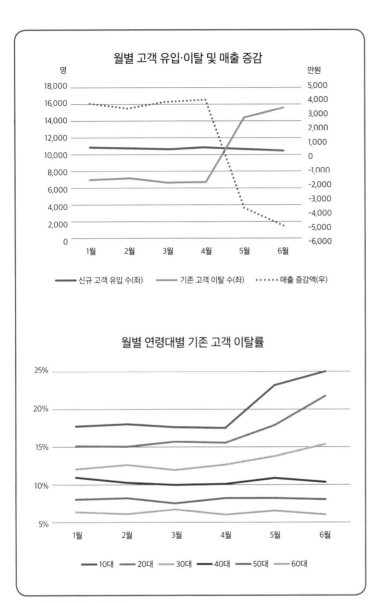

▲ 고객 이탈 예측 모형 개발

경영진과 데이터 기획자는 이 분석 결과를 바탕으로 젊은 연령대의 고객을 위한 할인 행사를 진행하기로 결정했습니다. 또한 이와 같은 일에 미리 대처하기 위해 고객 이탈 예측 모형을 개발하기로 했습니다.

고객 이탈 예측 모형 개발의 필요성을 전달받은 데이터 사이언스팀은 개발 프로젝트를 시작했습니다. 먼저 데이터 사이언티스트는 영업팀, 마케팅팀 등 고객과 접점이 있는 부서와 협의해 고객이탈과 관련된 사항을 전달받고, 검토할 만한 데이터를 확보하기위해 사내 데이터베이스 관리자(DBA)와 함께 고객 정보 데이터, 경쟁사 정보 데이터 등을 검토해 고객 이탈 예측 모형 개발에 사용할 데이터를 만들었습니다. 그런데 데이터를 만드는 과정에서 부서마다 고객 이탈을 다르게 정의하고 있는 것을 발견하고 협의를 통해 기업 내 고객 이탈의 정의를 통일했습니다. 데이터 사이언티스트는 현재 업계에서 사용하고 있는 다양한 예측 모형을 검토해 최적의 고객 이탈 예측 모형을 개발 및 제안했고, 예측모형 검증위원회에서도 모형의 사용을 승인했습니다.

이탈률 대시보드 개발

고객 이탈 예측 모형 개발 프로젝트 결과에 만족한 경영진과 데이터 기획자는 모형의 예측 결과를 전사적으로 공유하기로 했습니다. 그리고 예측 결과를 효율적으로 살펴볼 수 있는 이탈률 대시보드를 사용하기로 했습니다. 데이터 사이언티스트는 데이터엔지니어에게 모형 개발에 사용한 데이터와 개발한 예측 모형을 전달했습니다.

데이터 엔지니어는 고객 이탈 예측 모형의 결과를 조회하고 연령
대, 성별과 같은 고객군, 모형에 사용된 변수별로 예측 결과를 살
펴볼 수 있는 월간 고객 이탈 예측 대시보드를 개발해 공유했습
니다. 개발한 대시보드에서 연령대나 변수를 선택하면 다양한 형
태의 그래프를 통해 이탈률을 살펴볼 수 있습니다.

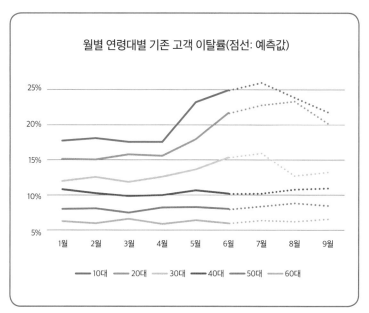

▲ 대시보드의 일부

그리고 앞으로는 매월 데이터 애널리스트가 대시보드를 바탕으
로 이탈률을 분석해 특이 사항을 경영진과 데이터 기획자에게 보
고하기로 했습니다.

잠깐만요 | 대시보드에 대한 자세한 설명은 193쪽을 참고하세요. |

고객 이탈 예측 모형 업데이트

고객 이탈 예측 모형 개발 프로젝트가 성공적으로 끝나기는 했지만, 모형을 개발한 데이터 사이언티스트에게는 여운이 남는 프로젝트였습니다. 우선 고객이 이탈하는 양상이 시간에 따라 일관적이지 않아서 개발한 모형을 언제까지 사용할 수 있을지 확신하기 어려웠고, 예측 모형을 개발할 때 사용한 데이터도 충분하지 않았다는 생각이 들었기 때문이죠. 이런 고민을 데이터 리서처에게 이야기하니 '콘셉트 드리프트(Concept Drift)'라는 개념을 설명해 줬습니다. 설명이 어려워 금방 이해할 수는 없었지만, 예측하려는 대상의 특성이 시간에 따라 변하는 걸 '콘셉트 드리프트'라고 부른다는 것을 알 수 있었죠. 그리고 데이터 리서처는 현재 콘셉트 드리프트가 발생했을 때 예측 모형을 어떻게 만들어야 하는지 연구 중이고, 1년 후에 연구가 끝나면 해결 방법을 알려 준다고 했습니다. 데이터 사이언티스트는 데이터 리서처의 관련 연구가 완료되는 대로 모형의 업데이트를 제안하기로 했습니다.

관련 계획을 보고 받은 경영진은 프로젝트의 연장을 승인했습니다. 우선 데이터 사이언티스트는 데이터 리서처와의 회의를 거쳐 연구의 진행 사항을 공유받기로 했습니다. 또한 데이터 엔지니어를 통해 기존 모형을 개발할 때 충분하지 않았던 데이터와 변수를 확보할 수 있게 됐습니다.

1년 후, 데이터 리서처는 콘셉트 드리프트 상황에서의 고객 이탈 예측 모형에 대한 연구를 성공적으로 마쳤습니다. 또한 새로운 데이터가 추가돼 업데이트하기 위한 데이터도 충분히 확보했습니다. 데이터 사이언티스트는 데이터 리서처와 협업해 고객 이탈 예측 모형을 업데이트했고, 예측모형검증위원회에서도 업데이트된 모형의 사용을 승인했습니다. 데이터 엔지니어도 새로운 데이터와 모형을 전달받아 이탈률 대시보드를 업데이트했습니다. 데이터 애널리스트 역시 새로운 모형을 바탕으로 고객 이탈 예측 결과를 분석해 경영진과 데이터 기획자에게 보고했죠. 앞으로도 1년에 한 번씩은 모형을 업데이트해야 하겠지만, 이번 고객 이탈 예측 모형 프로젝트는 여기서 마무리 짓기로 했습니다.

빅데이터 직무

우리는 빅데이터라는 단어가 익숙한 시대에 살고 있습니다. 또한 데이터를 다룰 수 있는 전문가에 대한 수요도 높아지고 있습니다. 둘째마당에서는 빅데이터 전문가는 정확히 어떤 사람을 의미하고, 조직에서 어떤 역할을 담당하며, 성공적인 커리어를 갖추기 위해서는 어떤 요소를 갖춰야 하는지 알아보겠습니다.

1. 데이터 엔지니어
2. 데이터 애널리스트
3. 데이터 사이언티스트
4. 데이터 리서처
5. 시티즌 데이터 사이언티스트
6. 데이터 기획자

1 | 데이터 엔지니어

데이터 엔지니어는 조직 내 데이터의 운용을 담당합니다. 1장에서는 데이터 엔지니어가 데이터를 활용하기 위해 환경을 어떻게 구성하는지, 정확히 어떤 업무를 맡는지 알아보겠습니다.

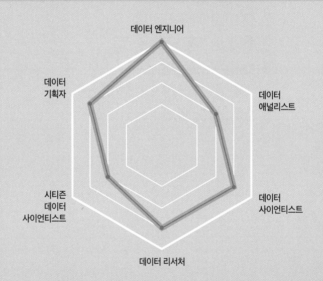

★★★★ 데이터 엔지니어: 데이터 엔지니어에 관심이 있는 사람이라면 반드시 읽어야 할 내용입니다.

★★ 데이터 애널리스트: 데이터 엔지니어와 직접적으로 교류하는 경우는 많지 않을 수 있지만, 조직 내 데이터의 흐름을 관리하는 데이터 엔지니어에 대해 알아 두는 것이 좋습니다.

★★★ 데이터 사이언티스트: 데이터 엔지니어가 구축한 데이터 파이프라인에 의존하므로 업무상 데이터 엔지니어와 긴밀하게 협조하는 부분이 많습니다. 따라서 데이터 엔지니어의 역할 등을 상세히 알아 두는 것이 좋습니다.

★★★ 데이터 리서처: 데이터 엔지니어가 구축한 데이터 파이프라인에 의존하므로 업무상 데이터 엔지니어와 긴밀하게 협조하는 부분이 많습니다. 따라서 데이터 엔지니어의 역할 등을 상세히 알아 두는 것이 좋습니다.

★★ 시티즌 데이터 사이언티스트: 데이터 엔지니어와 직접적으로 교류하는 경우는 많지 않을 수 있지만, 그래도 조직 내 데이터의 흐름을 관리하는 데이터 엔지니어에 대해 알아 두는 것이 좋습니다.

★★★ 데이터 기획자: 빅데이터 프로젝트나 회사를 이끌어야 할 데이터 기획자로서 데이터와 관련된 모든 직무가 어떤 특징을 지니고 있는지 상세하게 파악해 두는 것이 좋습니다.

01 데이터 엔지니어의 업무

요구사항 분석

데이터 엔지니어의 업무는 최종 데이터 사용자의 요구사항을 분석하는 것에서 시작합니다. 이때 최종 데이터 사용자는 같은 회사 내에서 데이터를 활용한 서비스를 운영하고 관리하는 부서가 될 수도 있고, 회사의 고객이 될 수도 있습니다.

최종 데이터 사용자는 대개 'A라는 목표를 달성하기 위해 B에 관한 데이터가 필요하다.' 등과 같이 '어떠한 데이터로 무엇을 하고 싶다.'라는 요구사항을 제시합니다. 데이터 엔지니어는 이런 요구사항을 잘 분석하기 위해 최종 데이터 사용자와 함께 필요한 기능과 요건을 구체적으로 정리합니다.

파이프라인 구축, 관리 및 유지·보수

컴퓨터의 보급과 인터넷 기술의 발달로 '데이터'라는 개념이 친숙해졌지만, 데이터가 흐르는 과정까지 생각해 본 경우는 드물 것입니다. 학교에서 배운 '물의 순환'과 같이 데이터도 여러 과정을 거쳐 순환합니다. 물의 순환과 같이 데이터가 흐르는 과정을 '데이터 파이프라인' 또는 '데이터 플로'라고 하며, 이 과정은 다음 그림과 같이 표현할 수 있습니다.

예시를 이용해 다음 그림에 등장하는 용어와 각 과정을 하나하나 살펴보겠습니다. 데이터 파이프라인을 구축해 운영, 유지보수하

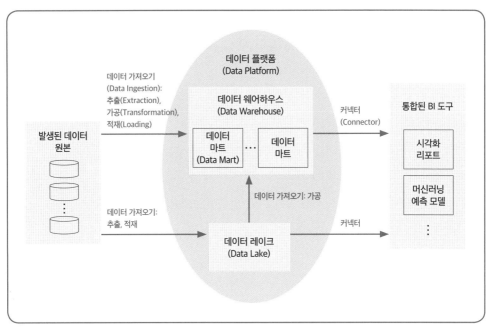

데이터 플랫폼
(Data Platform)

데이터 가져오기
(Data Ingestion):
추출(Extraction),
가공(Transformation),
적재(Loading)

데이터 웨어하우스
(Data Warehouse)

커넥터
(Connector)

통합된 BI 도구

발생된 데이터
원본

데이터
마트
(Data Mart)

···

데이터
마트

시각화
리포트

데이터 가져오기: 가공

머신러닝
예측 모델

데이터 가져오기:
추출, 적재

데이터 레이크
(Data Lake)

커넥터

···

▲ 데이터 파이프라인

는 것은 데이터 엔지니어의 가장 큰 업무입니다. 다양한 형태와 경로에서 생성된 데이터를 한곳에 가공 없이 그대로 저장하는 것을 '데이터 레이크(Data Lake)'라고 합니다. 호수(Lake)에 물이 모여 있듯이 데이터 레이크에는 데이터가 모입니다. 대표적인 데이터 레이크의 예로는 아마존의 'S3'를 들 수 있습니다. S3는 다양한 문서, 사진, 동영상 등을 저장하는 'Google Drive'와 비슷하지만, 대용량 데이터를 위한 데이터 저장소라는 특징이 있습니다.

대용량 데이터 저장소 내의 데이터를 활용할 수 있는 형태로 저장하는 과정이 '데이터 가져오기(Data Ingestion)'입니다. 그리고 이 과정을 거친 데이터는 '데이터 웨어하우스(Data Warehouse)'에 저장됩니다. 대표적인 데이터 웨어하우스 플랫폼으로는 아마존의 'Redshift', 구글의 'BigQuery', IBM의 'Db2' 등을 들 수 있습니다. 데이터 엔지니어가 S3에 저장된 데이터를 활용하기 위해 데이터 웨어하우스에 저장하는 과정이 '데이터 가져오기'에 해당하죠. '데이터 마트(Data Mart)'는 데이터 웨어하우스의 하위 부분으로, 데이터를 실제로 사용하는 부서의 레벨이나 관련 주제 위주로 접근할 수 있도록 가공한 시스템을 말합니다.

데이터 웨어하우스에는 여러 데이터를 공통된 형식으로 변환해 저장합니다. 이렇게 데이터 웨어하우스에 저장하기까지의 과정을 'ETL(Extraction Transform Loading) 파이프라인'이라고 합니다. 'ETL'은 이름에서 알 수 있듯이 '추출(Extraction)', '가공 (Transform)', '적재(Loading)'가 순서대로 진행됩니다. 데이터는 다양한 경로를 거쳐 생성되고, 모두 제각각이기 때문에 공통된 형식으로 가공해야 합니다. 그리고 ETL 파이프라인의 ETL은 이런 데이터를 가공하는 데 필요한 세 가지 단계입니다.

메신저 기능을 제공하는 애플리케이션에서 사용자의 대화 데이터를 저장하는 경우, 대화 데이터를 이름, 본문, 대화 시간 등으로 구분하고, 날짜를 공통된 형식으로 변환, 저장하는 것이 이에 해당합니다. 만약 가공하지 않은 데이터를 한곳에 모아 두면 '데이터 레이크' 단계, 데이터를 공통된 형식으로 가공해 데이터 웨어하우스에 저장하면 '데이터 가져오기' 단계인 것이죠. 이 ETL 파이프라인의 과정을 한 번에 처리하는 플랫폼을 사용하기도 하고, 필요에 따라 데이터 엔지니어가 직접 개발해 사용하기도 합니다.

ETL 파이프라인을 구성하기 위한 애플리케이션의 집합, 각종 데이터베이스 분석과 시각화 등에 활용할 수 있도록 제공하는 환경을 '데이터 플랫폼(Data Platform)'이라고 합니다. 데이터 플랫폼은 데이터를 수집하기 위한 'Logstash', 'fluentD' 등과 배달 성능 최적화나 안정성 향상을 위해 사용하는 'Kafka', 'Redis' 등의 *메시지 큐(message queue) 서비스, 데이터를 저장하고 분석하기 위한 'RDB', 'NoSQL', 등의 데이터베이스, 시각화를 지원하기 위한 '스팟파이어', '태블로', '키바나(Kibana)' 등의 애플리케이션 집합으로 구성됩니다.

ETL 파이프라인을 설계하고 구성하는 과정 또한 데이터 플랫폼 구축 과정에 포함됩니다. 또한 데이터 플랫폼의 다양한 애플리케이션이 서로 유기적으로 작동하도록 구성하고, 유지보수, 관리하는 것 역시 데이터 엔지니어의 몫입니다.

데이터 웨어하우스의 데이터가 각 사용처로 흘러들어가 다양한 용도로 사용될 수 있도록 데이터베이스와 각종 애플리케이션을 연결하는 과정을 '커넥터(Connector)'라고 합니다. 예를 들어 상품의 재고 상태와 관련된 데이터는 실시간으로 품절된 상품을 고객이 구매할 수 없게 표시하는 데 쓰이거나 재고 상태에 기반을 둔 상품 추천 서비스 모델을 개발하는 팀에서 상품별 매출액을 실시간으로 확인하는 사내 대시보드에 쓰일 수도 있습니다.

기타 도구 및 애플리케이션 개발

데이터 웨어하우스의 데이터를 사용하는 최종 데이터 사용자의 요구사항 중 ETL 파이프라인 플랫폼에서 제공하지 않는 기능을 개발하는 것 역시 데이터 엔지니어의 업무 중 하나입니다. 데이터 엔지니어는 상용 *BI(Business Intelligence) 도구나 시각화 솔

BI
데이터를 정리하고 분석해 비즈니스 의사결정을 돕는 시각화 기술

루션을 조합하는 과정에서 다양한 형태의 애플리케이션을 개발하기도 합니다. 물론 전문 개발자가 개발할 수도 있겠지만, 사용 환경에 대한 이해도가 높은 데이터 엔지니어가 직접 개발하는 것이 만족도가 높고, 좀 더 편리한 경우가 많습니다.

다른 데이터 직무와의 차이점과 협업

빅데이터가 주목받기 이전에도 비즈니스 요구사항을 분석해 구축된 정보 시스템의 데이터를 사용하는 데이터 아키텍트(Data Architect)나 데이터베이스를 설계하고 관리하는 DBA(Database Administrator) 등 데이터 엔지니어와 비슷한 직무가 있었습니다. 그러나 데이터 아키텍트는 업무의 요구사항 분석, 전략 수립, 데이터팀 관리 등의 업무를 수행하고 DBA는 주로 데이터베이스 *스키마(Schema) 설계를 한다는 점에서 데이터 엔지니어와는 차이가 있습니다. 데이터 엔지니어의 주업무는 데이터 파이프라인의 설계와 구현인 것이죠.

스키마
데이터베이스 내의 데이터가 어떤 구조와 형태로 저장돼 있는지를 정의한 것

또한 *백엔드 개발자의 업무와 데이터 엔지니어의 업무가 혼용되기도 합니다. 데이터 엔지니어와 백엔드 개발자의 업무가 이상적으로 잘 구분돼 있다면 데이터 엔지니어가 UI(User Interface, 사용자 인터페이스) 개발에도 참여합니다. 인터페이스 개발에 따라 데이터 구조가 변경된다면 그 구조를 문서화해 데이터 사용자가 이해할 수 있도록 설명하고, 개발 과정에서 데이터베이스와 관련된 작업이 필요하기 때문이죠. 데이터 엔지니어는 실제로 데이터를 받아 분석하고 사업에 사용하는 다양한 데이터 사용자의 요구사항이나 필요한 정보를 미리 숙지하고 소통하면서 데이터 파이프라인 설계에 반영해야 합니다.

프런트엔드와 백엔드는 프로세스의 처음과 마지막을 의미합니다. 프런트엔드 개발자가 웹 사이트에서 사용자와 상
호작용하는 것의 외형을 개발한다면, 백엔드 개발자는 웹 사이트에서 생성되는 데이터를 저장하고 관리하는 등 웹
사이트가 매끄럽게 동작할 수 있도록 서버 부분을 개발합니다.

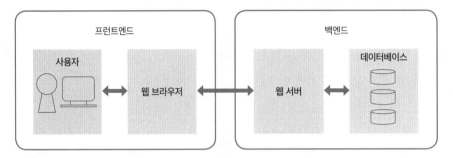

02 성공 요소

업무에 필요한 지식 및 스킬

데이터 엔지니어 업무에 필요한 지식은 컴퓨터공학 분야에서 배
우는 지식과 유사합니다. 프로그래밍 능력은 필수이고, 그중에서
도 SQL과 파이썬(Python) 등에 능숙해야 합니다. 또한 각종 데
이터 수집 애플리케이션, 데이터 저장소, 관계형 데이터베이스 프
로그램에 대한 지식이 있으면 유용합니다. 인프라 구성을 위한 여
러 플랫폼의 장단점과 종류를 알고 있어야 비교, 분석이 가능하기
때문이죠.

잠깐만요 | 파이썬에 대한 자세한 내용은 219쪽을 참고하세요. |

실제 빅데이터를 수집하고 처리하는 업무에는 컴퓨터의 성능이 중요하기 때문에 컴퓨터 시스템에 대한 지식이 필요합니다. 컴퓨터의 동작과 분산 처리의 원리, 파일 시스템(File System)과 포맷, 프로토콜 등과 같은 네트워크, 클라우드 등 컴퓨터 시스템과 관련된 지식이 있어야 컴퓨터 성능 문제를 해결할 수 있기 때문이죠. 그렇기 때문에 컴퓨터 시스템의 기본이 되는 지식을 섭렵하는 것 또한 성공 요소입니다. 데이터 엔지니어를 위한 'Google Cloud Certified Professional Data Engineer' 등의 자격증을 준비하는 과정이 업무를 위한 기초 지식을 습득하고 검증하는 데 도움이 될 수 있습니다.

또한 주요 데이터 사용자인 데이터 애널리스트와 협업하기 위해 BI 도구에 대한 사용법과 설정 방법 등을 이해하는 것도 중요합니다. 머신러닝 모델을 개발하는 데도 데이터가 사용되기 때문에 데이터 인프라를 구축하는 데이터 엔지니어가 머신러닝 개념에 해박하면 많은 도움이 됩니다.

잠깐만요 | 머신러닝 모델에 대한 자세한 내용은 243쪽을 참고하세요. |

성향 및 태도

데이터 파이프라인을 구축, 유지보수하기 위해서는 넓은 시야가 필요합니다. 데이터 파이프라인의 일부에 문제가 생기면 전체에 영향을 미치기 때문에 전체 구성을 볼 수 있는 넓은 시야가 필요한 것이죠. 마지막으로 데이터 엔지니어의 업무는 방대하기 때문에 원활하게 협업할 줄 알아야 합니다.

03 데이터 엔지니어 인터뷰 1

회사	번개장터
직무	데이터 엔지니어
업무 개요	인프라 개발, 데이터 분석, 머신러닝 등 사내 데이터와 관련된 모든 기술적인 업무
학력	컴퓨터공학과 학·석·박사

번개장터 데이터 엔지니어 연종흠 씨 인터뷰 재구성

안녕하세요. 저는 중고 거래 플랫폼인 '번개장터'의 데이터팀장 연종흠입니다. 저는 컴퓨터공학과에서 학·석·박사 학위를 받았습니다. 번개장터 데이터팀은 2019년 중반에 구성됐습니다. 데이터 엔지니어링 업무뿐 아니라 데이터 분석, 머신러닝 모델링 등과 같은 데이터 사이언스 업무도 병행하고 있습니다.

업무

개인적으로 데이터 엔지니어는 빅데이터 분야의 '제너럴리스트 (Generalist)'라고 생각합니다. 제너럴리스트는 특정 분야를 깊이 아는 '스페셜리스트(Specialist)'와 상반되는 용어로, '다양한 분야를 넓게 아는 사람'을 의미합니다. 제 경험으로 미뤄 볼 때 데이터 엔지니어는 매우 다양한 업무를 담당하는 직무인 것 같습니다. 서비스를 개발하는 개발자, 인프라를 담당하는 *데브옵스 엔지니어(DevOps Engineer), 데이터 사이언티스트 등과 같이 다양한 직무와 협업할 때 발생할 수 있는 업무를 처리하기 때문입니다.

물론 제가 속해 있는 기업이나 업종에 국한된 것일 수 있지만, 저희 데이터팀은 업무를 정확하게 분담하기보다는 다양한 업무를 병행하고 있습니다. 제가 데이터 엔지니어로서 맡았던 업무도 데이터 수집·가공, 데이터 사이언티스트의 모델 적용, 프로그래밍 언어 변환, 관련 서비스의 *API(Application Programming Interface) 구축 등과 같이 매우 다양하죠.

API
애플리케이션에서 데이터를 제공하는 데 필요한 정보 및 규격

전문가의 조언　**데브옵스 엔지니어란?**

데브옵스(DevOps)는 '개발(Development)'과 '운영(Operations)'의 합성어로, 개발 담당자와 운영 담당자가 연계, 협력해 소프트웨어를 빠르고 효과적으로 개발·운영할 수 있는 환경이나 문화를 조성하는 것을 말합니다. 데브옵스 엔지니어(DevOps Engineer)는 데브옵스를 조성하는 기술자를 말하죠. 데브옵스의 하위 개념인 'MLOps'는 데브옵스에 '머신러닝'의 요소를 더한 것으로, 머신러닝 모델을 빠르고 효율적으로 실험·개발·운영하고 지속적인 학습을 통해 개선한 모델을 배포할 수 있는 과정 또는 시스템을 뜻합니다. 데브옵스와 함께 머신러닝이 주목받으며 빅데이터를 다루는 곳에서 자주 사용하는 개념으로, 포브스에서는 2021년 AI 트렌드 중 하나로 'MLOps'를 선정했습니다. MLOps는 이전과 달리 소프트웨어를 단순히 실행하는 데 그치지 않고, 지속적으로 유지보수하는 것이 중요해지면서 일반화된 개념입니다.

어려움과 보람

그나마 빅데이터 분야가 학계와 산업 간의 거리가 가까운 편이지만, 학계에 발표된 알고리즘을 실무에 적용하고 싶어도 기술적인 장벽 때문에 어려움을 겪고 있습니다. 예를 들어 기존 알고리즘의 성능을 뛰어넘는 최신 알고리즘이 발표됐을 때, 논문에는 알고리즘을 작동시키는 데 불과 10분이 소요된다고 했지만, 실무에서 해당 알고리즘을 작동하는 데 반드시 필요한 전·후 처리 과정이 각각 30분씩 소요된다면 발표된 논문의 알고리즘은 실무에서 무용지물인 것이죠.

학계에 발표된 논문의 목표는 대체로 동일한 데이터와 통일된 성능 지표를 기준으로 성능을 높이는 것이기 때문에 다른 데이터를 사용했을 때의 성능 저하 문제는 고려하지 않습니다. 하지만 실무에서는 데이터가 자주 바뀌기 때문에 이러한 문제를 고려하는 것이 매우 중요합니다. 즉, 성능 평가 외에 서비스 개발에 대한 부분은 고려하지 않는다는 것이 학계와 산업 간의 차이인 것 같습니다.

또한 중고 거래 플랫폼이라는 특성상 고객의 취향을 파악해 상품을 추천하는 시스템은 중요한 역할을 합니다. 그런데 기존에 완성한 추천 시스템에 새로운 상품을 반영하려면 시스템을 처음부터 만들어야 하기 때문에 매우 비효율적이죠. 지금도 이런 어려움을 해결하기 위해 고민하고 있습니다.

이런 많은 어려움에도 불구하고 제가 보람을 느끼는 순간은 데이터 엔지니어 분야에 대한 관심이 늘어나면서 업무 환경이 개선되고 있다고 느낄 때입니다. 예전에 머신러닝 알고리즘을 사용하려면 개인이 직접 처음부터 끝까지 구현해야 했습니다. 하지만 이제는 빅데이터 산업과 커뮤니티가 활성화돼 이미 구현된 코드를 쉽게 찾을 수 있고, 궁금했던 내용의 관련 연구를 쉽게 찾아볼 수 있게 됐죠. 그리고 데이터 엔지니어의 수요가 늘어나면서 보수와 대우 역시 좋아졌다고 느낍니다.

번개장터 데이터팀의 업무
저희 데이터팀은 번개장터 안에서 데이터와 관련된 기술적인 업무를 담당하고 있고, 인프라 개발에서 데이터 분석, 머신러닝까지 많은 영역을 차지하고 있죠. 인프라 개발은 데이터 웨어하우스와 데이터 마트의 구축, 사용자 로그 등의 스트리밍 데이터 수집 시스템 구축 등을 진행하고 있고, 머신러닝은 추천 시스템 모델 및 API 개발, 광고 시스템의 예측 모델 개발 등도 진행하고 있습니다. 엔지니어링 부분에서 저희가 수집하는 데이터는 이커머스(e-Commerce)라는 특성상 대부분 페이지 이동 로그, 상품 클릭 로그, 검색어 로그, 구매 목록, 사용자 정보, 유입 경로, *퍼널 데이터(Funnel Data) 등으로, 이런 데이터는 하루에도 몇 억 건씩 생성됩니다.

퍼널 데이터
사용자 유입에서 고객 전환까지의 단계별 수치 데이터

잠깐만요 | 데이터 마트에 대한 자세한 내용은 89쪽을 참고하세요. |

이렇게 하루에 생성되는 데이터의 양이 많지만, 클라우드 데이터 저장 공간이 등장하면서 데이터 저장 비용이 획기적으로 줄어들었습니다. 또한 데이터 저장과 프로세싱 관련 서비스가 활발하게 개발됐죠. 데이터 *스트림(Stream) 서비스인 '카프카(Kafka)'나 아마존의 '키네시스(Kinesis)' 등은 사용료도 저렴합니다. 2020년 4월 기준 키네시스는 1TB를 한 달 동안 저장하는 데 5달러 정도입니다.

스트림
많은 양의 데이터를 사용자에게 지속적으로 전달하는 기술

저희가 사용하는 데이터베이스는 '온라인 처리 분석(Online Analytical Processing, OLAP)'의 일종으로, 데이터를 일정 주기로 처리해 분석용 데이터로 사용할 수 있습니다. OLAP와 상반되는 개념인 '온라인 거래 처리(Online Transaction Processing, OLTP)'는 사용자 구매, 판매 등과 같은 이벤트마다 발생하는 데이터를 실시간으로 저장하는 서비스 데이터베이스를 말합니다. 이런 OLTP 데이터베이스는 데이터를 실시간으로 저장하기 때문에 *풀스캔(Full Scan)이나 *쿼리(query) 작업을 할 수 없으므로 OLAP를 사용합니다.

풀스캔
데이터베이스에 포함된 데이터를 모두 확인해 원하는 데이터를 추출하는 것

쿼리
데이터베이스에 저장된 데이터 중 특정 데이터를 요청하는 것

업무에 필요한 능력과 성향

데이터 엔지니어는 코딩, 수학 그리고 영어 능력이 필요합니다. 그리고 창의적이어야 하죠. 이외에도 인프라와 데이터 모델링에 대한 지식을 갖추는 것이 좋습니다. 인프라 관련 지식은 서비스 구축 시 아키텍처 설계나 데이터 파이프라인 설계 시 적절한 소프트웨어를 사용할 수 있는 능력을 의미합니다. 데이터 모델링에 대한 지식은 데이터 로그를 어떻게 수집할지, 수명은 어떨지, 오류 처리는 어떻게 할지 등 모델링과 관련된 부분을 고민할 때 중요한 자산이 됩니다.

데이터 엔지니어가 되려면

저는 컴퓨터공학과에서 학사 학위를 받은 후 대학원에 진학했고, 석·박사 통합 과정을 10년간 거쳤습니다. 대학원 진학 당시에는 빅데이터나 컴퓨터공학과의 인기가 그리 높지 않았죠. 지능형 데이터 시스템 연구실이었지만, 데이터베이스 연구보다 검색, 추천, 자연어 처리, 하둡 등과 같은 애플리케이션을 연구했고, 졸업 즈음에 빅데이터가 주목을 받으면서 연구 주제가 자연어 처리와 딥러닝으로 바뀌었습니다. 졸업 후에는 추천 시스템 개발 회사인 '레코벨'에서 몇 개월 간 근무했고, 이후 암호 화폐 트레이딩 (Trading) 플랫폼을 제공하는 '부스트'라는 스타트업에서 1년 정도 근무했습니다. 그리고 번개장터에서 부스트를 *탤런트 애쿼지션(Talent Acquisition) 형태로 인수하며 현재 직장에 자리잡게 됐습니다.

탤런트 애쿼지션
인재를 영입하기 위해 기업을 인수하는 행위

저의 처음 목표는 데이터 엔지니어가 아니었습니다. 학위 과정 동안 데이터 관련 주제로 연구를 했고, 졸업 후에는 관련 분야의 소프트웨어 엔지니어를 하려고 했습니다. 연구와 실무 경험을 바탕으로 추천 시스템 개발 등과 같은 다양한 업무를 수행했고, 빅데이터가 각광받기 시작한 시기에 취업 준비를 해 자연스럽게 지금의 위치까지 올 수 있었죠. 데이터 엔지니어는 제너럴리스트적인 성향이 필요하기 때문에 실무 경험이 전혀 없는 신입이 역량을 쌓아 데이터 엔지니어로 성장하는 데까지 많은 어려움이 있습니다. 학부 출신이라면 처음부터 단독으로 업무를 수행하기 어렵고, 주로 시니어 개발자의 부사수로 업무의 일부를 맡는 것부터 시작합니다.

데이터 엔지니어를 꿈꾼다면 학교 안에서는 수업에 충실하되, 학교 밖에서는 다양한 분야에 관심을 갖는 것을 추천합니다. 물론 학교가 아니라면 공부하기 어려운 수학, 과학, 영어, 컴퓨터공학 등의 과목도 있습니다. 특히 선형대수, 최적화, 확률, 미분과 적분 같은 기초 과목은 혼자 공부하기 어렵죠. 하지만 코딩이나 시스템과 같은 실무 능력은 학교 밖에서 경험을 쌓으며 배우길 권장합니다.

취업준비생에게 주는 조언 - 본인이 했던 것을 정확히 알기

신설된 저희 데이터팀에서는 정직원과 인턴사원을 적극적으로 채용하고 있습니다. 채용 시 가장 중요하게 생각하는 것은 바로 '본인이 했던 것을 정확히 알고 있는지'의 여부입니다. 다양한 경험을 했다고 이야기하는 것보다 어떤 문제를 얼마나 깊이 고민했고, 하나의 문제를 처음부터 끝까지 고민했는지를 중요하게 생각하죠. 이력서에 어떤 기술을 다룰 줄 안다고 기입했다면, 그 기술의 원리를 설명할 수 있는지를 물어봅니다. 그 기술은 어떻게 설정하는지, 그 기술의 의미는 무엇인지, 이 기술로 무엇을 해결할 수 있는지를 묻는 거죠.

'캐글(Kaggle)', '데이콘(Dacon)'과 같은 데이터 분석 경진대회에 참여해 경험을 쌓는 것도 많은 도움이 됩니다. 하지만 다양한 종류의 문제에 도전하기보다는 한 분야나 하나의 문제를 깊게 고민하는 것이 취업을 준비하는 데 더욱 적합하다고 생각합니다. 기업에서 진행하는 프로젝트는 문제를 정의하는 것에서 데이터 수집, 알고리즘 개발, 서비스 적용, 평가 등에 이르기까지 많은 과정을 거치기 때문에 기업에서는 이런 과정을 경험해 봤거나 과정의 일정 부분에 기여한 경험을 좀 더 중요하게 생각하죠. 따라서 인턴 등으로 실무 경험을 쌓는 것을 추천합니다.

잠깐만요 | 캐글과 데이콘에 대한 자세한 내용은 365쪽을 참고하세요. |

04 데이터 엔지니어 인터뷰 2

회사	네트워크 보안 장비 업체
직무	데이터 엔지니어
업무 개요	네트워크 보안 장비 등에서 발생하는 모든 데이터를 관리할 수 있는 플랫폼 구축 및 유지보수
학력	컴퓨터공학과 학사

네트워크 보안 장비 업체 데이터 엔지니어 J 씨 인터뷰 재구성

안녕하세요. 저는 학부 때 컴퓨터공학을 전공했고, 졸업 후 네트워크 보안 장비 업체에서 4년 동안 데이터 엔지니어로 근무하고 있습니다. 네트워크 보안 장비 분야의 데이터 엔지니어가 하는 일을 소개해 드리기 전에 '네트워크(Network)'에 대한 개념을 간단히 설명하겠습니다. 우선 네트워크는 '두 대 이상의 컴퓨터에서 서로의 자원을 공유하기 위해 연결하고 통신하는 체계'를 말합니다. 주변에서 쉽게 접할 수 있는 인터넷이나 클라우드 서비스도 모두 네트워크를 기반으로 동작합니다. 네트워크 장비의 종류는 매우 다양합니다. 기기 간의 통신을 가능하게 하는 네트워크 장비가 있는 반면, 기기 간 통신을 방해하거나 정보를 가로채려는 시도를 예방하고 방어하는 네트워크 장비도 있습니다. 후자를 운용하는 시스템이 바로 '네트워크 보안 시스템'입니다.

데이터의 종류

네트워크 보안 시스템은 매우 많은 데이터를 생성하는 분야 중 하나로, 네트워크 보안과 관련된 장비는 각 장비의 목적에 맞는 데이터를 생성합니다. 네트워크에서 전송되는 파일 중 악성 파일을 탐지하는 장비는 각 파일에 대한 탐지 이력 등을 포함한 데이터가 생성되고, 해커의 공격 행위를 탐지하는 장비는 단순한 *트래픽(Traffic) 정보뿐 아니라 이상 공격 행위에 대한 분석 이력을 포함한 데이터가 생성됩니다. 네트워크 처리 장비는 모든 정보를 밀리초(Millisecond, 1,000분의 1초) 단위로 기록하는데, 평균 트래픽, 업로드·다운로드 파일과 기록, 암호화 안 된 모든 요청, 사내에서 전송되는 파일의 *로그(Log), 네트워크 장비 자체의 성능 정보 등 정말 다양한 데이터가 네트워크 장비에서 생성됩니다.

트래픽
흐르는 데이터의 양

로그
컴퓨터에 남아 있는 기록

네트워크 보안 데이터 엔지니어의 업무

운영하는 네트워크의 규모가 커질수록 네트워크 장비 역시 많아지고, 네트워크와 보안을 관제하는 담당자는 최종 데이터 사용자로서 데이터 엔지니어에게 주로 '우리 네트워크가 안정적인지 확인하고 싶다.', '네트워크 부하를 방지하고 싶다.', '네트워크 공격을 사전에 차단하고 싶다.' 등과 같은 요구사항을 제시합니다.

밀리초 단위로 다양한 장비에서 생성되는 데이터를 모두 통합해 문제를 해결하기 위해서는 데이터를 하나의 데이터베이스에 모아 연관 분석을 해야 할 때도 있습니다. 그렇기 때문에 여러 장비에 생성된 데이터를 한곳에 모아 달라는 것 자체가 요구사항인 프로젝트도 많죠.

연관 분석을 위해서는 각 장비에서 생성되는 서로 다른 형태의 데이터를 유사하게 규격화해야 하는데, 네트워크 보안 장비에서 발생한 이벤트를 한곳에 모아 분석하는 솔루션을 '보안 장비와 이벤

트 관리(Security Information & Event Management, SIEM)'
이라고 합니다. 이 모든 과정에서 발생하는 데이터를 처리할 수
있는 플랫폼을 만들고 유지보수하는 것이 네트워크 보안 분야에
종사하는 데이터 엔지니어가 하는 일입니다.

네트워크 보안 분야의 데이터 사용자는 데이터 사이언티스트가
아니기 때문에 '머신러닝 알고리즘으로 얻은 결과나 통계를 데이
터로 내 보고 싶다.'는 요구사항을 제시할 때도 있습니다. 데이터
엔지니어는 모델을 구축하고, 간단한 머신러닝 알고리즘을 구현
하는 등 기업의 성격에 따라 데이터 엔지니어가 데이터 사이언티
스트의 업무를 수행하기도 합니다.

잠깐만요 | 데이터 사이언티스트에 대한 자세한 내용은 120쪽을 참고하세요. |

그리고 플랫폼이 어느 정도 구축되면 최종 데이터 사용자의 요구
사항을 처리하기 위한 도구나 애플리케이션을 제작하기도 합니
다. 예를 들어 '일일 데이터를 추출해 메일로 확인하고 싶다.'라는
요구사항을 제시하면 해당 기능을 수행하는 프로그램을 제작하
는 것이죠.

이런 업무는 개발자가 할 수도 있고, 데이터 엔지니어가 할 수도
있습니다. 백엔드 개발자의 업무와 데이터 엔지니어의 업무는 이
렇게 혼재돼 있기도 합니다. 네트워크 보안 분석의 경우, 흐름과
연관 분석이 중심이 되기 때문에 이를 수행할 수 있는 UI가 포함
된 애플리케이션 제작 역시 데이터 엔지니어 업무의 많은 부분을
차지하죠.

제가 근무한 기업의 특징은 디자이너가 작업에 많이 관여했다는 것입니다. 디자이너가 화면에 보이는 정보를 직관적으로 전달하기 위해 배치하고, 프런트엔드 개발자가 인터페이스를 개발하면 백엔드 개발자가 설계에 필요한 데이터를 보내 주는데, 이 데이터 소스와 관련된 부분을 데이터 엔지니어가 처리하는 형식으로 진행했습니다.

잠깐만요 | 프런트엔드 개발자와 백엔드 개발자에 대한 자세한 내용은 92쪽을 참고하세요. |

업무에 필요한 능력과 성향

대부분의 네트워크 보안 업계는 폐쇄적일 수밖에 없는데, 솔루션을 개발할 때는 원격 지원보다 파견 근무가 많습니다. 데이터 사용자의 요구사항을 분석해 프로젝트를 진행할 때 여러 협의가 필요하죠. 그렇기 때문에 의사소통 능력이 중요합니다.

네트워크와 보안은 학교에서 배우는 기초 지식이 꽤 중요한 편입니다. 네트워크나 보안 데이터의 흐름을 파악하기 위해서는 운영체제, 네트워크, 보안 장비들의 역할을 이해할 필요가 있기 때문에 관련 지식이 풍부할수록 좋습니다. SIEM과 같은 데이터 플랫폼을 구축하기 위해서는 다양한 장비와 데이터를 저장할 수 있는 여러 데이터베이스의 장단점을 구분할 수 있을 정도의 지식이 필요합니다.

컴퓨터 시스템 전반에 대한 지식도 중요한데, 실제 빅데이터를 수집하고 처리하는 업무에는 성능 좋은 컴퓨터 시스템이 필요하기 때문에 성능 문제를 해결하기 위해서는 컴퓨터 시스템의 동작 원리나 분산 처리의 원리, 파일 시스템, 데이터베이스에 대한 개념,

네트워크와 클라우드 관련 지식 등을 전반적으로 이해하고 있어야 하죠. 즉, 컴퓨터 시스템의 기본이 되는 모든 지식을 섭렵하는 것은 데이터 엔지니어로서 성공할 수 있는 요소가 됩니다.

마지막으로 폭넓은 시야를 갖출 필요가 있습니다. 빅데이터 플랫폼에서는 각 구성 요소가 긴밀하게 엮여 있기 때문에 한곳에서 발생한 장애가 플랫폼 전체에 영향을 미치죠. 이런 문제를 해결하기 위해서는 전체 구성을 조망할 수 있는 넓은 시야가 필요합니다.

2 데이터 애널리스트

데이터 애널리스트의 역할은 경영진을 비롯한 여러 이해관계자가 데이터를 올바르게 이해하고 데이터에서 가치를 발굴하도록 도와주는 것입니다. 이를 통해 기업이 현재 속한 상황을 정확하게 진단할 뿐만 아니라 앞으로 나아갈 방향을 제시합니다.

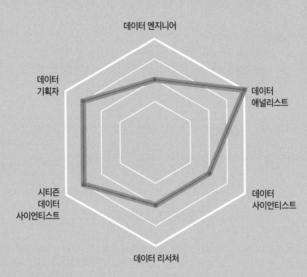

★★ **데이터 엔지니어**: 데이터 애널리스트와 자주 협업하지 않더라도 역할과 의의를 알아 두는 것이 좋습니다.

★★★★ **데이터 애널리스트**: 데이터 애널리스트에 관심이 있는 사람이라면 반드시 읽어야 할 내용입니다.

데이터 사이언티스트: 데이터 애널리스트와 자주 협업하지 않더라도 역할과 의의를 알아 두는 것이 좋습니다.

★★ **데이터 리서처**: 데이터 애널리스트와 자주 협업하지 않더라도 역할과 의의를 알아 두는 것이 좋습니다.

★★★ **시티즌 데이터 사이언티스트**: 데이터 애널리스트와 시티즌 데이터 사이언티스트는 빅데이터 전문가와 비전문가를 잇는 역할을 수행한다는 공통점을 지니고 있습니다. 따라서 데이터 애널리스트를 잘 이해하는 것이 좋습니다.

★★★ **데이터 기획자**: 빅데이터 프로젝트나 회사를 이끌어야 할 데이터 기획자로서 데이터와 관련된 모든 직무가 어떤 특징을 지니고 있는지 상세하게 파악해 두는 것이 좋습니다.

01 데이터 애널리스트의 업무

데이터 준비

데이터 애널리스트는 데이터를 활용해 조직의 현재 상태를 진단하기 위한 '데이터 준비', '데이터 분석을 통한 비즈니스 인사이트 도출', '데이터 시각화' 등과 같은 업무를 수행합니다. 데이터 애널리스트는 주로 이미 기업이 보유하고 있는 정형 데이터(Structured Data)를 활용합니다. 정형 데이터는 앞서 소개한 데이터 엔지니어가 설계한 데이터베이스에 저장된 표준화 데이터를 의미하는데, 이런 데이터 중에서 필요한 데이터를 검색해 가져오는 것을 '데이터 준비'라고 하죠.

만약 사원의 출퇴근 기록과 같이 매번 같은 형태의 데이터를 정기적으로 가져와 활용할 경우, 변경된 내용만 업데이트하면 되기 때문에 복잡한 데이터 준비 과정을 거치지 않거나 실수를 하지 않도록 데이터 준비 과정을 자동화하거나 문서화하는 업무도 담당합니다.

정형 데이터 외에 새로운 데이터를 수집하는 것도 데이터 애널리스트의 업무입니다. 예를 들어 매 분기마다 실행하는 자체 브랜드 평판 분석 데이터에 경쟁사의 브랜드 평판 데이터를 추가하기로 했다면 데이터 애널리스트는 단기간에 필요한 데이터를 얻기 위해 어떤 선택을 해야 할까요? 경쟁사 데이터에는 접근할 수 없고, 경쟁사 브랜드에 대한 소비자 설문 조사를 실시하기엔 많은 시간과 인력이 소요됩니다. 이런 상황에서는 블로그, SNS, 커뮤니티 등 온라인에 기록된 데이터를 수집합니다. 이렇게 수집한 데이터는 비록 완벽하지 않더라도 경쟁사에서 출시한 상품에 대한 의견이나 충성도 등에 관한 정보를 어느 정도 파악할 수 있습니다. 데이터 애널리스트는 이런 식으로 온라인의 데이터를 수집하기 위해 *웹 크롤러(Web Crawler)를 구축하거나 API를 활용합니다. 다양한 경로로 수집한 데이터를 사용 목적에 맞게 가공하는 과정을 거치기도 하는데, 이를 *'전처리'라고 합니다.

웹 크롤러
웹 크롤링이나 웹 스크래핑을 수행하는 프로그램

전처리
주어진 데이터를 보다 쉽게 분석할 수 있는 형태로 가공하는 과정

잠깐만요 | 웹 크롤링에 대한 내용은 205쪽, 전처리에 대한 내용은 123쪽을 참고하세요. |

데이터 분석을 통한 비즈니스 인사이트 도출

데이터 애널리스트는 수집한 데이터를 분석하고, 눈에 띄는 패턴이나 트렌드를 찾아 원인을 분석합니다. 그리고 기초적인 데이터를 분석하기 위해 엑셀을 활용하거나 간단한 코딩 및 *데이터 분석 소프트웨어를 활용합니다. 만약 데이터 분석을 중요하게 여기지 않는 데이터 애널리스트라면 지난 3년간 특정 제품의 판매량에 큰 변화가 없어도 그냥 넘어가겠지만, 기본적인 분석과 코딩 능력을 갖춘 데이터 애널리스트는 한 단계 더 나아가 해당 제품의 시기별, 소비군별 판매량을 분석해 어떤 요인이 판매량에 영향을 미치고, 기여도가 얼마인지 분석할 것입니다.

데이터 분석 소프트웨어
코딩 없이 데이터 분석의 모든 과정을 수행할 수 있게 하는 도구

잠깐만요 | 데이터 분석 소프트웨어에 대한 자세한 내용은 198쪽을 참고하세요. |

데이터 애널리스트의 주요 업무가 기업의 현황 진단인 만큼 가장 최전선에서 의사결정권자나 고위 경영진과 자주 협업하며 비즈니스 인사이트를 파악하는 데 도움을 줍니다. 또한 빅데이터팀에서 기술적인 업무를 담당하는 데이터 엔지니어나 데이터 사이

언티스트가 도출한 결과를 전문 용어나 기법에 생소한 팀 및 경영진과 공유해 이해를 돕는 등 기업 내 빅데이터팀과 빅데이터를 잘 모르는 팀을 잇는 교두보 역할을 합니다.

데이터 시각화

데이터 애널리스트는 분석 결과를 효율적으로 전달하기 위해 데이터를 시각화합니다. 분석의 결과를 시각화하면 숫자나 데이터에 익숙하지 않은 사람에게 정보를 효과적으로 전달할 수 있습니다. "3분기 마케팅팀의 실적은 1분기 대비 10%, 2분기 대비 16% 감소했습니다. 그러나 영업팀의 실적은 2분기 대비 15%가 상승해 분기 실적이 올랐습니다."라고 설명하는 것보다 다음과 같은 시각화 자료와 함께 설명하면 훨씬 효과적이겠죠.

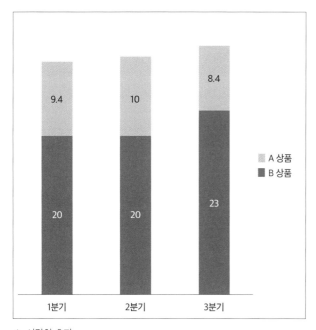

▲ 시각화 효과

요즘은 '태블로'나 '스팟파이어', 'Power BI'와 같은 다양한 데이터 시각화 도구가 보편화됐습니다. 이런 시각화 도구는 직관적이어서 배우기 쉬울 뿐 아니라 전문가를 위한 기능도 탑재하고 있죠. 유능한 데이터 애널리스트는 단순한 시각화를 넘어 찾기 어려운 인사이트를 도출하기 위해 시각화 도구의 기능을 자유자재로 사용합니다.

잠깐만요 | 시각화의 예시에 대한 자세한 내용은 188쪽을 참고하세요. |

---

02 성공 요소

업무에 필요한 지식 및 스킬

데이터 애널리스트는 데이터 분석과 머신러닝 모델링을 직접 담당하는 데이터 사이언티스트와 같이 모델링을 완벽하게 이해하고 있지 않더라도 데이터 분석 기법과 통계에 관련된 기초적인 지식을 갖춰야 합니다. 이러한 지식을 갖춘 데이터 애널리스트는 전문가 집단과 비전문가 집단의 입장을 모두 이해하고 있기 때문에 두 집단 간의 소통에 도움을 줄 수 있습니다. 이와 같은 맥락에서 때로는 데이터 애널리스트에게 데이터 사이언티스트의 업무를 요구하기 때문에 머신러닝과 관련된 동향에 관심을 갖고 이해하려고 노력하는 것이 많은 도움이 됩니다.

데이터 준비와 기초적인 분석을 위한 SQL, 엑셀, 기초 코딩 능력 그리고 데이터 분석 소프트웨어와 데이터 시각화 도구를 자유롭게 다룰 수 있는 능력도 중요합니다. 많은 사람 앞에서 누구나 쉽게 이해할 수 있는 시각화 자료를 활용해 설득력 있게 발표할 수 있어야 합니다. 경영진을 비롯한 다양한 팀과 자주 협업하고 교류하는 만큼 의사소통 능력도 중요한 성공 요소 중 하나입니다.

잠깐만요 | 데이터 분서 소프트웨어 도구에 대한 자세한 내용은 200쪽을 참고히세요. |

기업 내의 다양한 팀과 소통하기 때문에 불필요한 오해와 마찰을 최소화할 수 있는 소통 능력이 필요합니다. 그리고 시각화하는 데는 어느 정도의 미적 감각도 필요합니다. 데이터를 시각화하고 중요한 정보를 쉽게 이해할 수 있도록 도표는 어떻게 디자인하고, 색은 어떻게 조합할것인지 그리고 시각화한 자료를 쉽게 활용하려면 필터링 버튼을 어디에 배치할 것인지 등을 끊임없이 고민해야 하죠.

성향 및 태도

여러 이해 집단 사이에서 중개자 역할을 한 경험이 있거나 중재자 역할을 즐기는 성향 또는 다양한 사람과 교류하고 소통하는 걸 즐긴다면 데이터 애널리스트로서 중개자 역할을 수행하는 데 많은 도움이 됩니다. 또한 예기치 못한 상황에 유연하게 대처할 수 있는 자질을 갖추면 더욱 좋겠죠. 또한 기업에서 가장 중요하게 생각하는 목표나 전체적인 프로세스 등을 항상 염두에 두고 있다면 좀 더 효과적인 인사이트를 도출할 수 있습니다.

03 데이터 애널리스트 인터뷰 1

회사	게임 회사
직무	데이터 애널리스트
업무 개요	데이터 시각화를 통한 인사이트 제공 및 데이터 수집과 분석
학력	전기·전자공학 학·석사 통합 과정

게임 회사 마케팅 데이터 애널리스트 이승현 씨 인터뷰 재구성

안녕하세요. 저는 전기·전자공학 학·석사 통합 과정으로 졸업한 후 게임 회사의 정보 분석실에서 마케팅 데이터 애널리스트로 근무하고 있습니다. 제 역할은 데이터에 기반을 둔 의사결정에 도움을 주는 것입니다. 주로 실무자의 요구사항을 듣고, 관심을 가질 법한 데이터를 미리 파악해 정리하고, 태블로 등과 같은 시각화 도구를 활용한 반응형 UI 형식의 시각화 리포트를 작성해 인사이트를 제공하는 업무를 맡고 있습니다. 이외에도 데이터 크롤링, 게임 분석, 마케팅 분석 등 여러 업무를 담당하고 있습니다.

게임 회사에서 마케팅 데이터 애널리스트가 하는 일

게임 회사는 술·담배 회사와 더불어 모바일 마케팅 분야에 가장 많은 비용을 투자합니다. 모바일 마케팅에 쓸 수 있는 한정된 예산 안에서 서비스 매출을 최대로 올리기 위해 활용하는 방법 중 하나가 '퍼포먼스 마케팅(Performance Marketing)'입니다. 예전에는 특정 시간대에 TV 광고를 집행했지만, 요즘에는 TV 광고 뿐 아니라 다양한 디지털 플랫폼과 채널에서 마케팅을 진행하죠.

많은 사용자를 확보한 'Facebook Ads', 'Google Ads', 'Unity Ads' 등과 같은 광고 플랫폼을 활용해 저희 회사에서 제작한 게임을 할 만한 목표 사용자를 타깃팅해 광고를 보내는 것을 '퍼포먼스 마케팅'이라고 합니다. 예를 들어 'Facebook Ads'를 활용해 광고를 진행한다면 페이스북 사용자의 위치 정보, '좋아요'를 누르거나 댓글을 남긴 게시물, 클릭한 광고 등에 대한 정보를 기반으로 원하는 페이스북 사용자에게 광고를 노출할 수 있습니다. 이런 퍼포먼스 마케팅은 한정된 예산으로 최대의 매출을 올리는 데 효과적입니다.

같은 광고라도 다른 기준으로 타깃팅한 그룹별 광고 성과가 다르기 때문에 마케터는 가장 성과가 좋은 타깃을 알아내기 위해 분석을 하고 싶어합니다. 광고 성과 측정 KPI(Key Performance Indicator)에는 광고 집행 대비 매출 효율(Return On Ad Spend, ROAS), 광고를 클릭한 수, 게임으로 직접 유입된 수 등과 같이 다양하게 평가할 수 있습니다. 마케터가 좀 더 빠르게 광고 성과를 분석하고 평가하려면 어떤 데이터를 어떤 형태로 제공해야 가장 도움이 될지 고민하고, 데이터를 쉽게 파악할 수 있는 시각화 리포트를 작성해 전달하는 것이 저의 역할입니다. 또한 마케터의 피드백을 바탕으로 시각화 리포트를 유지보수합니다. 어떻게 기획된 광고가 가장 효과적인지 파악한 후 그 효과를 리포트로 제공하는 것도 저의 업무입니다. 리포트에 활용하는 통계 지표나 예측 모델의 주요 목표는 실무의 마케터에게 인사이트를 제대로 제공하는 것이므로 통계학적 지식보다는 게임 마케팅이라는 분야에 대한 해박한 지식을 갖추는 것이 중요합니다.

또한 시각화에 필요한 데이터를 회사 내 데이터 웨어하우스에서 가져오기 위해 SQL을 활용하므로 어느 정도의 관련 지식을 갖추는 것이 좋습니다. 데이터 웨어하우스로 사용하는 데이터베이스는 각각의 장단점이 있기 때문에 같은 회사 내에서도 다양한 종류가 있을 수 있습니다.

잠깐만요 | 데이터 웨어하우스에 대한 자세한 설명은 88쪽을 참고하세요. |

취업준비생에게 주는 조언

데이터 애널리스트라면 본인이 취업하고자 하는 회사와 팀의 도메인 지식을 갖춰야 합니다. 카지노 게임을 만드는 회사에 취업하고 싶다면 실제 카지노 게임을 어떻게 진행하는지 알아야 하듯 말이죠. 저도 면접 과정에서 게임과 관련된 질문을 많이 받았습니다. 입사 후에는 게임 분석 업무를 맡았는데, 지금 속한 팀으로 옮기며 마케팅을 처음 접하게 되었고, 생소한 분야였기 때문에 따로 마케팅에 대해 공부를 했습니다. 이런 노력 덕분에 실무 마케터가 사용하는 용어에 익숙해져서 각종 요구사항과 피드백을 빠르게 파악하고 반영할 수 있었습니다.

시각화 도구를 잘 다룰 줄 알면 좋습니다. 시각화 도구에 대한 내용은 실제로 저희 회사에 들어오는 이력서에 자주 등장하기도 합니다. 시각화를 적용한 학교 프로젝트 내용이나 대시보드를 만들어 본 경험 등을 적는 것이 좋습니다. 아직 그런 경험을 해 보지 못했다면 오픈 데이터를 활용해 시각화 도구 등으로 다양한 형태의 그래프를 그려 보거나 대시보드를 만드는 연습을 해 보는 것을 추천합니다. 같은 데이터나 지표더라도 그것을 어떤 그래프로 표현하느냐에 따라 뽑을 수 있는 인사이트가 다르기 때문입니다.

예를 들어 매출이라는 지표를 시간에 따라 정렬하면 분기에 따른 트렌드가 눈에 띌 수도 있고, 매출을 사용자의 연령대에 따라 나눈 후 시간순으로 정렬하면 연령대별로 특징적인 트렌드가 드러날 수도 있겠죠. 혼자 시작하기 어렵다면 태블로 사에서 제공하는 일종의 온라인 챌린지 프로그램인 '메이크오버 먼데이(Makeover Monday)'를 추천합니다. 매주 특정 데이터가 제공되고, 전 세계 어느 누구나 이 데이터를 활용해 효율적인 시각화 아이디어를 생각해내고 시각화하는 프로그램입니다.

잠깐만요 | 시각화에 대한 자세한 내용은 188쪽, 대시보드에 대한 자세한 내용은 193쪽을 참고하세요. |

그리고 데이터 애널리스트는 실무자를 이해하고 돕는 입장인 만큼 원활한 소통 능력을 갖추는 것이 좋습니다. 난해한 요구사항이 들어왔을 때 실무자가 정말 원하는 것이 무엇인지 대화로 그 속뜻을 파악하거나 반영하기 어려운 것을 요청할 때 그 이유를 명확하게 설명하고 요구사항을 대체할 수 있는 방안을 생각해 전달해야 합니다.

04 데이터 애널리스트 인터뷰 2

회사	S&P Global
직무	데이터 애널리스트
업무 개요	금융 데이터 분석으로 인사이트 제공
학력	화학공학 학사, 금융공학 석사 ※ 인터뷰 이후 대학원에 진학해 현재는 산업공학과 박사 과정 중

S&P Global 김용희 씨 인터뷰 재구성

안녕하세요. 저는 'S&P Global'에서 *'퀀트 컨설턴트(Quantitative Analysis Consultant)'로 근무했던 김용희라고 합니다. 학부에서 화학공학을 전공했고, 이후 금융공학 석사 학위를 취득했습니다. 그리고 지금은 산업공학과 박사 과정을 밟고 있죠. S&P Global은 4개의 자회사로 구성된 종합 금융 서비스 기업입니다.

잠깐만요 | 퀀트(Quant)는 'Quantitative(계량적, 측정할 수 있는)'와 'Analyst(분석가)'의 합성어로, 수학이나 통계를 통해 투자 모델을 개발하고 금융 시장의 변화를 예측하는 전문가를 말합니다. 퀀트 컨설턴트는 퀀트에 준하는 지식을 갖춘 금융 컨설턴트입니다. |

저의 주요 업무는 정량적인 방법과 수학적인 모델을 사용해 자금 관리사의 투자를 돕거나 투자 전략을 수립하고, 기업의 데이터를 분석해 얻은 인사이트로 컨설팅을 제공하는 것입니다. 금융업계에서의 이름은 퀀트 컨설턴트이지만, 금융 데이터를 활용해 현황을 분석하고 적용하는 데이터 애널리스트의 일도 비중을 많이 차지했습니다.

금융 분야의 데이터

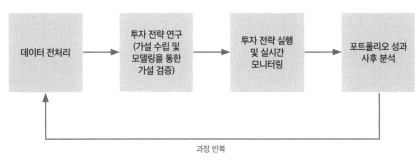

▲ 데이터 애널리스트 업무 절차

금융 데이터 컨설팅의 업무는 다음과 같은 작업으로 이뤄져 있습니다. 준비 단계로 데이터를 전처리하고, 데이터베이스의 스키마를 제작하고, 새로운 피처를 만드는 등의 과정을 거칩니다. 또한 어떤 주식을 얼마만큼 어느 타이밍에 살 것인지 결정하는 모델을 만들고 그 결과를 확인하는 업무를 수행합니다. 예를 들면 특정 주식을 구입한 것이 옳은 선택이었는지 등이 될 수 있습니다. 이 작업에서 주의해야 할 점은 수익성을 판단하는 기준을 세우는 것입니다. 지표를 직접 정하고 그 지표를 바탕으로 실험을 재현해야 합니다. 여러 업무가 있었지만 고객의 요구에 따라 특정 업무를 집중적으로 하기도 했고, 전반적인 과정을 모두 제공하는 경우도 있었습니다.

제가 맡았던 업무 중에는 기업별 실적 발표 내용을 분석해 투자 여부를 도출하는 프로젝트가 있었는데, 이때 *텍스트 마이닝(Text Mining)을 처음 접했습니다. 저희 S&P Global의 자회사 사업 중에는 데이터 판매 사업도 있기 때문에 상대적으로 데이터 수집이 수월했는데, 기업별 실적 발표 음성 파일에서 기계로 대본

텍스트 마이닝
텍스트 형태의 데이터에서 유용한 정보를 추출하는 작업

을 추출한 후 검증을 거치면서 데이터를 만들었습니다. 최근에는 재무제표나 시가 데이터와 같은 정형 데이터뿐 아니라 텍스트 등의 비정형 데이터도 많이 사용하죠.

금융 분야에서는 클라이언트의 투자 수익 증대를 위해 주니어 팀원도 사내 데이터를 자유롭게 활용할 수 있고, 경영진 역시 주니어 팀원의 제안을 경청하는 편입니다. 주로 사용하는 프로그래밍 언어는 'R'이나 'MATLAB'이고, 최근에는 '파이썬'을 사용하는 추세입니다. 고성능 작업에는 'C++'을 사용하기도 합니다.

업무에 필요한 능력과 성향

데이터 분석 결과를 고객에게 전달하고 설득해야 하기 때문에 대인 관계가 매우 중요합니다. 자산 운용사에 근무한다면 분석 결과에 스토리를 더해 다양한 배경의 사람들에게 전달할 수 있는 능력도 필요합니다. 분석 기술과 관련 지식을 동원해 추가 가치를 만드는 것이 중요하기 때문에 관련 분야의 지식이 필요한데, 분석을 반복하면서 지식이 자연스럽게 늘어나기도 하죠.

금융 분야에서의 데이터 분석에는 투자 전략에 대한 지식과 협력 부서에서 다루는 자산에 대한 이해가 필요합니다. 신입일수록 코딩 스킬을 포함한 기술적인 능력이 필요하고, 경력자일수록 관련 분야에 대한 지식이 필요합니다.

취업준비생에게 주는 조언

금융 분야에서는 데이터 과학에 대한 관심이 계속 높아질 것으로 전망합니다. 만약 금융 분야에서 데이터 애널리스트가 되고 싶다

면 금융 전반에 대한 기본적인 이해를 위해 국가재무공인분석사
(Chartered Financial Analyst, CFA) 자격증 취득을 추천합니다.

3 데이터 사이언티스트

데이터 사이언티스트는 방대한 양의 데이터에 다양한 분석 기법을 적용함으로써 가치 있는 인사이트를 찾아내고 제공합니다. 회사의 현재 상황을 정량적이고 과학적인 방법으로 분석할 뿐 아니라 머신러닝 등의 기법으로 미래의 상황을 예측하기도 합니다.

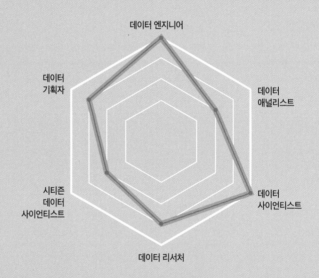

★★★★
데이터 엔지니어: 데이터 엔지니어는 데이터 사이언티스트에게 필요한 데이터를 관리하고 전달하는 역할을 맡기 때문에 데이터 사이언티스트라는 직업을 잘 이해하는 것이 좋습니다.

★★
데이터 애널리스트: 데이터 애널리스트가 데이터 사이언티스트와 협업할 기회가 많지 않더라도 데이터를 분석해 인사이트를 창출하는 것이 목적인 데이터 사이언티스트에 대해 알아 두는 것이 좋습니다.

★★★★
데이터 사이언티스트: 데이터 사이언티스트에 관심이 있는 사람이라면 반드시 읽어야 합니다.

★★★
데이터 리서처: 데이터 리서처는 데이터 사이언티스트와 협업할 가능성이 높으므로 데이터 사이언티스트라는 직업을 잘 이해하는 것이 좋습니다.

★★
시티즌 데이터 사이언티스트: 시티즌 데이터 사이언티스트가 데이터 사이언티스트와 협업할 기회가 많지 않더라도 데이터를 분석해 인사이트를 창출하는 것이 목적인 데이터 사이언티스트에 대해 알아 두는 것이 좋습니다.

★★★
데이터 기획자 : 빅데이터 프로젝트나 회사를 이끌어야 할 데이터 기획자로서 데이터와 관련된 모든 직무가 어떤 특징을 지니고 있는지 상세하게 파악해 두는 것이 좋습니다.

01 데이터 사이언티스트의 업무

다음 그림은 데이터 사이언티스트가 일반적으로 수행하는 업무를 표현한 것입니다.

| 비즈니스 문제 | 포뮬레이션 → | 데이터 분석 문제 | 전처리/EDA → | 분석할 데이터 | 모델링/검증 → | 인사이트 |

▲ 데이터 사이언티스트 업무 절차

포뮬레이션

포뮬레이션(Formulation)은 해결하고자 하는 비즈니스 문제를 데이터 분석 문제로 바꾸는 과정을 뜻합니다. 우선 비즈니스 문제에 따라 분석의 목표, 사용 기법, 필요한 데이터가 완전히 달라질 수 있다는 것을 염두에 둬야 합니다. 당면한 비즈니스 문제가 현재 상황을 묘사하고 진단하는 것이라면 보유한 데이터에서 통계치를 내거나 여러 종류의 데이터 간 관계를 파악하기 위해 회귀분석 등의 기법을 적용할 수 있어야 합니다. 반면 비즈니스 문제의 목표가 미래 현상을 예측하는 것이라면 회귀분석으로 예측 모델뿐 아니라 머신러닝 또는 딥러닝 기반의 예측 모델을 활용할 수도 있습니다.

잠깐만요 | 회귀분석에 대한 자세한 내용은 236쪽을 참고하세요. |

예를 들어 출시한 지 3개월된 제품의 성공 여부를 판단하고 싶다면 그동안의 매출 데이터와 추세를 분석하는 것으로 제품의 성공을 판단하기 위한 데이터 분석 문제로 포뮬레이션할 수 있습니다. 만약 제품의 매출을 극대화하고 싶다면 앞으로 집중 공략해야 할 소비자를 찾기 위해 해당 제품에 가장 긍정적인 영향을 미치는 소비자의 특징을 찾아내는 데이터 분석 문제로 해석할 수 있습니다.

전처리·EDA

데이터 분석 문제를 세웠다면 다음 작업은 분석할 데이터를 모으는 것입니다. 앞서 데이터 엔지니어의 업무를 소개할 때 다음과 같은 데이터 파이프라인 예시를 소개했습니다.

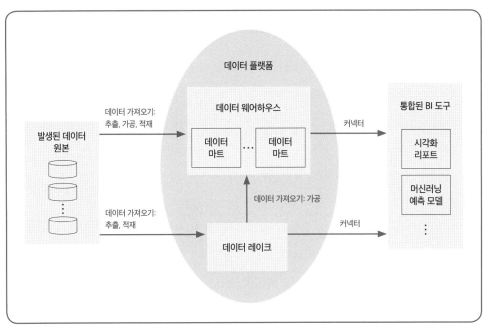

▲ 데이터 파이프라인

데이터 사이언티스트는 데이터 엔지니어가 구축한 파이프라인의 데이터 레이크나 데이터 웨어하우스에서 분석에 사용할 데이터를 수집합니다. 분석에 필요한 데이터가 부족하거나 적합하지 않다면 조직 밖에서 데이터를 찾아 수집하기도 합니다. 특히 온라인상의 데이터를 자동으로 수집하는 웹 크롤러를 직접 구축하거나 API를 활용하기도 합니다.

수집한 데이터는 대부분 곧바로 분석과 모델링에 적합하지 않은 형태를 띠므로 데이터를 정리·정돈하는 '필터링', '정제', '전처리'의 과정을 거쳐야 합니다. 데이터베이스에서 가져온 전 세계 데이터 중 대한민국에서 발생한 데이터만 파악하고 싶을 때 데이터의 '국가'가 '대한민국'으로 명시된 데이터만 가져오는 과정을 '필터링'이라고 합니다. 그런데 이렇게 가져온 데이터를 확인하는 과정에서 분명 '국가'는 '대한민국'인데, '위도'와 '경도'가 '미국'의 어느 동네를 가리키고 있다면, 이를 *'더티 데이터(Dirty Data)'라고 합니다. 더티 데이터는 정제할 필요가 있습니다. 해당 예시에서 '위도'와 '경도'에 따라 '국가' 정보를 다시 채우는 과정이 정제 과정에 해당합니다. 데이터 사이언티스트는 이외에도 주어진 위치 정보를 그대로 사용할것인지, 서울·부산·경기 식으로 지역별로 구분할것인지 등을 결정하는데, 이런 결정 과정 역시 전처리 과정의 일부입니다.

'EDA(Exploratory Data Analysis)'는 '탐색적 데이터 분석'이라는 의미로, 데이터를 탐색해 의미를 이해하는 과정을 말합니다. 데이터 분석에 어떤 데이터를 사용할것인지 결정하기 전에 데이터를 다각도로 들여다보고, 도출할 수 있는 인사이트를 고민하며, 부족한 부분을 보완하는 것이죠. 또한 EDA 단계에서는 *이상치 데이터나 누락된 데이터 등과 같은 잘못된 데이터가 있는지, 있다면 얼마나 있는지 등을 살펴봅니다. 이 과정을 통해 사용할 수 있는 데이터가 부족하다고 판단되면 데이터 수집 단계부터 다시 진행합니다.

전문가의 조언 **더티 데이터와 이상치 데이터**

• 더티 데이터: 데이터 정제 과정을 거치지 않아 각종 오류를 포함하고 있는 데이터로, 아직 깔끔하게 정리되지 않아 지저분한 상태의 데이터라고 볼 수 있죠. 더티 데이터(Dirty Data)에는 다양한 유형이 있습니다. '최종 학력'에 대한 데이터를 수집할 때 발생할 수 있는 각종 더티 데이터의 유형은 다음과 같습니다.

유형	예시
누락된 데이터(Missing Data)	질문에 대답하지 않음
잘못된 데이터(Wrong Data)	'박사' 대신 '박박사' 기입
구식 데이터(Outdated Data)	2년의 석사 과정을 무사히 마쳐 최종 학력이 '석사'이지만, 데이터를 최신 정보로 업데이트하지 않아 여전히 '학사'로 기입
비표준 데이터 (Non-Standard Conforming Data)	'박사'라는 일반적인 표현 대신 'Doctoral Degree' 등과 같은 다른 표현 사용
모호한 데이터 (Ambiguous Data)	'대학교에서 교육받음' 등 여러 가지로 해석될 여지가 있는 정보 기입

[출처: 논문에서 발췌. Kim, W., Choi, B., Hong, E-K., Kim, S-K., & Lee, D.(2003). A Taxonomy of Dirty Data. Data Mining and Knowledge Discovery, 7, 81~99.]

• 이상치 데이터: 일반적인 형태가 아니거나 정상적인 범주에서 벗어난 데이터를 '이상치 데이터(Outlier Data)'라고 합니다. 이상치 데이터는 다음과 같은 예시를 통해 쉽게 이해할 수 있습니다.

1986년 미국 전체 대학 졸업생의 평균 초봉은 2만 2,000달러였다고 합니다. 그런데 그중 한 대학의 학과별 졸업생 평균 초봉을 비교해 보니 놀랍게도 지리학과 졸업생의 초봉이 무려 전체 평균의 12배에 가까운 25만 달러로 가장 높았다고 합니다. 그 이유는 해당 학교 지리학과 졸업생 중 농구의 전설인 마이클 조던이 있었는데, 마이클 조던의 연 7만 달러짜리 NBA 계약을 대학 졸업생 초봉 데이터에 포함시켰기 때문이죠. 미국 전체 대학 졸업생의 평균 초봉 중 마이클 조던의 데이터가 바로 '이상치 데이터'인 것입니다.

[출처: Emily Dressler 교수의 'Don't Be Fooled By Bad Statistics' 유튜브 비디오(https://www.youtube.com/watch?v=jguYUbclv8c&ab_channel=EmilyDressler)]

모델링·검증

이제 데이터 분석 문제의 해답을 얻기 위해 모델링을 진행할 차례입니다. 모델링은 프로그래밍을 통해 분석에 적합한 모델을 만든 후 데이터에 적용해 결과를 도출하는 과정입니다. 이를 위해 다양한 모델의 작동 원리, 장단점, 특징 등을 정확하게 파악하고 있어야 합니다. 좀 더 정확한 결과를 얻으려면 모델의 형태를 견정하는 다양한 설정 값과 모델링에 필요한 데이터의 종류, 범위, 크기 등을 결정해야 하기 때문이죠.

도출된 결과는 면밀하게 분석합니다. 모델링 결과가 만족스러운지, 아니라면 원인이 무엇인지, 모델의 설정이나 데이터를 바꿔도 비슷한 결과가 나올 것인지 등의 질문을 던져 봅니다. 무엇보다 모델을 즉시 실무에 적용해도 무리가 없을지 판단하는 것이 중요한데, 이 과정을 '검증'이라고 합니다. 모델링 결과는 누가 어떤 시각에서 보느냐에 따라 다양하게 해석될 수 있습니다. 예를 들어 소비자 이탈률을 예측하는 어떤 모델이 90%의 정확도(Accuracy)로 이탈할 고객을 예측했다고 가정합시다. 언뜻 보기엔 상당히 높은 정확도이므로 신뢰할 수 있는 모델이라 판단할 수도 있지만, 실무자의 입장에서는 단순한 정확도보다 '이탈할 고객을 이탈하지 않을 것이라고 잘못 예측하는 정도'가 더 중요할 수도 있습니다. 또는 그동안 실무에서 활용해 온 다른 모델 역시 90% 정도의 정확도를 보여 왔다면 굳이 기존 모델을 해당 모델로 바꿔야 할 필요성을 느끼지 못할 것입니다. 이처럼 결과에 기반을 두고 모델을 실무에 투입시킬 수 있는지 여부를 판단하는 것은 매우 중요합니다.

02 성공 요소

업무에 필요한 지식 및 스킬

데이터 사이언티스트는 데이터 마이닝, 머신러닝, 통계 기법 등 관련 분야에 대한 풍부한 수학적, 통계학적 지식을 갖춰야 합니다. 어떠한 가설을 세워 실험을 진행하거나 데이터를 분석하기 위해 다양한 모델을 적용할 때, 배경 지식에 대한 이해가 없다면 풀고자 하는 문제를 제대로 정의하기도 어렵기 때문이죠. 다른 누군가가 만들고 배포한 모델이나 패키지를 단순히 그대로 적용하는 것에 그쳐서는 안 됩니다. 해결하고자 하는 문제에 가장 적합한 모델을 선정하고, 도출된 결과를 정확히 파악하기 위해서는 모델의 작동 방식과 알고리즘을 이해해야 합니다.

방대한 양의 데이터를 빠르고 효율적으로 다루고 모델링을 진행하기 위해서는 프로그래밍 능력도 필요합니다. 모델링에는 주로 '파이썬'이나 'R' 등과 같은 프로그래밍 언어를 사용하고, 웨어하우스에서 데이터를 가져올 때도 SQL에 대한 기초 지식이 필요합니다. 다루는 데이터의 크기가 방대하기 때문에 분산 처리와 성능 문제를 해결하기 위한 컴퓨터공학적 지식이 많을수록 업무에 많은 도움이 됩니다. 파이프라인을 구축하는 것은 데이터 엔지니어의 업무이지만, 구축된 파이프라인을 이해할 수 있는 지식까지 겸비하고 있다면 더할 나위 없이 좋습니다.

성향 및 태도

데이터 사이언티스트는 스스로 질문할 수 있는 능력을 갖춘 호기심이 많은 성향을 지니고 있는 것이 좋습니다. 분석 결과에 단순히 순응하는 것이 아니라 왜 이런 결과가 나왔는지 끊임없이 탐구하고 새로운 인사이트를 도출할 수 있는 사고력도 겸비해야 하죠.

많은 기업에서 발전하는 기술에 관심을 갖고 스스로 탐색해 적용하는 능력을 데이터 사이언티스트의 주요 덕목으로 꼽고 있습니다. 관련 학계에서는 새로운 모델과 기술이 끊임없이 등장하기 때문에 이를 따라갈 수 있는 학습 능력도 필요하죠. 또한 이에는 의사소통 능력도 수반돼야 합니다.

03 데이터 사이언티스트 인터뷰 1

회사	네이버
직무	데이터 사이언티스트
업무 개요	데이터 분석을 활용한 추천 시스템 개발
학력	산업공학과 학·석사

네이버 데이터 사이언티스트 전영환 씨 인터뷰 재구성

안녕하세요. 네이버에서 근무하고 있는 데이터 사이언티스트 전영환입니다. 저는 산업공학과에서 학·석사 학위를 받았습니다. 저의 주요 업무는 추천 시스템의 개발로, 추천 시스템은 사용자가 미처 깨닫지 못했던 내면의 욕구를 발견해 실제 소비로 이어지도록 하는 역할을 합니다. 저는 데이터를 활용한 서비스 연구 경험이 있는 데이터 사이언티스트로서 기술적 이론이 단순히 이론으로만 존재해서는 안 되고, 실제 기술에 적용되는 것이 더 중요하다고 생각합니다.

이외에도 직장 생활을 하면서 지금까지 경험하고 이룬 것들을 정리하거나 표현하고 싶어 매주 친한 지인과 함께 국외의 기술이나 관련 보고서를 번역해 개인 홈페이지에 업데이트하는 등 글쓰기를 즐깁니다. 또한 글쓰기와 관련된 행사의 진행, 출간 작업 등과 같은 제 경험을 공유하기 위해 활발하게 활동하고 있습니다.

업무

저는 지역 및 장소에 대한 추천 기술을 연구하고 서비스에 적용하는 일을 하고 있습니다. 네이버에서 제공하는 '스마트어라운드'는 사용자의 성별, 연령대, 검색 시간대, 현재 위치 주변에서 벌어지고 있는 행사 등과 같은 요소를 고려해 상황에 적합한 장소를 추천해 주는 서비스입니다. 저는 스마트어라운드에서 개별 사용자의 취향을 바탕으로 맛집 개인화 추천 시스템인 '오늘의 PICK!'을 개발하고 있습니다. '오늘의 PICK!' 추천 대상은 행정 구역상의 지리명과 'POI(Point of Interest)'에 속한 맛집입니다. POI는 '망리단길', '가로수길'과 같이 정식 지리명은 아니지만, 대부분의 사람이 알고 있는 주요 지명과 시설의 명칭을 뜻합니다.

'오늘의 PICK!'을 개발할 때는 개인의 취향과 상황을 모두 고려한 POI의 맛집이 추천될 수 있도록 노력했습니다. 이를 위해 '사용자의 취향은 단기간에 급격히 바뀌지 않을 것'이라는 가설을 세운 후 사용자의 행동을 기록한 데이터와 *'협업 필터링(Collaborative Filtering)'을 활용해 추천 모델을 만들었습니다. 이 과정에서 예상하지 못한 문제를 마주치기도 했지만, 문제를 정확히 정의하고, 그에 맞는 해결책을 찾아내는 과정은 의미 있고, 재미있는 경험이었습니다.

협업 필터링
여러 사용자의 행동 정보와 취향 정보를 바탕으로 특정 사용자의 행동 및 취향을 예측하는 모델

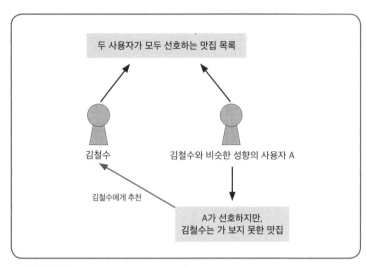

▲ 협업 필터링

예를 들어 '홍대'라는 POI를 처음 방문한 사용자 '김철수'를 위해 맛집을 추천해야 하는 상황을 가정해 보겠습니다. 김철수는 지금까지 다른 지역에 있는 여러 음식점을 방문한 적이 있고, 각 음식점에 대한 평점을 남겨 왔습니다. 한편 김철수가 방문했던 음식점과 비슷한 음식점을 방문했던 다른 사용자들 그리고 김철수가 남긴 평점과 비슷한 패턴의 평점을 남긴 사용자들이 있다고 가정해 보겠습니다. 이와 같이 김철수와 비슷한 행동을 취했고, 비슷한 취향을 가진 사용자들이 있다면, 이들이 방문하거나 높게 평가했던 홍대 내 맛집 역시 김철수의 취향에 부합할 가능성이 높을 것이라 추정할 수 있습니다. 협업 필터링은 이를 기반으로 추천을 진행하는 모델입니다.

추천 시스템에 필요한 데이터는 네이버가 이미 대부분 보유하고 있으므로 따로 수집 과정을 거쳐야 할 필요가 없었습니다. 직장이 보유한 데이터의 양이 방대하고, 질이 좋다는 것은 네이버에서 일하는 데이터 사이언티스트로서 감사한 일이기도 합니다. 실제로 네이버는 하루에 수억 건의 쿼리를 받고, 새로운 서비스를 출시하면 그 서비스를 경험하는 고객이 수백만 명은 된다고 합니다.

실무 경험을 통해 느낀 것은 학교에서 배운 것과 실무 현장은 많이 다르다는 것입니다. 학교에서 공부할 때 사용한 오픈 데이터는 깔끔하게 정제돼 있고, 그 양이 10만~100만 건 정도였지만, 실무에서는 정제되지 않은 수억 건의 데이터를 사용하죠. 또한 학계에 발표된 논문의 모델은 주로 잘 정제된 데이터를 활용해 연구한 것이므로 높은 성능을 발휘한다고는 하지만, 실무에서도 같은 성능을 발휘하지는 않습니다. 현장의 시스템 여건 등을 고려해 모델링한 것이 아니기 때문에 실제 서비스에 적합하지 않은 경우가 많습니다. 오히려 실무에서는 전통적이고 간단한 통계 기법을 선택할 때도 있습니다.

잠깐만요 | 오픈 데이터에 대한 자세한 설명은 166쪽을 참고하세요. |

업무에 필요한 능력과 성향

앞서 말씀드렸듯이 학교에서 배운 내용과 실무에서의 현실은 다를 수도 있습니다. 학교에서 배운 다양한 방법론을 이해하면서도 실제 상황은 다를 수 있다는 열린 마음과 유연하게 대처하는 태도가 중요합니다. 산업공학과 학·석사 출신인 저의 관점에서 조언하자면, 무조건 코딩이나 모델링만을 잘하는 것보다 관련 분야에 대한 인사이트까지 갖추는 게 중요하다고 생각합니다.

저희가 개발한 모델이 지향하는 목표를 정의할 때도 무조건 정확도를 높이는 것보다 분야에 맞는 다양한 평가 기준을 고려하는 관점이 필요합니다. 또한 예전에는 뭐든 잘하는 팔방미인형 데이터 사이언티스트를 선호했다면 빅데이터 분야가 성장하고 커지면서 각자 세분화된 능력을 갖추는 것도 중요해졌습니다.

취업준비생에게 주는 조언

데이터 사이언티스트에게만 국한된 조언이 아닐 수도 있지만, 취업을 희망하는 곳이 데이터 전문가의 업무가 주가 되는 회사인지, 배울 점이 많은 회사인지를 파악하는 것이 중요합니다. 데이터를 다루는 것이 주요 업무가 아닌 회사에 데이터 사이언티스트로 취업할 경우에는 데이터 관련 업무가 보조 역할로 느껴질 수 있기 때문에 성장하기 힘들 수 있습니다.

데이터 사이언티스트로서 배울 점이 많은 회사는 활용 가능성이 높은 좋은 데이터를 많이 보유한 회사가 아닐까 싶습니다. 데이터가 없으면 데이터 사이언티스트가 할 수 있는 일이 한정적일 수밖에 없습니다. 요즘은 제조업, 금융업, 의료업 등과 같은 다양한 분야에서 양질의 데이터가 쌓이기 시작하는 시점이기 때문에 데이터 사이언티스트가 필요한 일이 더욱 많아질 것으로 기대됩니다.

04 데이터 사이언티스트 인터뷰 2

회사	삼성전자
직무	데이터 사이언티스트
업무 개요	데이터 분석, 데이터 전처리, 데이터베이스 구축
학력	산업공학과 학·석사 ※ 인터뷰 이후, 대학원으로 돌아가 산업공학과 박사 학위를 취 　득하고 현재는 mofl Inc.에 재직 중

삼성전자 메모리 사업부
데이터 사이언티스트 심재웅 씨 인터뷰 재구성

안녕하세요. 저는 삼성전자 메모리 사업부에서 근무했던 심재웅입니다. 저는 산업공학과에서 학·석사 학위를 받은 후 삼성전자에 데이터 사이언티스트로 취직했습니다. 주요 업무는 데이터 분석 모델 적용, 데이터 전처리 그리고 데이터베이스 구축이었습니다.

업무

저는 양산품질관리팀 내 데이터 분석 프로젝트팀에서 근무했습니다. 양산품질관리팀은 약 200명으로 구성돼 있고, 그중 데이터 분석 프로젝트팀은 13명입니다. 데이터 분석 프로젝트팀은 다시 시스템팀과 알고리즘·모델링팀으로 세분되는데, 저는 알고리즘·모델링팀에서 데이터베이스 구축 등과 같은 업무를 담당했습니다.

저는 업무에 꽤 다양한 모델을 적용했습니다. 최신 알고리즘을 연구하고 적용하는 것도 중요하지만, 예전부터 사용해 온 전통적인 모델을 취지에 맞게 적용하는 것도 중요했습니다. 센서 데이터가 특정 수치를 초과하거나 특정 수치에 미치지 못할 때 알림을 제공하는 모델 또는 제품 출하 전에 불량 여부를 예측하는 머신러닝 모델을 개발하기도 했습니다. 다만, 이러한 사전 불량 예측 모델은 성능이 월등히 좋아야 하는데, 그렇지 못한 경우에는 현업에 적용하기 어려웠죠. 이외에도 딥러닝 모델인 'CNN(Convolutional Neural Network)'을 활용해 제품의 불량 여부를 판별하는 업무를 담당하기도 했습니다.

잠깐만요 | CNN에 대한 자세한 내용은 280쪽을 참고하세요. |

데이터 전처리 업무도 많이 진행했습니다. 저는 연구실에서 석사 과정을 마친 후 회사 생활을 시작했습니다. 실제로 회사에서 데이터 사이언티스트로 근무하다 보니 학계에서 쓰이는 정제된 데이터를 구하는 게 얼마나 어려운 일인지 깨닫게 됐습니다. 학계에서 발표하는 멋있는 최신 알고리즘을 적용해 보고 싶어도 데이터가 더티 데이터 상태였기 때문에 곧바로 활용하기 어려운 경우가 많았죠. 이런 경험을 통해 데이터 전처리의 중요성을 알게 됐습니다.

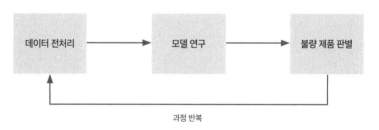

▲ 데이터 사이언티스트 업무 절차

데이터 사이언티스트가 된 배경

대학생 때 친구와 우연히 통계 분석용 언어인 'SAS(Statistical Analysis System)' 경진대회에 나갔습니다. 비록 결과는 좋지 않았지만, 데이터 분석을 좀 더 공부하고 싶다고 생각하게 된 계기가 됐습니다. 자연스럽게 이 분야의 대학원에 진학하게 됐습니다. 석사 과정 당시 제가 속해 있던 연구실에서 삼성전자와 협업을 많이 해 삼성전자 산학 프로젝트에 참여할 수 있었습니다. 그러다 보니 제 연구 주제를 제조 분야로 정하게 됐고, 석사 졸업 후 삼성전자에 취업하게 됐습니다.

제가 입사하기 이전부터 양산품질관리팀과 데이터 분석팀 모두 산업공학과 출신을 많이 채용했습니다. 요즘에는 수학과, 지질학과 출신도 채용한다고 합니다. 데이터 사이언스의 인기가 높아지면서 여러 학과에서 데이터 사이언스를 가르치고 다루는 추세가 반영된 것 같습니다.

데이터 사이언티스트로서 어려웠던 점과 만족스러웠던 점

삼성전자는 제가 근무할 당시에도 업계 최고였습니다. 수많은 시행착오를 거쳐 정교하게 제작된 안정적인 제조 공정 프로세스가 사내에 정착된 상태였고, 이미 좋은 결과를 내고 있었기 때문에 전체 프로세스의 일부분에 머신러닝 등의 새로운 모델을 도입하는 데 어려움이 있었습니다. 그것은 바로 이미 안정적으로 좋은 결과를 내는 프로세스를 군이 바꿔가면서 왜 제대로 검증되지 않은 기술을 적용해야 하는지에 대한 반발에 맞닥뜨려야 하는 어려움과 애초에 복잡하고 정교하게 이어진 아주 거대한 프로세스의 나머지 부분은 일체 건드리지 않고 일부분만 새로운 기술로 교체하는 것에 대한 어려움이었습니다. 또한 모델 검증 작업도 쉽지 않았습니다. 실제 현장에서의 모델 성능을 확인하고 싶더라도 전체가 유기적으로 움직이고 있는 제조 프로세스에 개입해 모델의 실험 결과를 얻기가 어려웠습니다.

그렇지만 사내 데이터 사이언티스트의 수요가 크게 증가하면서 별도의 데이터 분석 교육 기회가 많아져 만족스러웠습니다. 대학교 교수님을 회사에 초빙해 교육을 진행하기도 했고, 파이썬 등과 같은 프로그래밍 언어를 가르치는 수업을 진행하기도 했습니다. 최근에는 삼성전자뿐 아니라 수많은 회사에서 데이터 사이언티스트를 적극적으로 채용하려는 추세입니다. 데이터 사이언티스트로서 성장할 기회와 채용 기회가 꾸준히 늘어날 것으로 봅니다.

취업준비생에게 주는 조언

데이터 사이언티스트가 되고 싶은 분들께는 기본적으로 학교에서 제공하는 빅데이터와 머신러닝 관련 수업을 수강하기를 추천합니다. 그렇지만 여건이 되지 않더라도 괜찮습니다. 좋은 온라인 강의나 자료가 많기 때문에 혼자서도 모델링 등에 대한 지식을 갖출 수 있습니다.

또한 본인이 근무하고 싶은 분야의 전문 지식을 습득하는 것이 많은 도움이 될 것입니다. 금융 분야에 취업하고 싶다면 금융 지식, 반도체 분야에 취업하고 싶다면 물리나 전자 등의 배경 지식을 갖추는 것이 좋습니다. 저 역시 삼성전자의 산학 프로젝트를 바탕으로 쌓은 제조 분야의 지식이 많은 도움이 됐습니다. 실무에서 사용하는 데이터를 활용해 산학 프로젝트를 진행했기 때문에 면접 당시에도 나눌 이야기가 많았습니다.

저는 계속 공부를 하고 싶은 마음에 학교로 돌아왔지만, 데이터 사이언티스트는 기본적으로 끊임없이 공부해야 하는 직무라고 생각합니다. 저는 100살까지는 계속 새로운 것을 공부하고 싶은데, 데이터 사이언티스트는 이에 적합한 지무라고 생가합니다.

4 데이터 리서처

빅데이터 세상이라고는 하지만, 아직까지 전문적인 빅데이터팀을 갖춘 기업은 그리 많지 않습니다. 주로 빅데이터 알고리즘을 사업에 적용할 수 있는 분야의 기업에서 빅데이터팀을 갖추고 해당 분야를 선도하고 있습니다. 기업의 채용 공고에서 데이터 리서처는 최소 자격 요건으로 박사 학위를 제시합니다. 그만큼 데이터 리서처는 빅데이터 전문 인력 중에서도 좀 더 높은 수준의 빅데이터 전문 지식을 갖춘 연구 인력이라는 인식이 강합니다.

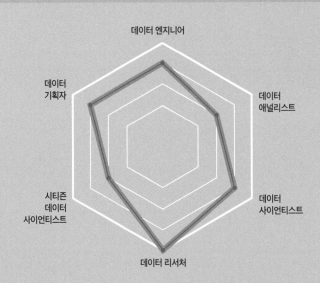

★★★ 데이터 엔지니어: 데이터 리서처의 연구에 필요한 데이터를 전달하는 등 협업할 가능성이 높으므로 데이터 리서처에 대해 이해하는 것이 좋습니다.

★★ 데이터 애널리스트: 데이터 애널리스트가 데이터 리서처와 협업할 기회가 많지 않더라도 데이터 리서처의 역할과 특징을 파악해 두는 것이 좋습니다.

★★★ 데이터 사이언티스트: 데이터 리서처의 연구 결과를 활용하는 등 협업할 가능성이 높으므로 데이터 리서처에 대해 잘 이해하면 크게 유용할 것입니다.

★★★★ 데이터 리서처: 데이터 리서처에 관심이 있는 사람이라면 반드시 읽어 둬야 합니다.

★★ 시티즌 데이터 사이언티스트: 시티즌 데이터 사이언티스트가 데이터 리서처와 협업할 기회가 많지 않더라도 데이터 리서처의 역할과 특징을 파악해 두는 것이 좋습니다.

★★★ 데이터 기획자: 빅데이터 프로젝트나 회사를 이끌어야 할 데이터 기획자로서 데이터와 관련된 모든 직무가 어떤 특징을 지니고 있는지 상세하게 파악해 두는 것이 좋습니다.

01 데이터 리서처의 업무

데이터 분석 관련 알고리즘 개발

데이터 리서처는 데이터 분석을 위한 알고리즘을 개발합니다. 그리고 데이터 리서처의 연구 성과는 논문과 학회에서 활발하게 발표되죠. 데이터 리서처가 개발한 알고리즘이 곧바로 실무에 적용되는 경우도 있지만, 당장 적용되지 않더라도 미래에 중요한 가치를 창출할 수 있습니다. 데이터 분석 알고리즘은 '데이터를 좀 더 효율적으로 다루거나 더 높은 예측 성능을 내기 위한 여러 동작의 모임'을 말합니다. 이런 알고리즘을 고안하거나 개발하기 위해서는 이미 개발된 알고리즘을 익혀 더 나은 알고리즘을 개발해야 합니다.

최신 연구 공부 및 알고리즘 구현

빠르게 발전하는 빅데이터 분야에서는 하루가 멀다 하고 새로운 기법이 발표되기 때문에 기업에서 빅데이터를 활용하려면 새로운 알고리즘을 파악하고, 트렌드를 따라가는 것이 매우 중요합니다. 데이터 리서처의 중요 업무는 기업의 연구 인력으로서 최신 알고리즘의 트렌드를 공부하고 구현하는 것입니다. 학계와 현장에서 중요하게 생각하는 성능 지표나 사용한 데이터가 다른 경우, 성능은 뛰어나지만 처리 속도가 느린 경우 등 학계에서 발표된 성능 좋은 알고리즘이 실제 현업에서 제기능을 발휘하지 못하는 일은 자주 발생합니다. 이런 상황에서 데이터 리서처의 역할은 단순히 최신 알고리즘을 그대로 구현하는 데 그치지 않고, 소속된 기업의 데이터와 목표에 맞춰 알고리즘을 변형하고 응용하는 단계까지 나아가야 합니다.

데이터 리서처는 연구 인력이라는 특성상 학계의 연구진과 같이 논문을 분석하고, 그 내용을 구현합니다. 이런 연구를 중요하게 생각하는 기업에서는 연구를 장려하기 위해 자체적으로 정기 세미나를 진행합니다. 여러 방면의 연구 진행 상황과 결과를 한곳에서 공유할 수 있고, 연사로 초청된 국내외 저명한 전문가의 강연을 들을 수 있는 기회를 마련해 주는 것이죠. 하지만 당장 서비스해야 하거나 출시를 앞둔 상품의 연구를 진행할 경우에는 다른 현업 부서의 일정에 맞춰 알고리즘을 개발하는 등과 같은 구체적인 성과가 필요하기도 합니다. 본인의 개인적인 호기심을 충족하기 위한 연구보다 사업적 요구나 성과에 초점을 둔 연구가 필요한 것이죠.

알고리즘 적용

데이터 리서처는 해결하기 어려운 문제에 직면했을 때 전문 지식을 바탕으로 문제의 돌파구를 제시할 수 있어야 합니다. 연구에 그치지 않고 개발한 알고리즘을 실무에 적용하는 것 역시 데이터 리서처의 업무입니다. 만약 개발한 알고리즘의 적용이나 운영 등을 다른 빅데이터 인력이 담당할 경우, 개발한 알고리즘의 원리 등을 설명해 담당자가 알고리즘을 적용할 수 있도록 돕는 것도 데이터 리서처의 업무 중 하나입니다.

02 성공 요소

업무에 필요한 지식 및 스킬

데이터 리서처는 빅데이터와 관련된 다양한 분야의 알고리즘을 개발하기 때문에 독창적인 아이디어와 새로운 과학적인 발견을 할 수 있어야 합니다. 이를 위해서는 특정 분야나 주제를 깊이 있게 탐구할 수 있는 역량과 지식이 필요하죠. 그리고 이런 깊이 있는 지식과 역량을 갖추기 위해 석·박사 학위를 취득하는 것이 많은 도움이 됩니다. 특히, 박사 과정은 이론적인 연구와 전문 지식이 필요하기 때문에 특정 분야의 지식을 넓히는 데 많은 도움이 됩니다. '구글'이나 '페이스북' 등과 같은 유수의 기업은 채용에서 최소 지원 자격 요건으로 박사 학위 등을 강조합니다.

데이터 리서처는 다방면의 지식보다는 세부 분야에 특화된 지식을 갖춰야 하기 때문에 기업의 성격에 따라 분야별로 특화된 여러 명의 데이터 리서처를 채용하는 경우도 있습니다. 또한 업무나 기업 특성에 따라 개별적으로 작업하거나 여러 명이 팀을 이루는 경우도 있습니다. 혼자 작업하는 경우, 별도의 지시나 지도 없이 새로운 연구 주제를 설정하고, 아이디어를 제시하며, 논문을 투고하거나 학회에 발표하는 등 꾸준히 연구를 진행할 수 있는 능력을 갖춰야 합니다. 이와 반대로 규모가 큰 연구 과제에 참여할 경우, 여러 분야의 다양한 사람이 유기적으로 협업하기 때문에 소통 능력을 기르는 것도 중요합니다.

성향 및 태도

데이터 리서처는 기존 방식을 그대로 사용하는 것에 만족해선 안 되고, 새로운 지식을 습득하는 데 거부감이 없어야 합니다. 따라서 변화하는 환경에 적응할 줄 아는 사람에게 유리합니다. 데이터 리서처는 끊임없이 공부하고 특정 문제에 대해 깊이 고민해야 하는 연구직으로, 지식에 대한 욕심이나 지적 호기심이 많은 사람에게 적합합니다. 또한 단순히 생각에 그치지 않고 생각을 실천으로 옮겨 실행하고 결과까지 확인해야 하기 때문에 새로운 알고리즘 개발 과정을 즐길 수 있는 자질이 필요합니다.

03 데이터 리서처 인터뷰 1

회사	엔씨소프트
직무	데이터 리서처
업무 개요	자연어 처리 연구
학력	컴퓨터공학 학·석·박사 통합 과정

엔씨소프트 데이터 리서처 조현석 씨 인터뷰 재구성

안녕하세요. 저는 엔씨소프트에서 근무하고 있는 조현석입니다. 컴퓨터공학 학사 학위를 취득한 후 같은 전공에서 석·박사 통합 과정을 거쳤고, 박사 학위를 받은 후 현직장에 입사하게 됐습니다. 엔씨소프트는 게임 회사로 알려져 있고, 게임 데이터를 사용하는 팀도 있지만, 저는 조금 다른 종류의 데이터를 다룹니다. 저는 사람과 기계의 커뮤니케이션에 관해 연구하는 일을 하고 있습니다.

데이터 리서처의 업무

제가 속한 'NLP' 센터 안에는 여러 연구실이 있는데, 저는 그중에서도 'Knowledge AI Lab'의 Reasoning의 팀장입니다. NLP는 자연어 처리를 뜻하는 'Natural Language Processing'의 약자입니다. 자연어 처리는 인공지능 분야 중 인간의 언어와 컴퓨터의 상호 작용을 연구하는 연구 분야로, '기계와 사람의 대화'에 대해 연구합니다. 영화 〈그녀(HER)〉에서 사람과 기계가 언어로 소통하는 세계를 상상하시면 이해하기 쉬울 것입니다.

NLP 센터 내에서도 다양한 연구 분야가 있기 때문에 연구 주제에 따라 팀을 분류합니다. 제가 속해 있는 팀에서는 '대화의 콘텐츠'와 관련된 연구를 담당합니다. 저희 연구는 '사람들이 어떤 대화에 관심을 가질까?' 또는 '사람들은 기계와 어떤 대화를 원할까?' 등과 같은 질문에서 출발합니다. 대화의 콘텐츠 중에서도 특히 사람이 재미있다고 생각하는 추론, 추천, 의견 생성 등의 과정을 발견하는 연구를 맡고 있습니다.

대화의 콘텐츠에 대해 좀 더 설명해 보겠습니다. 예를 들어 "어제 야구 경기 어땠어?"라는 질문을 받으면 우리는 어떤 대답을 할까요? 경기 전반적인 정보, 하이라이트, 특정 선수의 능력치 등과 같은 다양한 콘텐츠를 제공할 수 있겠죠. 사람이 기계에게 같은 질문을 던졌을 때 "어제 경기에서 ○○○ 선수의 안타가 괜찮았어."와 같이 내용과 문법 면에서 자연스러운 대화 콘텐츠가 나올 수 있도록 하는 것이 저희의 일입니다.

기계의 경우, 규칙 기반(Rule-based)으로 3할 이상의 타율일 때 잘 친다고 표현하는 반면, 사람은 상대적인 기준으로 1할 대의 타자가 2할 대로 타율이 높아진 상황에서도 잘 친다고 표현하죠. 이는 선수의 이전 기록 분포에 따른 상대적인 차이라고 볼 수 있습니다. 저희는 '이런 것을 기계가 언어로 묘사할 수 있으면 어떨까?' 등을 다양한 관점에서 연구합니다.

잠깐만요 | 규칙 기반은 규칙에 대해 정해진 결괏값을 도출하는 방식으로, 예시의 경우 3할 이상일 때 '잘 친다.'라고 분류하는 것이 규칙 기반에 해당합니다. |

데이터 리서처의 업무는 문제를 정의하는 것, 어떠한 값을 입력했을 때 어떤 결과물이 나올 수 있을지 고려하는 것, 적용 목표를 정하는 것, 기존 연구에서의 기술적인 어려움을 연구하는 것, 기존 논문을 적용했을 때 나타나는 문제점을 찾는 것 등이 있습니다.

회사에서도 논문이나 특허 출원을 적극적으로 장려하는 분위기입니다. 기술 특허를 출원할 경우 100만 원, 논문이 통과될 경우 학회 등록 발표 비용 등을 지원하죠. 업무 환경도 비교적 자유로워 한 달 기준으로 근로일당 8시간으로 계산해 일일 최대 10시간에서 최소 4시간을 근무하면 됩니다. 하지만 지금은 코로나19의 여파로 상황에 맞게 재택근무를 병행하고 있어 최소 근무 시간 규제가 완화됐습니다. 저는 보통 오전 7시부터 9시까지 운동하고 오전 9시에서 오후 8시까지 근무하는데, 데이터 리서처로 일하면서 업무에 개인 시간을 투자하는 것은 불가피한 것 같습니다. 그렇지만 저에게 연구는 취미생활과 같기 때문에 큰 불만은 없습니다. 하지만 연구 등의 활동에서 재미를 느끼지 못한다면 힘든 직무겠죠.

업무의 매력

데이터 리서처의 연구가 당장 기업의 수익 창출에 크게 기여하진 않지만, 기술 시장이 개방됐을 때 데이터 리서처의 연구가 기술 시장을 주도하는 원동력이 된다고 생각합니다. 저를 포함한 저희 팀원은 어떤 문제를 어떻게 해결할지 고민하는 과정을 즐기고, 이 과정에서 지적 희열을 느끼며 연구하죠. 그리고 팀원과의 논의 과정에서 상대방을 설득하는 것도 재미있습니다. 사용자에게 도움을 주고 제가 좋아하는 연구를 할 수 있다는 점이 이 일의 가장 큰 장점입니다.

업무에 필요한 능력과 성향

데이터 리서처에게는 질문을 잘하는 능력이 가장 중요합니다. 질문을 잘하는 능력은 지적 호기심을 갖고, 어떠한 문제를 풀기 위해 문제를 정의하고, 데이터를 활용해 어떻게 하면 풀 수 있을지 고민하는 능력입니다. 그리고 해결한 문제를 바탕으로 의사결정권자를 설득할 수 있는 언변을 갖춰야 합니다.

학부 과정에서는 정제된 교육과정 안에서 주어진 문제를 잘 풀수 있는 능력을 기릅니다. 석사 과정에서는 다른 사람이 하지 않은 것, 기술적으로 해결하지 못했던 것을 찾아 왜 해결해야 하는지 설명하고, 제안하는 해결책에 어떤 의미가 있는지 설득하는 능력을 기릅니다. 그리고 박사 과정에서는 석사 과정의 경험을 반복합니다. 석·박사 학위가 데이터 리서처가 되기 위한 필수 요소는 아니지만, 대부분의 채용 공고에서 이런 학위를 요구하는 것은 앞서 설명한 문제를 정의하고 해결하는 능력을 갖췄을 것이라는 기대감이 있기 때문이겠죠. 따라서 학위가 없더라도 이러한 성향과 능력을 충분히 증명할 수 있다면 데이터 리서처로서 일할 수 있지 않을까 생각합니다.

04 데이터 리서처 인터뷰 2

회사	삼성종합기술원
직무	데이터 리서처
업무 개요	인공지능 음성 비서용 알고리즘 개발
학력	산업공학과 학·석·박사 ※ 인터뷰 이후, 세종대학교 데이터 사이언스 학과 교수로 재직 중

삼성종합기술원 데이터 리서처 김미숙 씨 인터뷰 재구성

안녕하세요. 저는 삼성종합기술원 머신러닝랩에 근무했던 김미숙입니다. 삼성전자의 인공지능 음성 비서에 들어가는 알고리즘을 개발하는 것이 제 주요 업무입니다.

데이터 리서처의 업무

삼성전자 내에는 삼성리서치, 반도체연구소, 생산기술연구소, 삼성종합기술원 등의 연구소가 있습니다. 그중 삼성종합기술원은 삼성전자 'Device Solutions' 부문 소속이고, 약 1,100명의 직원 중 800여 명이 연구직입니다. 삼성종합기술원 내에도 여러 연구실이 있는데, 각 연구실마다 50명에서 100여 명의 연구원이 소속돼 있습니다.

각 연구실은 통상 3~6개 정도의 업무 과제를 배정받습니다. 저는 현재 머신러닝연구소에서 삼성전자의 인공지능 음성 비서 애플리케이션인 '빅스비(Bixby)'에 들어가는 알고리즘을 무선 사업부와 협업해 개발하고 있습니다. 빅스비는 실생활에서 쓰이는 애플리케이션으로, 알고리즘 연구가 사업화와 밀접하게 연관돼 있습니다. 하지만 순수하게 연구 측면에서 챗봇과 번역 관련 연구도 수행하고 있습니다. 빅스비처럼 당장의 사업화를 기대하기보다 언젠가의 먼 미래에 사용될지 모르는 알고리즘에 관한 연구입니다.

연구에 활용하는 데이터의 내용이나 종류를 구체적으로 밝히긴 어렵지만, 다양한 사용자 데이터를 수집해 사용하고 있습니다. 이런 데이터에 적용할 알고리즘 기법을 공부하기 위해 최신 논문을 찾아 빠르게 습득한 후 기존 기법과 비교하는 과정을 거칩니다. 최신 논문 동향을 알기 위해 세미나에 참석하거나 다른 리서처들과 정보를 공유하기도 하죠. 어떻게 보면 대학원 연구실에서 공부하고 연구할 때와 크게 다르지 않은 환경입니다. 또한 저희 회사의 경우 매년 성과가 좋은 연구원을 선정해 1년 동안 몬트리올 대학교의 요슈아 벤지오(Yoshua Bengio) 교수 연구실에 '비지팅 스칼라(Visiting Scholar)' 자격으로 보내기도 합니다. 흔하지 않은 기회인 만큼 비지팅 스칼라로 선정되기 위한 경쟁이 치열합니다.

잠깐만요 | 요슈아 벤지오는 인공지능과 딥러닝 학계의 선구자 중 한 명으로, 현재 캐나다 몬트리올 대학교(Université de Montréal)의 교수로 재직 중입니다. |

저는 새로운 개념을 익힐 때 그 내용을 다룬 논문만 읽는 데 그치지 않고, 다른 대가들은 어떻게 논문을 해석했는지도 함께 공부합니다. 주로 유튜브나 블로그에 다양한 분석과 해석이 정리돼 있습니다.

업무에 필요한 능력과 성향
데이터 리서처는 연구소에서 일하는 경우가 많습니다. 이 경우,

업무 분위기나 시간 등이 다른 직무에 비해 매우 자유로울지도 모릅니다. 하지만 이러한 환경에도 불구하고 자신의 과제와 연구를 독립적으로 이끌 수 있는 역량이 중요하다고 생각합니다. 그래서 그런지 제 주변의 데이터 리서처들은 모두 구체적인 지도가 없더라도 스스로 연구하고 주도적으로 공부하는 성향을 지니고 있습니다.

저 역시 개인적으로 부족하다고 생각되는 부분을 만회할 수 있도록 꾸준히 공부하고 있습니다. 개인적으로 부족하다고 느끼는 코딩과 어딜 가나 중요하다고 생각하는 영어는 지금도 매일 공부 중입니다. 또한 연구와 같이 장기적인 과제를 꾸준히 잘 해내기 위해 체력은 필수라고 생각합니다.

데이터 리서처 향후 전망

저희 삼성종합기술원은 인공지능 분야의 데이터 리서치 인력을 확장하는 중입니다. 날이 갈수록 다양한 분야에 인공지능 기술이 적용되고 있기 때문이라고 생각합니다. 또한 회사 내 데이터 리서처의 입지가 좋을 뿐 아니라 요구나 건의 사항이 잘 받아들여지는 추세입니다. 따라서 앞으로 데이터 리서처의 전망 역시 좋을 것 같습니다.

5 시티즌 데이터 사이언티스트

시티즌 데이터 사이언티스트는 파워블로거와 비슷한 점이 많습니다. 블로그 활동을 활발히 하는 영향력 있는 블로거를 '파워블로거'라고 하는데, 파워블로거가 되려면 글 쓰는 것을 업으로 삼아야 할까요? 화장을 기가 막히게 잘하는 공무원, 해박한 요리 지식을 갖춘 가정주부, 등산과 사진 찍기가 취미인 사장님 등 본연의 직업을 그대로 유지한 채 시간과 정성을 들여 블로그에 글을 쓰고 소통한다면 파워블로거가 될 수 있습니다. 시티즌 데이터 사이언티스는 기업 내 '파워 데이터 유저'로, 본래의 주업무가 있지만 빅데이터에 대한 관심을 바탕으로 자신의 능력과 영역을 확장시키는 인재인 것입니다. 따라서 빅데이터에 조금이라도 관심이 있는 사람이라면 누구나 시티즌 데이터 사이언티스트가 될 수 있습니다. 빅데이터 지식과 기술의 보편화에 따라 앞으로 시티즌 데이터 사이언티스트에 대한 수요는 꾸준히 증가할 것입니다.

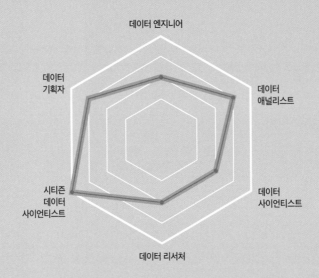

★★
데이터 엔지니어: 시티즌 데이터 사이언티스트와 협업할 기회가 많지는 않더라도 시티즌 데이터 사이언티스트의 역할과 의의에 대해 파악해 두는 것이 좋습니다.

★★★
데이터 애널리스트: 데이터 애널리스트는 빅데이터 전문가와 비전문가를 잇는 역할을 하는 시티즌 데이터 사이언티스트와 자주 협업할 가능성이 높습니다. 따라서 시티즌 데이터 사이언티스트의 역할과 중요성에 대해 알아 두는 것이 좋습니다.

★★
데이터 사이언티스트: 시티즌 데이터 사이언티스트와 협업할 기회가 많지는 않더라도 시티즌 데이터 사이언티스트의 역할과 의의에 대해 파악해 두는 것이 좋습니다.

★★
데이터 리서처: 시티즌 데이터 사이언티스트와 협업할 기회가 많지는 않더라도 시티즌 데이터 사이언티스트의 역할과 의의에 대해 파악해 두는 것이 좋습니다.

★★★★
시티즌 데이터 사이언티스트: 시티즌 데이터 사이언티스트에 관심 있는 사람이라면 반드시 알아 둬야 합니다.

★★★
데이터 기획자: 빅데이터 프로젝트나 회사를 이끌어야 할 데이터 기획자로서 데이터와 관련된 모든 직무가 어떤 특징을 지니고 있는지 상세하게 파악해 두는 것이 좋습니다.

01 시티즌 데이터 사이언티스트의 업무

빅데이터 지식과 기술이 발전하면서 데이터 분석의 수요가 증가하는 데 비해 실제 빅데이터 전문가는 턱없이 부족합니다. 빅데이터팀이 구성되지 않은 회사도 많죠. 결국 이런 상황에서는 데이터 분석이 불가능하기 때문에 빅데이터 전문가의 수요와 공급의 차이를 빠르고 효율적으로 줄일 수 있는 해결책 중 하나가 '시티즌 데이터 사이언티스트'입니다.

시티즌 데이터 사이언티스트라는 직무가 따로 있는 것은 아니지만 이들은 본연의 업무가 있고, 반드시 데이터와 관련된 경험이 있는 것은 아니지만 빅데이터에 관련된 지식을 능동적으로 습득함으로써 기초적인 분석 능력을 갖춘 인력입니다. 미국의 시장 조사 회사인 '가트너(Gartner)'에서는 이런 인력을 '시티즌 데이터 사이언티스트'라고 부릅니다.

앞서 시티즌 데이터 사이언티스트를 '파워 데이터 유저'라고 설명하면서 파워 블로거와 비견할 때 파워 블로거의 예시로 글을 쓰는 직군과 관련이 없는 공무원, 가정주부, 사장님을 사례로 들었습니다. 시티즌 데이터 사이언티스트 역시 얼핏 보기엔 데이터와 관련이 없는 사람일 수 있습니다. 그러나 이미 자신의 분야 속 전문가이기 때문에 시티즌 데이터 사이언티스트는 자신이 분야 안에서 어떤 데이터를 확보할 수 있는지, 확보한 데이터를 어떻게 사용하면 좋은지, 확보한 데이터의 잠재력은 무엇인지 확실히 알고 있습니다.

시티즌 데이터 사이언티스트는 데이터를 처리하고 분석하는 전반적인 과정을 이해해야 합니다. 만일 사내 데이터가 어떤 식으로 구성 및 저장돼 있는지 궁금하고, 활용하고자 하는 데이터를 직접 눈으로 확인하는 것이 목표라면 데이터베이스와 쿼리를 공부하는 것에서 시작할 수 있습니다. 데이터로 어떠한 현상을 증명하고, 다른 사람에게 설명하고자 한다면 데이터 시각화와 대시보드 제작을 다음 목표로 삼을 수 있습니다. 이런 단계를 넘어 데이터 분석도 해 보고 싶다면 코딩을 몰라도 분석을 수행할 수 있는 자동화된 분석 소프트웨어들을 활용할 수 있습니다. 그 예로는 BI 도구와 데이터 분석 소프트웨어를 들 수 있습니다. 대표적인 데이터 분석 소프트웨어로는 KNIME, RapidMiner, Orange, SAS 등이 있습니다. 이외에도 이러한 기술의 발전에 관심을 갖고 상황에 적합한 도구를 학습하고 활용하는 능력이 중요합니다.

잠깐만요 | BI 도구에 대한 자세한 내용은 192쪽, 데이터 분석 소프트웨어에 대한 자세한 내용은 198쪽을 참고하세요. |

진취적이고 도전적인 사람이라면 누구나 시티즌 데이터 사이언티스트가 될 수 있습니다. 빠르게 변화하는 시대의 흐름을 읽어 데이터에 관심을 갖고 남들이 쉽게 놓치는 문제점이나 개선점을 자신의 분야 속에서 찾아내는 시티즌 데이터 사이언티스트는 앞으로 점점 더 필요해질 것입니다.

전문가의 조언   **시티즌 데이터 사이언티스의 정의**

다음 표를 이용해 시티즌 데이터 사이언티스트와 데이터 사이언티스트 그리고 현업 전문가가 어떻게 다른지 비교해 보겠습니다. 2016년 가트너에서는 시티즌 데이터 사이언티스트를 '주요 업무는 통계 및 분석과 관련 없지만 고급 분석을 수행하거나 예측을 위한 모델을 만들 수 있는 사람'이라고 정의했습니다.

시티즌 데이터 사이언티스트와 다른 직무 비교

	역할 및 지식	주업무 소속 부서
데이터 사이언티스트	현업 부서에서 요구사항을 받아 데이터 분석을 위한 모델링, 알고리즘 선택, 고급 분석 수행	데이터 분석 부서, 기술 부서
현업 전문가	데이터 분석 팀에서 제공한 분석 결과를 보고 비즈니스적 의미를 제공	기타 현업 부서
시티즌 데이터 사이언티스트	기초적인 데이터 지식이 있고, 직접 간단한 분석을 통해 비즈니스 의미 도출	기타 현업 부서

시티즌 데이터 사이언티스트 인터뷰

회사	IT 회사(회사명 익명 처리)
직무	시티즌 데이터 사이언티스트
업무 개요	서비스 기획
학력	국제학 및 경영학 학사(복수 전공)

IT 회사 시티즌 데이터 사이언티스트 K 씨 인터뷰 재구성

저는 IT 회사의 지역 정보 검색 및 추천 팀에서 3년째 일하고 있는 시티즌 데이터 사이언티스트입니다. 저는 학부에서 국제학과 경영학을 복수 전공했습니다. 제가 회사에서 맡은 주업무는 '서비스 기획'입니다. 새로운 서비스를 생각해내고 기획 방향을 제시한 후에는 디자인팀, 개발팀, 재정팀 등 서로 다른 여러 부서가 원활하게 협력할 수 있도록 업무별로 세부적인 방향을 제시합니다. 이처럼 저의 본 업무는 서비스를 기획하는 것이지만, 더 좋은 서비스를 기획하는 시야를 기르기 위해 간단하게라도 데이터를 다루는 법을 배우기 시작했습니다. 그렇기 때문에 저는 스스로를 시티즌 데이터 사이언티스트라고 여깁니다.

시티즌 데이터 사이언티스트가 된 계기

저희 회사 고객 중 상품의 후기를 작성하는 사용자를 위한 서비스를 고민하던 중 사용자가 대체 왜 후기를 작성하는지에 의문을 품게 됐습니다. 후기 작성자 중에서도 광고 목적이나 보상을 받기 위한 의도가 아닌 다른 사용자에게 유용한 정보를 제공하고자 하는 순수한 의도로 후기를 작성하는 사람들의 특징이 궁금했습니다. 예를 들어, 후기를 작성할 때 평점만 남길지, 글도 작성할지, 후기 사진도 올릴지 등 여러 가지 선택을 하게 되는데, 순수한 의도를 가진 후기 작성자의 경우, 일련의 선택을 어떻게 내리는지 알아보고 싶었습니다. 이에 대한 해답을 찾기 위해 데이터를 통해 그동안 기존의 후기 작성자의 특징을 파악하기로 마음먹었습니다.

처음에는 간단한 쿼리를 공부해 데이터베이스를 살펴보는 정도로 데이터 공부를 시작했습니다. 만약 제가 스스로 데이터베이스를 살필 줄 모른다면 저를 위해 데이터를 살펴볼 수 있는 도구를 만들어 줄 데이터 엔지니어의 도움이 필요했죠. 그런데 도구를 제작하는 것도 결국 또다른 업무가 되기 때문에 스스로 해결하기로 마음먹었습니다.

이와 마찬가지로 제가 데이터에서 직접 발견한 인사이트를 효과적으로 시각화하고 싶어 파이썬을 배웠습니다. 저보다 코딩을 훨씬 잘하는 분들도 타 부서에 계셨지만, 바쁜 분들께 매번 일일이 요청할 수는 없는 법이라 저 스스로 코딩으로 시각화 정도는 해야겠다고 결심하게 됐습니다.

제 손으로 직접 데이터를 가져오고 시각화로 살펴보면서 새롭게 깨달은 점이 꽤 많았습니다. 글로만 작성한 후기나 글과 사진을 조합한 후기는 많았지만, 글 없이 사진으로만 후기를 작성하는 사용자는 거의 없었습니다. 또한 글로 작성된 후기 중에서도 사진을 함께 첨부한 경우, 내용이 대체로 정성스럽고 진지했습니다. 여기서 유의할 점은 바로 사용자가 사진을 추가로 제공한다고 해서

특별히 더 많은 보상을 제공받지 않는다는 것입니다. 따라서 진솔한 후기를 제공하는 순수한 의도의 후기 작성자만이 사진을 함께 첨부한다고 추측할 수 있었습니다.

이런 기초적인 분석 결과는 사업에 직접적인 영향을 미칠 수도 있습니다. 예를 들어 데이터 리서처, 데이터 사이언티스트와 소통해 그들이 후기 작성자의 행동을 좀 더 정교하게 분석할 기반을 마련하거나 후기 작성자를 A, B 두 그룹으로 나눈 후 한 그룹에게는 글과 사진을 함께 제공할 때 더 큰 보상을 주고, 다른 한 그룹에게는 사진의 유무와 관계없이 똑같은 보상을 준 후 어떤 그룹이 더 양질의 후기를 작성하는지 분석하는 A/B 테스트를 진행할 수 있습니다. 데이터 전문가들이 A/B 테스트의 결과를 알려 주면, 이를 기반으로 저는 더 효과적인 후기 작성 서비스를 기획할 수 있겠죠. 좋은 사용자의 수가 적은 카테고리만을 모아 후기 작성을 독려할 서비스를 기획해 볼 수도 있습니다. 서비스 기획을 천직으로 삼고 있는 제가 직접 데이터를 보고 분석했기 때문에 이런 인사이트를 얻을 수 있었고, 결과적으로 더 좋은 서비스를 출시할 가능성을 높일 수 있었다고 생각합니다.

잠깐만요 | A/B 테스트에 대한 자세한 내용은 61쪽을 참고하세요. |

전망
지금은 빅데이터 시대입니다. 저희 회사뿐 아니라 어디서나 점점 더 많은 데이터를 수집하고자 할 것입니다. 그런데 이로 인해 오히려 어떤 데이터가 정말로 사업에 중요한 데이터인지 구분할 수 없게 될지도 모릅니다. 시티즌 데이터 사이언티스트는 자신이 속한 영역의 전문 지식을 이미 갖추고 있으므로 데이터의 홍수에서 정말 중요한 가치가 무엇인지 찾아낼 수 있는 인재가 될 것 같습니다.

저는 데이터와 큰 연관성이 없는 학과 출신으로 데이터를 직접 다룰 필요가 없는 직무를 맡았습니다. 그러나 요즘은 어떤 직무이든 데이터에 대한 이해는 필수입니다. 저 역시 간단한 데이터 시각화나 분석을 배운 덕분에 서비스 기획이라는 제 본연의 업무가 더 풍성해졌습니다.

6 데이터 기획자

데이터 기획자는 빅데이터 프로젝트를 계획, 운영, 관리합니다. 빅데이터의 등장과 보편화에 따라 본업이 데이터와 관련 없더라도 업무와 데이터를 결합하고자 하는 시티즌 데이터 사이언티스트를 중요한 인력으로 인식하는 것과 같이 빅데이터 기반의 새로운 서비스와 상품을 기획하고 사업화할 기회도 증가하고 있습니다. 데이터 기획자의 범주 안에는 사내 팀을 이끄는 데이터 기획자뿐 아니라 회사 전체를 운영하는 '데이터 앙트레프레너(Data Entrepreneur)'도 포함됩니다. 팀 또는 회사를 이끄는 것이 주업무이므로 반드시 데이터 엔지니어, 데이터 애널리스트, 데이터 사이언티스트 또는 데이터 리서처처럼 주업무가 데이터를 다루는 일일 필요는 없습니다. 그러나 빅데이터를 통해 혁신적인 가치를 창출하는 프로젝트를 총괄하는 만큼 빅데이터에 대한 기본적인 지식을 갖춰야 합니다.

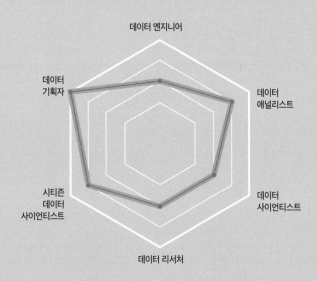

★★ **데이터 엔지니어**: 빅데이터 프로젝트나 회사를 이끄는 데이터 기획자와 협업할 가능성이 있으므로 데이터 기획자에 대해 어느 정도 이해하는 것이 좋습니다.

★★★ **데이터 애널리스트**: 빅데이터 전문가의 일을 경영진이나 실무진이 이해하기 쉬운 내용으로 전달하는 데이터 애널리스트는 여러 조직과 긴밀하게 소통해야 하는 데이터 기획자와 자주 협업하게 되므로 데이터 기획자를 잘 이해하는 것이 좋습니다.

★★ **데이터 사이언티스트**: 빅데이터 프로젝트나 회사를 이끄는 데이터 기획자와 협업할 가능성이 있으므로 데이터 기획자에 대해 어느 정도 이해하는 것이 좋습니다.

★★ **데이터 리서처**: 빅데이터 프로젝트나 회사를 이끄는 데이터 기획자와 협업할 가능성이 있으므로 데이터 기획자에 대해 어느 정도 이해하는 것이 좋습니다.

★★★ **시티즌 데이터 사이언티스트**: 빅데이터 전문가의 일을 경영진이나 실무진이 이해하기 쉬운 내용으로 전달하는 시티즌 데이터 사이언티스트는 여러 조직과 긴밀하게 소통해야 하는 데이터 기획자와 자주 협업하게 되므로 데이터 기획자를 잘 이해하는 것이 좋습니다.

★★★★ **데이터 기획자**: 데이터 기획자에 관심이 있는 사람이라면 반드시 읽어 둬야 합니다.

01　데이터 기획자의 업무

빅데이터 프로젝트는 보통 클라이언트의 요구에서 시작됩니다. 클라이언트는 같은 기업의 현업 부서가 될 수도 있고, 직속 상사가 될 수도 있으며, 임원이 될 수도 있습니다. 또는 기업에서 제공하는 서비스나 제품을 사용하는 소비자, 다른 기업, 정부 기관이 될 수도 있습니다. 이렇게 다양한 클라이언트 만큼이나 요구도 각양각색입니다. 새로운 가치를 창출하기 위한 사업 기회 확보일 수도 있고, 기존 제품·서비스의 불편사항을 개선해 달라는 요구일 수도 있습니다.

데이터 기획자는 빅데이터 프로젝트를 이끄는 사람으로, 요구사항을 제시하는 클라이언트와 소통하는 역할을 합니다. 만약 빅데이터에 대한 클라이언트의 이해도가 낮다면 요구사항을 빅데이터 전문 영역의 언어로 다시 구체화해야 합니다. 이 과정에서 데이터 기획자와 클라이언트가 서로 같은 것을 생각하고 이해했는지 확인해야 합니다. 그다음에는 현재 사용할 수 있는 자원을 고려해 요구사항을 설정합니다. 재설정한 요구사항에 대해 서로 합의하면 빅데이터 프로젝트를 본격적으로 시작할 수 있습니다. 빅데이터에 대한 이해도가 높은 클라이언트라면 바로 사용할 수 있는 자원을 고려해 요구사항을 설정할 수 있겠죠.

프로젝트를 수행하기 위해서는 인적 자원, 전산 자원, 프로젝트 가용 예산 등 사용할 수 있는 빅데이터 자원을 파악해야 합니다.

인적 자원을 파악하기 위해서는 직무별 빅데이터 전문가의 역량, 프로젝트 참여 여부, 프로젝트 팀과의 적합성 등을 확인해야 합니다. 또한 외부의 전문 인력을 고용하거나 전산 자원을 사용하는 경우도 자주 있기 때문에 활용할 수 있는 외부 자원도 함께 고려해야 합니다. 프로젝트가 종료된 후 유지보수에 필요한 비용을 터무니없이 낮게 책정해 프로젝트 가용 예산이 충분하다고 생각하는 경우가 있는데, 오히려 개발보다 유지보수에 더 많은 비용이 필요한 경우도 많으므로 유지보수 비용을 충분히 고려해 가용 예산이 적정한지 파악해야 합니다.

데이터 기획자에게 필요한 빅데이터 전문 지식은 프로젝트마다 다릅니다. 많은 연구 경력이 필요한 프로젝트도 있고, 관련 분야의 지식이나 프로젝트 리더 경력이 필요한 프로젝트도 있죠. 데이터 기획자는 빅데이터 전문가 출신이 아니더라도 반드시 빅데이터 전문 지식을 갖춰야 합니다. 빅데이터 사이클이나 전문 용어를 비전문가에게 설명하고, 프로젝트에 관련된 사람들과 원활히 소통해야 하기 때문이죠. 따라서 빅데이터 기술 동향과 트렌드를 잘 파악하고 있어야 합니다.

빅데이터 프로젝트의 효율성은 프로젝트의 병목을 어떻게 관리하느냐에 따라 크게 달라집니다. 프로젝트의 병목은 프로젝트를 지연시키는 요소로, 데이터 기획자는 프로젝트 병목을 방지하기 위해 인력이나 자원을 적절하게 안배해야 합니다. 프로젝트의 병목을 방지하는 것은 적어도 기초적인 빅데이터 전문 지식이 필요한 업무입니다. 프로젝트에 참여하는 다양한 빅데이터 전문 인력의 업무와 상호 관계를 파악해야 효율적인 자원 분배가 가능하기 때문이죠. 이것이 바로 데이터 기획자가 필요한 이유입니다.

데이터 기획자의 프로젝트는 소규모 프로젝트에서 수십 명의 인원이 참여하는 대규모 프로젝트에 이르기까지 다양합니다. 이렇게 다양한 프로젝트 중 빅데이터를 활용한 아이디어를 바탕으로 창업을 시도하거나 기존 사업을 확장하는 창업가를 '데이터 앙트레프레너'라고 합니다. 데이터 기획자는 관련 분야의 전문 지식과 빅데이터에 대한 지식 모두를 갖춰야 합니다. 또한 프로젝트에 대한 수요나 사업성, 계획의 실현 가능성을 검토하기 위해 프로젝트나 조직을 이끌어 본 경험도 중요합니다. 그리고 팀을 이끌고 책임질 줄 아는 리더십도 필수입니다.

02 데이터 기획자 인터뷰 (데이터 앙트레프레너)

회사	Superb AI
직무	데이터 앙트레프레너
업무 개요	회사 운영
학력	전기·전자공학 및 의·공학 학사(복수 전공)

Superb AI 대표이사 김현수 씨 인터뷰 재구성

안녕하세요? Superb AI 공동 창업자이자 대표이사 김현수입니다. Superb AI는 2018년에 출범한 스타트업으로, 기업에서 개발한 인공지능의 데이터를 유지보수하는 소프트웨어를 제공합니다. 저희 소프트웨어는 클라우드를 기반으로 제공되며, 회원제로 운영해 이윤을 창출하고 있습니다.

저는 대학교에서 전기·전자공학과 의공학을 복수 전공했고, 학사 졸업 후 컴퓨터공학 박사 과정에 진학했습니다. 대학원 재학 중 'SKT T-Brain AI'라는 연구 조직에서 스카우트 제의를 받아 휴학한 후 2년 동안 정직원으로 근무했습니다. 그리고 복학 대신 뜻이 맞는 네 명의 동료와 Superb AI 공동 창업을 하게 됐습니다.

데이터 기획자가 된 계기

Superb AI의 창업 멤버는 모두 5명으로 이 중 4명은 기술적인 배경 지식 그리고 나머지 1명은 사업과 관련된 배경 지식을 갖추고 있습니다. 기술적인 지식을 보유한 4명도 인공지능 연구, 머신러닝 엔지니어링, 알고리즘 대회 출신 등 각자의 영역이 조금씩 다릅니다. 사업과 관련 지식을 가진 1명은 창업 전 인사팀에서 사내 데이터 사이언스 및 인공지능 교육 과정을 담당했고, 그 전에는 해외에서 창업한 경험을 보유하고 있습니다. 저는 다양한 경험을 했고, 인공지능을 공부했지만 사업에 관심이 있었고, 창업 전 다녔던 회사에서는 프로젝트 기획도 했습니다.

저는 SKT에서 근무하던 시절에 느낀 업계 전반의 문제점을 해결하고 싶어 창업하게 됐습니다. 학계에서 발표한 훌륭한 인공지능 관련 연구는 실제 산업에는 적용하기 어렵거나 구글이나 아마존, 페이스북과 같은 막대한 자본과 전문 인력을 갖춘 대기업만이 데이터를 확보해 인공지능 기술을 개발할 수 있다는 점 등을 직접 해결하고 싶어 누구나 쉽게 데이터를 확보하고 인공지능 기술을 쉽게 개발 및 적용할 수 있도록 Superb AI를 창업했습니다.

빅데이터 시장에서의 Superb AI

머신러닝 알고리즘 중 하나인 지도학습을 구현하려면 컴퓨터가 데이터를 통해 스스로 학습할 수 있도록 각 데이터를 레이블링하는 것이 필요합니다. 그리고 데이터 레이블링된 데이터를 '학습용 데이터(Training Data)'라 합니다. 머신러닝 알고리즘 중 하나인 딥러닝은 성능이 뛰어나지만, 가장 많은 데이터가 필요한 알고리즘입니다. 연구 개발자는 딥러닝의 등장으로 더 많은 양의 데이터가 필요했고, 더 많은 양의 데이터 레이블링이 필요하게 된 것이죠. 이런 이유로 데이터 레이블링 관련 시장의 규모도 커졌습니다. 기존에는 사람이 일일이 수작업으로 했던 데이터 레이블링 작업이 인공지능 개발의 가장 큰 장벽이 돼버린 겁니다.

잠깐만요 | 머신러닝 알고리즘에 대한 자세한 내용은 246쪽을 참고하세요. |

그래서 저희는 '노동집약적인 데이터 레이블링 작업을 어떻게 하면 최대한 간편하고 효율적으로 진행할 수 있을까?'를 고민하게 됐습니다. 보통 업계 표준이 된 몇 개의 오픈 소스 데이터를 활용해 연구를 진행하고 연구용 데이터를 기반으로 수많은 논문이 발표되지만 막상 기업의 실무 현장에서 인공지능을 적용하려면 상황에 맞는 데이터부터 새롭게 모아야 하는 문제가 발생합니다. 저역시 회사에서 자율주행이나 챗봇 등 적용할 시나리오에 맞는 데이터를 새롭게 확보하고, 그 데이터에 대한 레이블링 작업에 가장 많은 시간을 할애해야 하는 문제 때문에 골치가 아팠죠.

Superb AI의 핵심 제품은 기업의 머신러닝이나 데이터 분석팀을 위한 클라우드 기반의 머신러닝 데이터 플랫폼인 'Superb AI Suite'입니다. Superb AI Suite는 관리하는 데이터의 사용량에 따라 월이나 연 단위로 비용을 청구합니다. Superb AI Suite를 이용하는 고객은 Superb AI Suite에서 제공하는 각종 도구를 사용해 학습용 데이터를 제작·관리·분석할 수 있습니다. 애플(Apple)의 '아이클라우드(iCloud)'나 구글의 '구글 드라이브(Google Drive)' 등과 같은 클라우드 저장소와 같이 각종 파일을 업로드하고 관리할 수 있다는 것은 비슷하지만, Superb AI Suite는 머신러닝 학습용 데이터 관리와 분석에 특화된 기능이 포함돼 있습니다. 제공하는 도구는 데이터의 정확도를 분석하는 도구나 수시로 변화하는 데이터를 버전별로 관리하는 도구, 레이블링을 시각화하는 도구 등과 같이 다양합니다.

또한 저희 고객은 Superb AI Suite를 통해 방대한 양의 데이터를 좀 더 효과적으로 관리·분석할 수 있습니다. Superb AI Suite을 사용하는 고객이 새로운 데이터셋을 제작한다면 Superb AI Suite의 데이터 레이블링 도구를 사용해 직접 데이터 레이블링하거나 파트너사인 데이터 레이블링 기업과 레이블링 작업을 할 수도 있습니다.

쉽게 말하면 저희는 AI를 활용하는 데이터 레이블링 수요 기업과 데이터 레이블링 공급 기업이 만나 협업할 수 있는 'Superb AI Suite'라는 플랫폼과 각자 본인의 일을 가장 효율적으로 할 수 있는 소프트웨어 도구를 제공하는 역할을 하고 있습니다.

저희 Suite는 현재 이미지 데이터와 비디오 데이터를 처리할 수 있습니다. 이처럼 처리된 데이터를 활용하는 고객사의 산업 또는 인공지능 애플리케이션은 매우 다양한데, 그 대표적인 예로 자율주행, 물리 보안(CCTV 영상 내에서 폭력, 범죄, 사고 등을 감지하는 애플리케이션), AR/VR, 스마트 가전제품, 게임 인공지능, 위성 영상 등이 있습니다.

▲ 오픈 소스 데이터 예시   [출처: cocodataset.org]

2014년 MS 사에서는 '객체 탐지(Object Detection)' 분야의 연구 목적으로 'cocodataset.org'의 데이터셋을 공개했습니다. 그리고 프로젝트의 규모가 커지면서 많은 사람의 참여로 매년 더 발전된 데이터를 공개하고 있습니다. 이미지에 포함된 사람이나 동물, 물병, 테이블 등의 물체(Object)에 레이블링돼 있고, 이런 이미지 레이블 데이터로 모델을 학습시키면 레이블이 없는 이미지의 물체를 자동으로 인식하는 객체 탐지 모델을 만들 수 있습니다.

cocodataset.org에는 약 33만 개 이미지 중 20만여 개의 이미지에 레이블링돼 있고, 레이블링된 각 이미지는 어떤 이미지인지, 이미지의 일부나 전체인지, 이미지에 어떤 의미가 있는지에 대한 정보를 무료로 제공합니다. 딥러닝 분야의 선구자 역할을 하는 구글, 마이크로소프트, 페이스북 등의 대기업은 많은 비용을 지불하면서 데이터셋이나 모델을 무료로 배포하고 있습니다.

인공지능 기술

저희가 추구하는 프레임워크는 'Human-in-the-loop AI'로, 이는 인공지능 개발 피드백 과정(Feedback Loop)에 사람이 하나의 요소로 존재한다는 의미이며, Superb AI Suite는 '머신러닝 데이터 라이프사이클' 전체를 관리하는 플랫폼입니다. 라이프사이클은 데이터 수집, 데이터 레이블링, 데이터 검증, 검증된 데이터로 머신러닝 알고리즘을 학습하는 AI 학습 단계로 구성돼 있습니다. 저희는 Superb AI Suite에 이 라이프사이클의 각 단계를 효율적으로 처리할 수 있는 인공지능 기술을 접목하고 있습니다.

● **데이터 수집 단계**: 데이터셋 구축의 첫 단계로 정제되지 않은 데이터를 수집할 때 중요한 점은 데이터가 골고루 분포돼 있는지 확인해야 한다는 것입니다. 예를 들어 자율주행 학습용으로 수집한 데이터가 모두 고속도로에서만 수집했거나 낮 시간 또는 직진 차선에서만 수집했다면 매우 편향적으로 학습할 것입니다. 따라서 데이터가 다양한 상황과 시나리오에 골고루 분포돼 있는지 분석하는 것이 중요합니다.

● **데이터 레이블링 단계**: 이 단계에서는 사람의 반복적인 수작업이 많이 필요합니다. 그렇지만 사람의 작업을 보완할 수 있도록 1차적으로 자동 레이블링하는 인공지능을 접목하고, 2차적으로 사람의 실수를 발견하는 인공지능을 접목해 레이블링 과정의 정확도와 속도를 모두 개선합니다.

● **데이터 검증 단계**: 앞 단계에서 생산된 결과물을 통계적으로 분석함으로써 데이터 레이블링이 얼마나 정확한지, 활용할 수 있는지를 검사하는 단계입니다.

● **AI 학습**: 마침내 구축한 데이터셋으로 인공지능을 학습시킬 때도 인공지능을 접목해 도움을 받을 수 있습니다. 이를 이해하기 위해 '액티브 러닝(Active Learning)'이라는 인공지능을 활용한 머신러닝 알고리즘 학습 과정을 예로 들어보겠습니다.

우선 100만 장의 사진 데이터가 있는 경우를 상상해 봅시다. 인공지능이 이 100만 장의 데이터를 학습하려면 꽤 오랜 시간이 걸립니다. 하지만 이 모든 데이터가 인공지능의 성능에 동일하게 중요하지는 않습니다. 자율주행을 위한 데이터셋 100만 장 중 교통사고 현장의 영상은 0.01%에 불과한 것과 같이 일부 데이터는 좀 더 희귀한 정보를 포함할 수 있습니다.

반면, 어떤 데이터는 학습에 기여하는 가치가 별로 없을 수 있습니다. 이렇게 어떤 데이터가 더 가치 있는지 판단하고, 해당 데이터를 먼저 학습할 수 있게 유도하는 기술인 액티브 러닝을 사용하는 것은 더 적은 데이터로 더 빨리 학습을 시킬 수 있다는 점에서 매우 효율적입니다.

데이터 시장에 대한 전망

저는 머신러닝 데이터 시장은 앞으로 더 성장할 것이라고 자신 있게 말할 수 있습니다. 10년 전만 하더라도 딥러닝을 대체할 더 좋은 알고리즘이 나올 것이라 말하는 비관론자가 꽤 많았습니다. 하지만 10년 지난 지금까지도 딥러닝은 꾸준히 발전해 여러 영역에서 그 성능을 증명하고 있으며, 컴퓨터 영상 인식 분야와 자연어 처리 분야도 산업에 적용할 만한 수준으로 발전했습니다.

여태까지 인류 역사상 이렇게 머신러닝이 산업 깊숙이 적용된 적은 없었고, 많은 전문가가 앞으로 딥러닝이 전기보다 인류에 더 큰 변화를 가져올 것이라 예측하기도 합니다. 그리고 저 역시 이 의견에 동의합니다. 딥러닝은 점점 더 많은 산업과 우리 삶에 적용될 것이고, 그렇기 때문에 딥러닝 인공지능의 개발에 핵심인 머신러닝 데이터의 수요도 계속 늘어날 것입니다.

현재 가장 널리 쓰이고 있는 딥러닝 방식인 지도학습은 데이터 레이블링 비용이 너무 높기 때문에 레이블링 작업 없이도 학습할 수 있는 비지도학습 등의 딥러닝 알고리즘이 꾸준히 연구되고 있습니다. 저희 Superb AI는 데이터 수집 및 레이블링 영역에서 수작업 의존도를 줄일 수 있는 최신 기술을 연구하고, 해당 기술을 Superb AI Suite 플랫폼에 적용해 고객이 좀 더 쉽게 인공지능을 개발할 수 있도록 도울 계획입니다.

빅데이터 지식

빅데이터 전문가로 취업하거나 빅데이터 직무를 성공적으로 수행하기 위해서는 다양한 전문 지식이 필요합니다. 셋째마당에서는 어떠한 전문 지식을 공부해야 하는지, 전문 지식을 공부해야 하는 이유는 무엇인지, 어떤 자료를 이용해야 효율적으로 공부할 수 있는지를 살펴보겠습니다.

1. 예비 빅데이터 전문가를 위한 지식
2. 빅데이터 프로젝트
3. 시각화
4. 데이터 분석 소프트웨어
5. 웹 크롤링
6. 프로그래밍
7. 수학 및 통계학
8. 머신러닝
9. 데이터 파이프라인 및 클라우드

1

예비 빅데이터
전문가를 위한 지식

빅데이터 지식에 대한 본격적인 내용을 소개하기에 앞서 셋째마당을 어떻게 활용하면 좋을지 살펴보겠습니다.

빅데이터 직업과 상관없이 반드시 읽어야 할 내용입니다.

01 빅데이터 지식 마당 활용법

셋째마당에서는 빅데이터 전문가가 되기 위해 알아야 할 지식을 소개합니다. 빅데이터 직무는 다양하기 때문에 각 직무에 필요한 전문 지식의 종류와 깊이가 다릅니다. 따라서 함께 제공하는 북맵을 활용해 읽어야 하는 장을 먼저 확인할 것을 권합니다. 다음은 희망하는 직무별로 각 단원을 얼마나 심도 있게 읽어야 하는지를 4단계로 나타낸 것입니다. 숫자가 큰 순서대로 읽어 보시기 바랍니다.

	데이터 엔지니어	데이터 애널리스트	데이터 사이언티스트	데이터 리서처	시티즌 데이터 사이언티스트	데이터 기획자
1. 예비 빅데이터 전문가를 위한 지식	4	4	4	4	4	4
2. 빅데이터 프로젝트	3	3	3	3	3	4
3. 시각화	3	4	4	4	4	3
4. 데이터 분석 소프트웨어	3	4	3	3	4	3
5. 웹 크롤링	4	3	4	4	3	2
6. 프로그래밍	4	2	4	4	2	2
7. 수학 및 통계학	1	2	4	4	1	1
8. 머신러닝	2	3	4	4	3	2
9. 데이터 파이프라인 및 클라우드	4	2	3	3	1	2

▲ 직무별 단원 중요도

셋째 마당에서는 빅데이터 전문가가 되기 위해 알아야 할 지식을 세세하게 설명하기보다는 필요한 지식을 얻기 위한 방법을 안내해 줄 것입니다. 지식의 범위는 각 장마다 다르기 때문에 설명의 수준이 다를 수 있습니다. 또한 여러분의 선수 지식 정도가 각기 다르기 때문에 어렵게 느껴지는 내용이 있을 수도 있습니다. 하지만 전혀 걱정할 필요가 없습니다. 이번 셋째마당의 내용을 전부 이해하고 있다면 이미 빅데이터 전문가라는 뜻이기 때문입니다.

여러분은 셋째마당을 '지도'로 이용하면 됩니다. 셋째마당에서는 목표까지 빨리 도달할 수 있도록 **키워드**를 이용한 체크포인트를 제공하고 있습니다. 굵게 표시된 **키워드**는 해당 장의 지식을 습득하기 위해 중추적인 역할을 하는 개념입니다. 셋째마당을 잘 활용하려면 소개하는 용어를 중심으로 공부하는 것이 좋습니다. **키워드**를 적극적으로 활용하길 권합니다.

잠시 UC버클리의 마이클 조던 교수의 말을 인용하겠습니다. 조던 교수는 머신러닝 분야에 입문하고자 하는 연구자들에게 공부 자료(교과서 목록)를 소개하면서 다음과 같은 말을 했습니다.

"여러분은 이 책들을 일독으로 끝내는 것이 아니라, 세 번은 읽어야 합니다. 처음 읽을 때는 무슨 말인지 잘 모를 거예요. 두 번째 읽을 때는 이해하기 시작하겠죠. 그리고 마지막으로 읽을 때는 모든 것이 당연해 보일 것입니다."

잠깐만요 | 마이클 조던 교수의 책 목록은 334쪽을 참고하세요. |

조던 교수의 말을 바탕으로 셋째마당을 세 단계로 나눠 제시하겠습니다. 먼저 처음 읽을 때는 북맵을 옆에 두고, 각 장의 지식이 왜 필요한지 이해하려고 노력하세요. 세세한 내용까지 알려고 하지 말고 대략적으로 어느 정도 중요한지, 나에게 필요한 지식이 다른 지식과 어떤 관련이 있는지를 이해하는 데 중점을 두세요. 북맵에서 낮은 중요도를 부여한 장은 이 정도로 만족하면 됩니다. 다른 공부 자료의 도움 없이 이 책의 내용만으로 충분합니다. 이해가 안 되는 내용이 있다면 과감히 넘어가세요.

두 번째 읽을 때는 각 장의 큰 그림을 이해하려고 노력하세요. 키워드를 모아 마인드맵을 만드는 등 자신만의 방법으로 키워드를 연결해 보세요. 이 과정에서 키워드에 대한 정보가 필요하다면 시간을 투자해 대략적인 의미를 이해하려고 노력해 보세요. 다만, 각 키워드가 정확히 어떤 의미인지, 유도하는 공식은 무엇이고 수학적으로 얼마나 엄밀하게 정의할 수 있는지, 실제로 내가 파이썬으로 만들 수 있는 프로그램인지는 생각하지 마세요.

셋째마당의 목적은 키워드 간의 대략적인 관계를 이용해 각 장의 큰 그림을 이해하는 것입니다. 북맵에서 중간 정도의 중요도를 부여한 장은 이 정도로 만족하면 됩니다. 두 번째 읽을 때부터는 공부 자료와 방법을 조금씩 참고해야 합니다.

세 번째 읽을 때는 공부 자료와 방법을 적극적으로 이용합니다. 이제 진지하게 해당 장의 지식을 내 것으로 만들어야 합니다. 소개하는 공부 자료와 방법을 사용해 자신의 해당 분야를 공부하세요.

마지막으로 이 책을 읽는 방법은 공부 자료를 활용한 공부의 중간중간에 다시 이 글로 돌아오는 것입니다. 이 셋째마당에 있는 함축된 문장을 이해했다면 목표에 도달한 것입니다. 이 정도로 공부했다면 적성에 맞고 흥미 있는 분야가 무엇인지 알 수 있을 것입니다. 이 책을 발판 삼아 공부 여정을 떠나 보세요.

02 공부 자료 활용법

빅데이터 지식 마당에서 소개하는 온라인 강의 자료는 국내외 가릴 것 없이 크게 세 가지로 나눌 수 있습니다.

유튜브

소개하는 온라인 강의 대부분은 유튜브에 게시하고 있습니다. 공부 자료와 병기한 QR코드가 유튜브로 안내하면 강의 영상을 바로 시청하면 되고, 그렇지 않더라도 유튜브에 강의 영상을 게시돼 있는지 꼭 찾아봅시다. 강의 홈페이지에서 강의 자료를 다운로드해 온라인 강의와 함께 공부하면 됩니다.

MOOC 플랫폼

유튜브가 주제에 관계없이 다양한 영상을 공유하는 플랫폼이라면 MOOC(온라인 강의 공개 플랫폼, Massive Open Online Course)는 교육 콘텐츠만을 공유하는 플랫폼입니다. 해외 MOOC의 대표적인 예로는 코세라(Coursera), edX, 유데미

(Udemy), 칸 아카데미(Khan Academy) 등이 있고, 국내에는 KOCW, 에드위드(EdWith), 네이버 부스트코스(Boostcourse) 등이 있습니다. 대부분 회원가입을 해야 하고, 해외 MOOC의 경우에는 결제가 필요한 강의도 있습니다. 국내 MOOC는 대부분 무료입니다.

기타

어떤 강의는 직접 홈페이지를 제작해 영상을 올려놓기도 합니다. 이런 경우에는 해당 홈페이지에 업로드돼 있는 영상을 시청하면서 공부하면 됩니다. 하지만 대부분 강의 홈페이지는 유튜브를 통해 영상을 공유하고 있으니 큰 걱정 없이 편하게 수강할 수 있습니다.

2 빅데이터 프로젝트

2장에서는 여기서는 여러 빅데이터 전문가가 함께 모여 일하는 빅데이터 프로젝트가 어떻게 진행되는지 알아보겠습니다. 빅데이터 프로젝트는 대부분 비슷한 구조로 진행되기 때문에 전반적인 작업 구조를 파악한다면 빅데이터 프로젝트를 좀 더 체계적으로 관리할 수 있습니다.

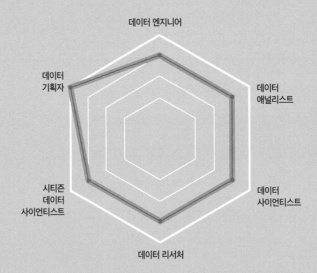

★★★ 데이터 엔지니어 / ★★★ 데이터 애널리스트 / ★★★ 데이터 사이언티스트 / ★★★ 데이터 리서처 / ★★★ 시티즌 데이터 사이언티스트
데이터 엔지니어 / 데이터 애널리스트 / 데이터 사이언티스트 / 데이터 리서처 / 시티즌 데이터 사이언티스트
빅데이터 직무와 상관없이 프로젝트 참여자로서 알아두면 좋은 내용입니다. 프로젝트에 대한 지식은 프로젝트 내 역할을 이해하는 데 도움이 됩니다.

★★★★
데이터 기획자: 빅데이터 프로젝트를 총괄하는 데이터 기획자에게 필요한 지식이며, 프로젝트 구조를 이해하기 위해 반드시 이해해야 하는 내용입니다.

01 문제 정의

빅데이터 프로젝트는 다음과 같은 네 가지 구성 요소로 이뤄져 있습니다. 프로젝트의 구성 요소가 순서대로 시작하고 마치는 것이 아니라 서로 상호작용하기 때문에 '빅데이터 사이클'이라 부르기도 합니다. 이제 본격적으로 빅데이터 프로젝트를 구성하는 각각의 요소가 어떻게 운영되고, 이 과정에서 빅데이터 전문가는 어떤 일을 하는지 살펴보겠습니다.

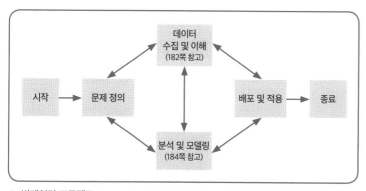

▲ 빅데이터 프로젝트

빅데이터 프로젝트의 출발점은 문제를 정의하는 것입니다. 문제 정의 단계에서는 데이터 기획자가 업무를 주도하는데, 만약 데이터 기획자가 없다면 데이터 사이언티스트, 이마저도 없다면 데이터 전문가 중 누구라도 대신할 수 있습니다. 이 과정에서의 목표는 빅데이터를 활용해 풀어낼 문제를 정의하는 것입니다. 프로젝트를 효율적으로 진행하려면 이 단계에서 문제가 잘 정의돼야 합니다. 만약 그렇지 못하면 중간에 프로젝트를 다시 시작해야 하거나 프로젝트의 결과물이 기대에 못 미칠 수 있습니다. 그리고 빅데이터 프로젝트의 시작 단계에서 문제를 잘 정의하려면 다음 네 가지를 점검해야 합니다. 이 네 가지 점검 사항을 확신할 수 없다면 프로젝트의 결과도 장담하기 어렵습니다.

문제를 명확하게 표현했는가?

문제에 더 이상 질문의 꼬리를 달 수 없다면 명확하다고 볼 수 있습니다. 예를 들어 어떤 기업에서 신입 사원을 선발하기 위해 데이터를 사용한다면 '지원자 중 누구를 채용할까?'라는 문제보다 '지원자 중 누가 이직할 확률이 낮을까?'라는 문제가 좀 더 명확합니다. 하지만 아직도 '이직'이라는 단어의 의미가 불명확합니다. 1년 내의 이직을 말하는 것인지, 3년 내의 이직을 말하는 것인지 구체적이지 않기 때문이죠. 문제를 '지원자 중 누가 1년 내에 퇴사할 확률이 낮을까?'라고 정의하면 이전보다 명확해지고 비로소 데이터로 풀 수 있는 문제가 됩니다. 데이터 기획자는 이렇게 문제를 명확하게 정의하기 위해 문제를 제시한 사람과 소통하며 요구사항을 정확히 파악해야 합니다.

문제를 얼마나 잘 풀어야 하는지에 대한 목표를 설정했는가?

문제를 정의했다면 그 문제를 얼마나 잘 풀어야 하는지 목표를 설정해야 합니다. 프로젝트 결과물의 성능이 좋아서 문제를 잘 풀면 좋겠지만, 성능을 높이기 위해 들여야 하는 시간과 예산까지 고려한다면 꼭 그렇지 않을 수도 있습니다. 특히, 빅데이터 분야에서는 성능이 높아질수록 추가로 성능을 개선하기 위한 시간과 예산이 기하급수적으로 늘어납니다. 따라서 이런 비용까지 고려할 때 어느 정도의 성능을 목표로 정하는 것이 합리적인지 잘 판단해야 합니다. 이러한 판단에 실패하면 결과물의 성능이 높더라도 비용이 효과보다 커서 결국 손해가 날 수도 있으므로 많은 주의를 기울여야만 합니다. 이와 더불어 이렇게 정한 목표의 수준이 너무 낮다면 완수하더라도 효과가 미미할 수 있으므로 해당 프로젝트를 포기하는 것도 고려해야 합니다.

결과물을 전달받아 사용하는 사람은 누구인가?

프로젝트의 결과물을 전달받아 사용하는 사람이 누구인지 명확해야 합니다. 빅데이터 프로젝트가 끝나면 누군가 그 결과물을 전달받아 사용하는데, 이때 누가 전달받는지에 따라 적합한 프로젝트 결과물이 바뀝니다. 왜냐하면 사용자마다 원하는 분석의 관점과 사용할 수 있는 결과물의 형태가 다르므로 사람이 달라지면 프로젝트의 결과물도 달라져야 하기 때문이죠. 따라서 문제를 정의하는 단계에서 누가 결과물을 받는지 잘 파악해야 합니다. 이 부분은 이어지는 '배포 및 적용'에서 좀 더 이야기하겠습니다.

정의한 문제를 해결할 수 있는 자원이 있는가?

마지막으로 문제를 해결할 수 있는 자원이 충분한지 고민해야 합니다. 문제를 잘 정의하더라도 해결에 필요한 자원을 확보할 수 없다면 문제를 해결할 수 없습니다. 만약 적절한 자원이 없다면 문제의 수준을 낮추거나 빅데이터 컨설팅 기관 또는 대학 연구소와 같이 프로젝트에 도움을 줄 수 있는 상대를 찾는 등 프로젝트 진행 방향을 수정해야 하므로 문제 정의 단계에서 자원까지 검토해야 합니다. 프로젝트 전에 확인해야 하는 자원은 데이터, IT 환경, 빅데이터 전문가입니다.

첫째, 데이터. 비록 정확하진 않더라도 문제 해결에 필요한, 즉 프로젝트에서 사용할 데이터 목록을 정리하고 해당 데이터에 접근할 수 있는지 파악해야 합니다. 이 과정에서 어떤 데이터가 프로젝트에 중요한 자원인지 확인할 수 있습니다.

둘째, IT 환경. 빅데이터 분석에는 일반 업무 때보다 높은 수준의 IT 자원이 필요합니다. 따라서 데이터의 크기와 사용량, 분석 알고리즘의 복잡도와 계산량 등을 고려해 필요한 IT 자원과 환경 조건을 예상하고 확보할 수 있는지 확인해야 합니다.

셋째, 빅데이터 전문가. 앞에서 정의한 문제를 해결할 수 있는 빅데이터 전문가가 있는지, 프로젝트 기간 동안 함께 일할 수 있는지 확인해야 합니다. 빅데이터 전문가는 전문성이 높을수록 세부 전공 분야가 있습니다. 그렇기 때문에 프로젝트를 이용해 문제를 해결할 수 있는 전문가인지 검토하는 것이 매우 중요합니다.

02 데이터 수집 및 이해

이제 막 빅데이터 프로젝트의 출발점을 지났습니다. 문제 정의가 끝났으므로 프로젝트에 활용할 데이터를 모으고 이해할 차례입니다. 이 단계에서는 프로젝트 구성원이 사용할 IT 환경을 조성하고, 데이터를 수집 및 관리하며 데이터를 이해하는 업무를 진행합니다. 대부분 이 단계에서 가장 많은 시간이 소요됩니다. 데이터 엔지니어는 IT 환경 조성, 데이터 수집 및 관리 업무, 데이터 사이언티스트와 데이터 애널리스트는 데이터를 수집하고 이해하는 업무를 담당합니다.

이 단계를 성공적으로 마치기 위해서는 양질의 데이터를 만들고 제때 공급해야 합니다. 양질의 데이터를 만든다는 것은 프로젝트에 적합한 데이터를 수집해 가공하는 것을 의미합니다. 그리고 양질의 데이터를 만들기 위해서는 오류 없는 데이터를 수집한 후 오류 없이 가공해야 합니다. 또한 데이터의 수집 및 가공 과정에 예상하지 못한 문제가 발생했는지도 확인해야 합니다. 양질의 데이터를 만들 수 없다면 프로젝트의 결과를 장담할 수 없기 때문입니다. 양질의 데이터를 제때 공급한다는 것은 양질의 데이터를 만드는 데 오랜 시간이 걸리지 않는다는 것을 의미합니다. 양질의 데이터를 만드는 데 너무 많은 시간이 소요된다면 프로젝트에 병목이 발생하기 때문에 적절한 작업 속도를 유지해야 합니다.

빅데이터 프로젝트 사이클에서 데이터 수집과 이해, 데이터 분석과 모델링은 서로 상호 관계에 있습니다. 여기서 상호 관계에 있다고 한 이유는 데이터 준비는 한 번에 완벽하게 끝내기 어려우므로 *데이터 분석과 모델링 단계에서 미흡한 점이 발견되면 다시 데이터 준비 단계로 돌아가 데이터를 만든 후 다시 분석과 모델링 단계로 돌아가는 과정을 반복하기 때문입니다. 데이터 분석 중 데이터를 다시 만드는 경우는 흔합니다. 그리고 이 과정만 몇 달이 소요되기도 합니다. 이를 방지하기 위해서는 데이터 수집 및 이해 업무를 체계화하고, 관련 IT 환경을 적절히 조성해야 합니다.

03 데이터 분석과 모델링

빅데이터 프로젝트를 시작하고 데이터가 어느 정도 정리됐다면 이제 본격적으로 분석과 모델링을 할 차례입니다. 이 단계에서는 데이터 애널리스트, 데이터 사이언티스트, 데이터 리서처가 주로 활약합니다. 빅데이터 프로젝트에 참여하는 모든 사람의 업무가 중요하지만, 눈에 보이는 분석의 결과물이 이 단계에서 나오고, 이 단계에서 활약하는 전문가가 더욱 주목받기 때문에 '프로젝트의 꽃'이라 불립니다. 분석과 모델링에 대한 자세한 내용은 242쪽의 '머신러닝'을 참고하세요.

04 배포 및 적용

분석과 모델링의 결과물을 사용자에게 배포하고 업무에 적용하도록 하는 단계로, 이 단계에서는 모든 빅데이터 전문가가 활약합니다. 배포 및 적용 단계에서 가장 중요한 점은 분석 및 모델링의 결과물이 직접 사용할 사람에게 유용하고 편리하게 사용할 수 있도록 결과를 재구성해 전달하는 것입니다.

빅데이터 프로젝트의 결과물을 배포하고 적용하기 위해 가장 먼저 생각해 볼 것은 '프로젝트 결과물의 사용자'입니다. 프로그래밍에 대한 지식이 없는 사용자라면 결과물을 소프트웨어 형태로 만들어야 하고, 프로그래밍에 대한 지식이 있고 높은 자유도의 결과물을 원하는 사용자라면 소프트웨어가 아니라 코드를 전달해야 합니다. 또한 사용자가 프로젝트 결과물을 보고 자료나 발표 자료 등의 공유 목적으로 사용하고 싶어한다면 결과물을 리포트 형태로 만들어야 합니다.

결과물을 사용자에게 적합한 형태로 재구성했다면 이제 배포할 차례입니다. 배포는 단순히 결과물을 전달하는 것과는 조금 다릅니다. 우선 프로젝트 결과물을 전달하는 것을 포함해 사용자가 결과물을 제대로 사용하는 데 필요한 정보를 제공하거나 교육하는 것까지 포함됩니다. 빅데이터 프로젝트에서는 문제를 해결하기 위해 많은 가설을 세우고 새롭게 정의하기도 하는데, 이런 설명 없이 결과물만 전달하면 이것을 해석하는 과정에서 차이가 생길 수 있기 때문에 결과물의 사용 방법과 함께 문제 해결을 위해 어떤 가정을 했고, 결과물에는 어떤 한계점이 있는지를 알려야 합니다.

빅데이터 전문가는 결과물을 적용하는 과정에서 사용자에게 중요한 정보를 얻을 수 있습니다. 그것은 바로 '결과물에 대한 사용자 피드백'입니다. 대부분의 빅데이터 프로젝트는 분기 또는 매년 반복될 때가 많은데, 사용자의 피드백에서 다음 프로젝트에 도움이 되는 정보를 얻을 수 있습니다. 사용자의 피드백까지 수집되면 빅데이터 프로젝트가 종료됩니다.

빅데이터 전문가를 꿈꾸는 사람이 막상 취업에 성공해 일을 시작하면 실망할 때가 종종 있습니다. 화려한 데이터 분석 작업을 기대했지만, 실상은 업무 중 상당 시간 동안 반복적으로 지루한 데이터 준비를 해야 하기 때문이죠. 실제로 데이터 분석은 업무의 절반 이상을 데이터 준비에 할애합니다. 만약, 데이터 준비를 하지 않는다면 다른 누군가가 대신 데이터 준비를 하고 있을 것입니다. 이번에는 빅데이터 전문가로 취업한 후에 마주하게 될 데이터 준비 작업에 실망하지 않도록 데이터 준비가 얼마나, 왜 중요한지를 이야기하려고 합니다.

어디서부터 어디까지를 데이터 준비 과정이라 생각하는지는 직무마다 다릅니다. 그 이유는 각자 경험한 프로젝트, 데이터, 분석 방법이 다르기 때문입니다. 다음은 일반적인 데이터 준비 과정으로, 실무에 적용할 때는 분석 환경이나 상황에 맞도록 내용과 순서를 적절히 변경해 응용하기 바랍니다.

❶ 데이터 수집: 분석에 사용할 데이터를 분석 데이터베이스로 가져오는 단계
❷ 데이터 품질 확인: 수집한 데이터를 얼마나 믿을 수 있는지 확인하는 단계
❸ 데이터 정제: 데이터의 품질을 향상시키기 위해 데이터를 정제하는 단계
❹ 데이터 변환: 데이터 형태나 스케일 등을 변환 처리하는 단계
❺ 데이터 특성 추출: 분석에 추가할 변수를 생성하는 단계
❻ 데이터 준비 과정 기록: 데이터 수집에서 데이터 특성 추출 단계까지 수행한 작업을 문서화하는 단계

❶단계에서는 분석에 사용할 데이터를 분석 DB로 가져옵니다. 프로젝트에 사용할 데이터가 내부에 있다면 해당 데이터의 관리자(DBA)에게 데이터 접근 권한을 얻은 후 데이터를 수집하면 됩니다. 만약, 데이터가 외부에 있다면 권한에 관해 문의하고, 필요에 따라 계약 등으로 권한을 구매한 후 데이터를 수집하면 됩니다. 이 과정에서 놓치면 안 되는 점은 메타 데이터를 함께 수집해야 한다는 것입니다. 메타 데이터는 데이터에 대한 정보로, 데이터의 정의, 기본키(Primary Key), 생성 기준, 생성 시점, 연관된 데이터 정보 등이 있습니다. 메타 데이터는 이어지는 데이터 준비 과정을 더욱 원활히 이뤄지도록 하므로 따로 기록해야 합니다.

❷단계에서는 수집한 데이터를 얼마나 믿을 수 있는지 확인합니다. 이 단계에서의 목표는 수집한 데이터를 분석에 사용할 수 있는지를 판단하는 것입니다. 데이터의 품질은 보통 다음 네 가지 관점에서 확인합니다.
첫째, '정확성'입니다. 데이터 값의 오류 여부와 데이터 형태가 정의에 맞는지, 값이 적절한 범위에 속하는지 확인합니다. 둘째, '완전성'입니다. 기본키가 잘 정의돼 있는지, 데이터의 기본키 등을 사용해 다른 데이터와 연계할 수 있는지 확인합니다. 셋째, '일관성'입니다. 여러 데이터에 중복되는 컬럼이 있을 때 서로 일관적인지 확인합니다. 넷째, '유용성'입니다. 데이터의 정보가 충분한지 확인합니다.
이렇게 네 가지 기준으로 데이터의 품질을 판단하고 이어지는 준비 과정을 감안해 분석에 사용할 수 있는 수준인지 판단합니다.

❸단계에서는 데이터의 품질을 향상시키기 위해 데이터를 정제합니다. ❶단계에서 데이터와 함께 수집한 메타 데이터를 참고해 누락된 값과 오류 값을 처리해 데이터 품질을 높이는 것입니다. 누락된 값은 데이터가 비어 있는 부분으로, 보통 누락이 있는 부분은 데이터에서 제거하거나 다른 값으로 대체합니다. 메타 데이터의 데이터 생성 규칙을 참고해 논리적으로 누락이 있으면 안 될 때는 해당 부분을 제거할 수 있습니다. 만약, 누락이 있어도 될 때는 어떤 경우

에 누락 값이 생기는지 참고해 대체할 값을 정할 수 있습니다. 문제가 될 때는 데이터 생성 규칙에 대한 정보가 없는 상황으로, 이때는 생성 규칙을 유추해 처리 방법을 선택해야 합니다. 오류 값은 데이터는 있지만 데이터의 정의나 생성 규칙을 고려할 때 이상한 값이 있는 부분으로, 누락된 값과 같이 제거하거나 다른 값으로 대체합니다. 다만, 오류 값일 때는 해당 부분을 제거하고, 오류 값이 특정 변수에 집중될 때는 대부분 해당 변수를 제거하는 방식으로 처리합니다.

❹단계에서는 수집한 데이터의 형태나 스케일 등을 변환 처리합니다. 데이터 방법에 적합한 형태로 데이터를 변환하면 더 나은 데이터 분석 결과를 얻을 수 있습니다. 데이터 형태 변환 방법에는 여러 가지가 있는데, 가장 널리 사용하는 방법은 '범주화'입니다. 범주화에는 문자형 변수의 범주화와 연속된 숫자로 표현된 데이터를 구간별로 나누는 범주화가 있습니다. 범주화 외에도 실수 데이터를 정수 데이터 변환하는 등 다양한 형태 변환 방법이 있습니다. 데이터 단위의 변환은 온도, 시간, 길이, 부피 등의 단위를 데이터 분석에 적합하게 변환하는 것입니다. 스케일을 조정하는 변환은 '정규화'라고 하는데, 정규화는 숫자 데이터를 일정한 범위 안에 속하도록 변환하는 것으로, 표준 정규화, 최솟값-최댓값 정규화 등의 방법이 있습니다.

❺단계에서는 데이터 분석에 사용할 데이터, 즉 변수를 생성합니다. 이를 '피처 엔지니어링'이라고 합니다. 이 과정이 갖는 의미를 생각해 보면 주어진 데이터보다 분석 목표에 더 직접적인 관련이 있는 변수를 개발한다는 것입니다. 단순히 추가로 변수를 생성하는 것에서 더 나아가 해당 분야에 대한 전문적 지식과 분석 경험을 데이터에 투영하는 것이죠. 따라서 여기서는 해당 분야를 고려해 좀 더 필요할 것이라 생각하는 변수를 현재 존재하는 변수들을 활용해 만들면 됩니다.

❻단계에서는 ❶~❺단계에서 수행한 작업을 문서화합니다. 데이터 준비에 사용한 코드와 각각의 과정을 설명하고 기록하는 것입니다. 데이터 분석이 한 번에 끝난다면 이 과정이 필요 없겠지만, 대부분의 데이터 분석은 일정한 주기로 새롭게 생성되는 데이터를 다시 분석하고 결과를 점검합니다. 그렇기 때문에 반복되는 데이터 분석 작업을 효율적으로 수행하고, 이전의 데이터 분석과 동일한 관점을 유지하기 위해서는 데이터 준비에 사용한 코드와 각 단계에서 수행한 작업에 대한 설명을 잘 정리해야 합니다.

3 시각화

데이터 분석 방법이 복잡해지면서 어떻게 하면 분석 결과를 좀 더 쉽게 공유할 수 있을지 고민하는 사람들이 많아지고 있습니다. 시각화는 그래프, 차트 등의 시각적 자료를 활용해 데이터나 분석 결과 등을 설명하는 것으로, 정보를 직관적으로 표현해 쉽게 이해할 수 있다는 장점이 있습니다. 3장에서는 다양한 시각화 방법 중 '그래프', '다이어그램', '테이블', '지도' 등과 같은 시각화 방법을 알아보겠습니다.

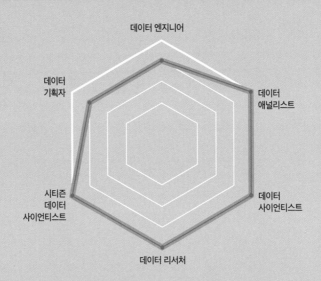

★★★
데이터 엔지니어: 데이터 엔지니어가 직접 시각화를 수행하는 경우가 많지 않지만, 데이터 분야에서 가장 기본적인 지식 중 하나이므로 알아 두는 것이 좋습니다.

★★★★
데이터 애널리스트: 데이터 애널리스트의 주요 업무는 데이터 분석 결과를 효과적으로 전달하는 것입니다. 이를 위해 필수적으로 시각화를 사용하기 때문에 반드시 알아 둬야 합니다.

★★★★
데이터 사이언티스트: 데이터 사이언티스트의 주요 업무는 방대한 데이터에서 인사이트를 찾아내고 제공하는 것입니다. 시각화를 이용하면 복잡한 데이터 분석 결과를 직관적으로 설명할 수 있으므로 반드시 알아 둬야 합니다.

★★★★
데이터 리서처: 데이터 리서처가 연구 결과와 그 효과를 설명하려면 시각화를 자주 사용하므로 반드시 알아 둬야 합니다.

★★★★
시티즌 데이터 사이언티스트: 시티즌 데이터 사이언티스트는 데이터 분석의 결과가 갖는 비즈니스적인 의미를 도출하고 효과적으로 전달할 수 있어야 합니다. 이를 위해 시각화는 필수적이기 때문에 반드시 알아 둬야 합니다.

★★★
데이터 기획자: 데이터 기획자가 직접 시각화를 수행하는 경우가 많지 않지만, 데이터 분야의 가장 기본적인 지식 중 하나이므로 어느 정도 알아 두는 것이 좋습니다.

01 시각화의 유형

그래프

그래프는 가장 대표적인 시각화 방법으로, 그래프 중에서도 '**꺾은선그래프**'를 가장 많이 사용합니다. 주로 시간에 따른 데이터의 변화나 경향성을 강조하고 싶을 때 사용하는 시각화 방법으로, 데이터를 꺾은선그래프로 표현하기 위해서는 가로축에 '시간', 세로축에 설명하려는 값을 정리해야 합니다. 여러 데이터를 동시에 나타내고 싶을 때는 다음 그림과 같이 여러 색상의 선을 이용해 그래프를 만들 수 있습니다. 꺾은선그래프는 누구에게나 친숙한 시각화 방법이지만, 같은 데이터라도 가로축에 정의하는 시간에 따라 전혀 다른 모양의 그래프가 만들어지기 때문에 시간 간격을 달리하면서 꺾은선그래프로 표현하고자 하는 내용이 일관적으로 나타나는지 확인해야 합니다.

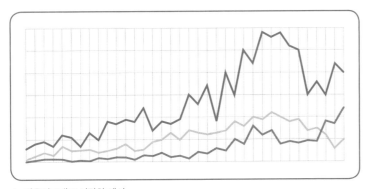

▲ 꺾은선그래프 시각화 예시

히스토그램

히스토그램도 그래프를 활용한 시각화 방법에서 많이 사용하는 유형 중 하나입니다. 히스토그램은 대략적인 데이터의 분포를 파악하고 싶을 때 사용하는 방법으로, 가로축에는 '분포를 알고 싶은 변수', 세로축에는 '각 변숫값의 빈도'를 정리합니다. 히스토그램을 사용하면 데이터가 어떤 값에 분포돼 있는지, 또 가장 큰 값과 작은 값은 무엇인지 쉽게 파악할 수 있습니다. 히스토그램을 사용할 때도 꺾은선그래프와 마찬가지로 바로 변숫값을 적절한 간격으로 나눠 빈도를 계산해야 한다는 점에 주의해야 합니다.

한국인의 키를 히스토그램으로 시각화하는 상황을 예로 들어 설명하겠습니다. 만약, 키의 간격을 1m로 정하면 0~1m, 1~2m, 2~3m이라는 세 구간이 생기는데, 당연히 1~2m 구간에 대부분의 값이 몰려 한국인의 키 분포가 어떤 모양인지 파악하기 어려울 것입니다.

이와 반대로 간격을 0.01nm(나노미터)로 아주 작게 정할 때도 대부분의 구간에 값이 없거나 1개 정도 있을 것이므로 키 분포를 알기 어려울 것입니다. 결국 키라는 값의 특성에 맞게 적절히 1~5cm 정도로 간격을 정해야 키 분포를 파악하기 좋은 히스토그램을 그릴 수 있습니다. 따라서 히스토그램을 여러 간격으로 그려 보고 그중 가장 의미 있는 시각화 결과를 채택해야 합니다.

히스토그램과 비슷한 유형의 시각화 방법으로 '**막대그래프**'가 있습니다. 엄밀히 말하면 막대그래프는 **범주형 변수** 또는 **이산형 변수**의 빈도를 시각화한 것으로, 막대가 서로 떨어져 있고, 히스토그램은 **연속형 변수**의 빈도를 시각화한 것으로, 막대가 서로 붙어 있다는 차이가 있습니다. 그러나 실무적으로는 두 시각화 방법을 잘 구분하지 않고 있습니다.

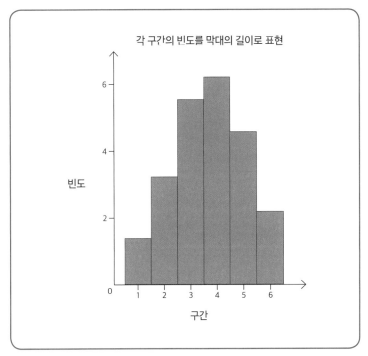

각 구간의 빈도를 막대의 길이로 표현

▲ 히스토그램 시각화 예시

테이블

테이블 중에서도 '**히트맵**'은 가장 많이 사용하는 시각화 방법입니다. 히트맵은 여러 변수 간의 관계를 색상의 차이를 이용해 표현한 것으로, 여러 변수 간의 **상관 관계**를 시각화하는 데 유용합니다. 만약, 다음처럼 가로축과 세로축에 똑같은 변수를 정리하고, 테이블 안의 각 칸에 상관 계수 값에 따라 값이 클수록 진한 색으로 표현하면 변수 간의 연관성을 한눈에 파악할 수 있습니다.

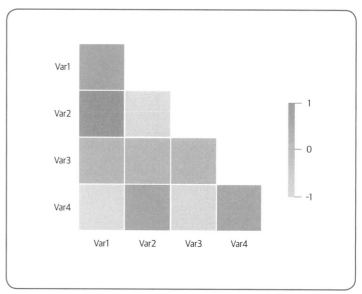

▲ 테이블 시각화 예시(히트맵)

지도

다음은 지도를 사용한 시각화 방법으로, 각 지역에 해당하는 데이
터 값에 따라 지정된 색을 채우면 지도를 이용해 지역별로 어떤
차이가 있는지 등의 경향성을 쉽게 파악할 수 있습니다. 히트맵과
마찬가지로 값이 클수록 진한 색으로 표현하면, 데이터의 의미를
좀 더 쉽게 파악할 수 있습니다.

시각화 도구

다양한 시각화 방법을 편리하게 구현할 수 있도록 프로그래밍 언
어마다 다양한 시각화 패키지를 제공합니다. 만약 파이썬 사용자
라면 'Matplotlib', 'Seaborn' 등과 같은 시각화 패키지를 이용
할 수 있습니다. 만약 위 그림과 같이 고정된 시각화가 아니라 사
용자가 조작으로 원하는 정보를 볼 수 있는 **반응형 시각화**를 구

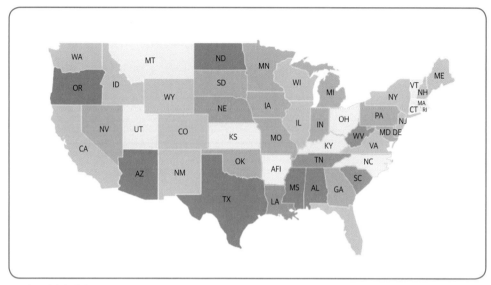

▲ 지도 시각화 예시

현하고자 한다면 'plotly' 패키지, 지도 위에 시각화하고 싶다면 'folium' 패키지를 사용하면 됩니다.

시각화는 위와 같이 프로그래밍 언어를 이용해 수행할 수도 있지만, 'Tableau', 'Spotfire', 'Qlikview' 등과 같은 시각화 소프트웨어를 활용해 시각화 자료를 만들 수도 있습니다. 프로그래밍에 자신이 있다면 사용자 함수를 만들어 자유도 높은 시각화를 구현할 수 있겠지만, 프로그래밍 언어에 익숙하지 않다면 시각화 소프트웨어가 제공하는 편리한 인터페이스와 레이아웃, 색상 팔레트 등을 활용해 완성도 높은 시각화 자료를 간단하게 만들 수 있습니다.

대시보드

보통 **대시보드**는 자동차의 속도나 엔진 상태 등을 보여 주는 계기판을 말하지만, 데이터 분석의 관점에서는 기업, 팀 등 조직의 상태를 파악할 수 있는 중요한 지표를 모아 놓은 일종의 보고서를 말합니다. 대시보드는 전통적인 보고서와 달리 반응형 보고서로, 기간, 계산 방식, 필터 등을 대시보드 사용자의 필요에 맞게 선택할 수 있고, 설정에 따라 커서를 올려 수치에 대한 설명을 얻을 수 있기 때문에 기존 보고서보다 능동적으로 중요 지표에 대한 정보를 확인할 수 있습니다.

시각화와 마찬가지로 대시보드를 쉽게 작성할 수 있는 다양한 대시보드 소프트웨어가 있습니다. 이러한 소프트웨어는 'BI(Business Intelligence) 도구'라고도 부릅니다. 대표적인 예로 'Tableau', 'PowerBI', 'Google Analytics' 등을 들 수 있죠. 각 기업마다 한 가지 소프트웨어를 선택해 사용하지만, 사용 방법은 대부분 비슷하므로 한 가지만 제대로 익히면 다른 소프트웨어도 쉽게 사용할 수 있습니다. 학생은 무료로 사용할 수도 있으므로 잘 알아보는 것이 좋습니다.

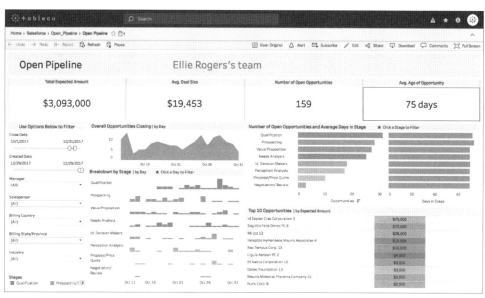

▲ 대시보드   [출처: tableau 공식 홈페이지]

02 공부 자료

시각화 공부는 크게 '구상'과 '구현'으로 나눌 수 있습니다. 구상은 어떻게 시각화할지를 계획하는 것입니다. 주어진 데이터를 어떤 종류로 시각화할지, 정보는 어떻게 배치해야 할지, 어떤 색상을 선택해야 할지 등을 상상해 스케치합니다. 이 단계에서는 코딩은 전혀 신경쓰지 않고 시각화에서 고려해야 할 여러 요소를 확인합니다. 다음 책이나 온라인 자료 중 'Information is Beautiful'을 참고하기 바랍니다. 구현은 상상 속의 시각화 결과물을 코딩으로 그려 내는 것입니다. 다음 온라인 자료에서는 코세라의 시각화 기초 강의를 소개하고 있습니다. 원하는 프로그래밍 언어나 BI 도구와 관련 있는 강의를 수강해 보시기 바랍니다. 그 후에는 온라인 자료에 있는 것처럼 시각화 패키지나 라이브러리의 웹 문서에서 제공하는 튜토리얼과 설명을 참고해 원하는 시각화를 구현해 보시기 바랍니다. 여기에 소개하지 않은 시각화 패키지나 라이브러리가 정말 많습니다. 기초 단계를 벗어났다면 구상한 결과를 구현하기 위해 필요한 패키지나 라이브러리를 한번 찾아보기 바랍니다.

온라인 자료

 코세라, Data Visualization with Python(IBM)

 코세라, Data Visualization & Dashboarding with R(Johns Hopkins University)

 코세라, Data Visualization with Tableau(UC Davis)

 Information is Beautiful 홈페이지

Matplotlib 홈페이지

 Seaborn 홈페이지

 Plotly 홈페이지

 코세라, Using Python to Access Web Data
(University of Michigan)

책

- 『데이터 시각화 교과서』(책만)
- 『데이터 스토리텔링』(에이콘출판)
- 『대시보드 설계와 데이터 시각화』(책만)

4 데이터 분석 소프트웨어

데이터 분석을 생각하면 복잡한 코딩이 떠오르시나요? 4장에서는 복잡한 코딩 과정 없이 간편하게 데이터 분석 결과를 얻는 데 도움을 주는 데이터 분석 소프트웨어를 소개하겠습니다. 활용도가 높으므로 잘 알아 두면 업무 효율을 크게 향상시킬 수 있을 것입니다.

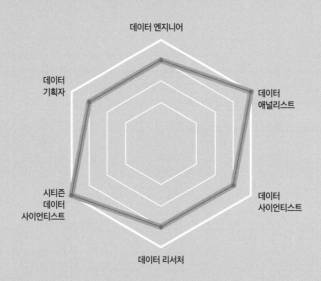

★★★
데이터 엔지니어: 데이터 엔지니어가 사내 분석 소프트웨어 제작 프로젝트에 참여하는 경우가 있으므로 알아 두는 것이 좋습니다.

★★★★
데이터 애널리스트: 데이터 애널리스트는 데이터 분석 소프트웨어를 활용하는 경우가 많으므로 반드시 읽어 두는 것이 좋습니다.

★★★
데이터 사이언티스트: 데이터 사이언티스트가 직접 코딩으로 데이터를 분석하는 경우가 더 많지만 데이터 분석을 빠르게 수행해야 하거나 프로젝트에서 협업 할 때 종종 데이터 분석 소프트웨어를 사용할 수 있으므로 알아 두는 것이 좋습니다.

★★★
데이터 리서처: 데이터 리서처가 직접 데이터 분석 소프트웨어를 사용하는 경우는 거의 없지만, 어느 정도 알아 두는 것이 좋습니다.

★★★★
시티즌 데이터 사이언티스트: 시티즌 데이터 사이언티스트는 데이터 분석 소프트웨어를 활용하는 경우가 많으므로 반드시 읽어 두는 것이 좋습니다.

★★★
데이터 기획자: 데이터 기획자가 프로젝트를 기획할 때 분석 소프트웨어의 활용 여부를 결정하는 것은 데이터 프로젝트에서 인적 자원을 효율적으로 관리하는 데 중요하므로 반드시 읽어 두는 것이 좋습니다.

01　이렇게 공부하세요

데이터 애널리스트나 시티즌 데이터 사이언티스트는 다른 직무
보다 데이터 분석 소프트웨어를 많이 사용합니다. 따라서 다음에
소개할 내용을 잘 이해하고 있어야 합니다. 가능한 한 데이터 분
석 소프트웨어를 직접 사용해 다양한 데이터 분석을 수행해 보고,
기능을 익히기 바랍니다. 더 나아가 데이터 분석 소프트웨어가 제
공하는 분석 기법의 원리를 익히기 위해 노력해야 합니다.

데이터 사이언티스트나 데이터 리서처는 보통 직접 코딩하는 과
정을 거쳐 데이터 분석을 수행합니다. 따라서 데이터 애널리스트
나 시티즌 데이터 사이언티스트처럼 높은 빈도로 데이터 분석 소
프트웨어를 사용하지는 않습니다. 다만, 간단한 데이터 분석이 필
요하거나 빠르게 분석 결과를 내야 할 때 데이터 분석 소프트웨
어를 이용하면 좀 더 효율적으로 분석할 수 있으므로 다음에 소
개할 내용을 참고하기 바랍니다.

데이터 엔지니어나 데이터 기획자에게 데이터 분석 소프트웨어
는 필수적인 내용은 아닙니다. 다만, 데이터 엔지니어는 사내에서
해당 산업에 특화된 데이터 분석 소프트웨어 제작에 참여할 수도
있고, 데이터 분석 소프트웨어에서 분석될 데이터를 연계하는 작
업을 수행할 수 있으므로 참고하기 바랍니다.

02 데이터 분석 소프트웨어

데이터 분석을 한다고 하면 많은 사람이 복잡한 코딩부터 떠올릴 것입니다. 하지만 항상 직접 코딩해서 분석해야만 하는 것은 아닙니다. 요즘에는 데이터 수집에서 처리, 분석, 시각화, 결과 배포까지 데이터 분석의 모든 과정을 코딩 없이 수행할 수 있는데, 이를 가능하게 해 주는 것이 바로 '데이터 분석 소프트웨어'입니다. 코딩이 필요 없기 때문에 코딩에 어려움을 겪거나 이제 막 데이터 분석을 배우는 이들에게 매우 유용하고, 결과적으로 데이터 분석의 대중화를 가능하게 하고 있습니다.

물론 데이터 분석 소프트웨어를 이용해 데이터 분석을 수행하면 파이썬, R과 같은 프로그래밍 언어를 이용하는 것처럼 자유롭지 않고, 고난도의 데이터 분석을 수행하는 데도 한계가 있습니다. 하지만 분석 목표나 방식이 어느 정도 정해져 있을 때, 분석 난이도가 크게 높지 않을 때, 반복적으로 수행될 때, 짧은 시간 안에 결과를 도출하고 공유해야 할 때는 데이터 분석 소프트웨어를 활용해 좀 더 효율적으로 데이터 분석을 수행할 수 있습니다.

데이터 애널리스트나 시티즌 데이터 사이언티스트가 수행하는 데이터 분석 업무는 대부분 이 범주에 속합니다. 따라서 두 가지 직무를 고려하고 있다면, 데이터 분석 소프트웨어를 적극적으로 사용해 보기 바랍니다.

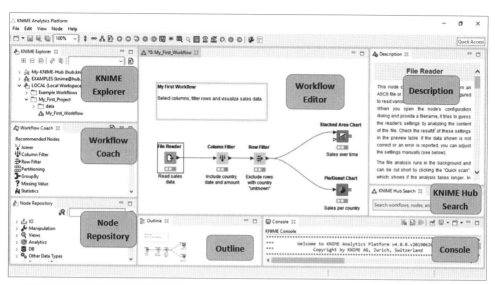

▲ 데이터 분석 소프트웨어 화면 예시(KNIME)   [출처: KNIME 공식 웹 사이트]

시중에는 KNIME, RapidMiner, Orange, SAS 등 다양한 데이터
분석 소프트웨어가 나와 있습니다. 각 소프트웨어는 기본적인 데
이터 분석 기능에는 큰 차이가 없지만, 사용 편의성, 데이터 분석
을 위한 다른 오픈 소스와의 연계, *스크립팅 기능 등에서는 차이
가 있으므로 이를 고려해 선택해야 합니다. 보통 개인은 무료로
사용할 수 있거나 무료 체험 기간이 제공되므로 여러 소프트웨어
를 사용해 보고 결정하는 것이 좋습니다.

그런데 데이터 분석 소프트웨어에서는 어떻게 코딩 없이 데이터
를 분석할 수 있는 것일까요? 보통 데이터 분석 소프트웨어에서
는 노드라는 점을 이용해 키보드로 하는 코딩을 마우스 클릭이나
드래그 앤 드롭으로 대신할 수 있도록 합니다.

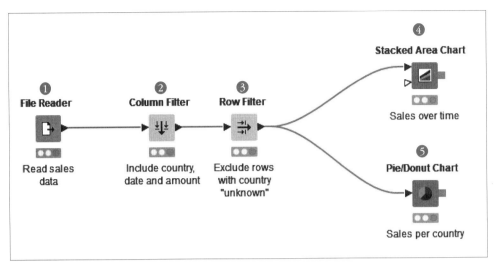

▲ 데이터 시각화 프로세스 예시(KNIME)

[출처: KNIME 공식 웹 사이트]

위 그림은 데이터 시각화 프로세스를 노드를 이용해 표현한 예시로, 5개의 큰 사각형을 '노드'라고 합니다. 각 노드에는 데이터 분석에 필요한 기능이 담겨 있습니다. 예시에서는 데이터를 ❶ 노드(File Reader)로 불러온 후 필요한 데이터를 ❷, ❸ 노드(Column Filter, Row Filter)로 특정하고, ❹, ❺ 노드(Stacked Area Chart, Pie/Donut Chart)로 시각화하고 있죠.

데이터 분석 소프트웨어에서는 이렇게 사용자가 원하는 기능을 가진 노드들을 드래그 앤 드롭 방식으로 배치해 원하는 분석 프로세스를 완성함으로써 데이터 분석을 수행할 수 있습니다. 소프트웨어에서 데이터 수집, 불러오기, 탐색, 처리, 시각화, 분석, 모델링, 배포 등 데이터 분석 과정에서 필요한 수많은 기능을 노드로 제공하고 있으므로 사용자가 데이터 분석 아이디어와 분석 과정을 이해하면 데이터 분석을 손쉽게 수행할 수 있습니다. 만약

데이터 분석 아이디어가 없거나 분석 과정을 잘 모른다면 나중에
소개하는 머신러닝 관련 단원에서 힌트를 얻을 수 있습니다.

전문가의 조언	스크립팅

스크립팅은 데이터 분석 소프트웨어에서 파이썬이나 R과 같은 프로그래밍 언어를 사용하는 것을 말합니다. 스크립
팅이 가능하면 사용자가 원하는 기능을 코딩으로 추가하거나 외부 코드와 연동해 다양한 분석 기법을 활용할 수 있
습니다.

5 | 웹 크롤링

데이터 분석에 필요한 데이터는 다양한 방법으로 수집할 수 있습니다. 5장에서는 다양한 데이터 수집 방법 중 웹 크롤링을 알아보겠습니다.

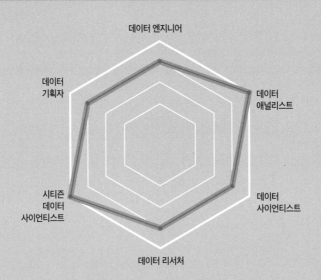

★★★
데이터 엔지니어: 데이터 엔지니어의 주요 업무 중 크롤링 엔진 설계가 포함될 수 있습니다. 여기서 설명하는 내용은 아주 기초적인 내용으로 충분히 이해하는 것이 좋습니다.

★★★★
데이터 애널리스트: 데이터 애널리스트가 필수적으로 알아야 하는 내용은 아니지만 알아 두면 업무 효율을 향상시킬 수 있습니다.

★★★   ★★★
데이터 사이언티스트 / 데이터 리서처
데이터 사이언티스트와 데이터 리서처는 수시로 웹 상의 데이터를 수집하고 이용하므로 충분히 이해하는 것이 좋습니다.

★★★★
시티즌 데이터 사이언티스트: 시티즌 데이터 사이언티스트가 필수적으로 알아야 하는 내용은 아니지만, 알아 두면 업무 효율을 향상시킬 수 있습니다.

★★★
데이터 기획자: 데이터 기획자의 주요 업무와는 상관 없을 수도 있지만, 프로젝트를 기획할 때 데이터 확보 계획을 세우는 데 필요한 지식이므로 한 번쯤 읽어 보는 것이 좋습니다.

01   웹 크롤링 기법

'웹 크롤링' 또는 '웹 스크래핑'은 '웹 크롤러'를 활용해 웹에서 원하는 정보를 수집하는 작업으로, 웹상의 수많은 데이터를 분석하면 큰 가치를 얻을 수 있기 때문에 데이터를 다루는 사람이라면 누구나 한 번쯤 공부하는 분야입니다. 웹 크롤링 기법은 데이터에 접근하는 방식에 따라 크게 세 가지로 나눠 볼 수 있습니다.

첫째, **HTTP**와 **HTML**을 활용하는 방법은 HTTP 통신을 이용해 원하는 웹 페이지의 HTML 소스 코드를 다운로드한 후 이를 적절히 ***파싱**해 필요한 데이터를 추출하는 것입니다.

둘째, 원하는 데이터가 있는 웹 페이지의 **URL** 주소를 알기 어려울 때는 웹 브라우저를 이용해 사람이 직접 데이터를 받는 모습을 따라 하는 프로그램을 만들어 원하는 데이터를 다운로드하는 것입니다.

셋째, 데이터를 다운로드할 수 있도록 만들어진 인터페이스인 ***API**를 활용하는 방법이 있습니다. 이는 데이터 제공자가 API 서비스를 제공할 때 사용할 수 있는 방법으로, API로 원하는 데이터를 지닌 서버에 요청해 데이터를 받습니다.

- 파싱: 파싱(Parsing)은 문장이나 문서를 일정한 규칙에 따라 분해하는 것을 말합니다. 파싱하는 프로그램을 '파서 (Parser)'라고 부릅니다. HTML 소스 코드를 파싱하면 수많은 정보 중 원하는 정보만 추출할 수 있습니다.

- API: 프로그램 간의 상호작용을 사전에 약속된 방식을 이용해 지원하는 매개체를 말합니다. 예를 들어, '크롤러'라 는 프로그램은 API(Application Programming Interface)를 이용해 받고 싶은 데이터를 상대 서버에 요청해 받을 수 있습니다.

웹 크롤러

웹 크롤러는 웹 크롤링이나 웹 스크래핑을 수행하는 프로그램을 말합니다. 웹 크롤러는 다양한 프로그래밍 언어로 구현할 수 있지 만, 이번에는 데이터 분야에서 가장 널리 쓰이고 있는 파이썬을 활용해 앞서 알아본 네 가지 웹 크롤링 기법을 구현할 수 있는 파 이썬 패키지를 알아보겠습니다.

HTTP와 HTML을 활용해 크롤러를 구현하고자 할 때는 주로 HTTP 요청을 보낼 수 있는 'requests'와 HTML 문서를 파싱할 수 있는 'BeautifulSoup' 패키지를 사용합니다. 먼저 'requests' 패키지의 **get 함수**나 **post 함수**를 사용해 원하는 웹 페이지의 HTML 소스 코드를 다운로드한 후 'BeautifulSoup' 패키지로 파 싱해 웹 페이지를 파이썬 객체로 변환하고, **HTML 태그** 정보 등 을 활용해 원하는 데이터를 추출합니다.

API를 활용해 크롤러를 구현하고자 할 때는 해당 API 서비스 제 공자의 안내에 따라 데이터 요청 코드를 작성하면 됩니다. 일반적 인 이용 방법은 다음과 같습니다.

먼저 API 서비스 제공자에게 서비스 키를 요청해 API 사용 권한을 부여받습니다. 그 후 안내받은 **서비스 URL**에 **서비스 키**와 원하는 데이터를 특정하기 위한 **파라미터**를 추가해 요청 **URI**를 만들고, 끝으로 크롤러에서 API를 호출해 데이터 제공자에게 응답을 받습니다. 보통 API 서비스 제공자는 공식 홈페이지에서 이용 가이드를 제공하므로 예제를 참고하면 사용하는 데 큰 어려움이 없을 것입니다.

요즘에는 크롤러를 직접 구현하지 않고 대신해 주는 웹 크롤링 서비스를 이용하기도 합니다. 크롤러의 자유도가 떨어지는 등과 같은 불편한 점이 있긴 하지만, 점차 개선되고 있으므로 크롤러를 직접 구현하기 어렵다면 웹 크롤링 서비스를 활용해 보세요.

전문가의 조언　　**selenium**

웹 브라우저를 활용해 크롤러를 구현하고자 할 때 사용하는 패키지는 'selenium'입니다. selenium을 이용하면 파이썬에서 크롬(Chrome), 파이어폭스(Firefox), 인터넷 익스플로러(Internet Explorer), 오페라(Opera), 팬텀JS(PhantomJS) 등과 같은 다양한 종류의 **웹 드라이버**(웹 브라우저)를 활용할 수 있습니다. 크롤러 작동 시 웹 브라우저 화면을 볼 필요가 없거나 볼 수 없을 때는 팬텀JS나 크롬의 'headless' 모드를 사용할 수 있습니다.

웹 크롤링 시 주의사항

웹 크롤러를 구현할 때는 페이지 요청 사이에 어느 정도의 시간 간격을 두는 것을 권장합니다. 웹 크롤러는 사람보다 빠른 속도로 해당 서버에 요청을 보내는데, 이는 서버가 안정적으로 서비스하는 데 좋지 않습니다. 더욱이 대부분의 웹 사이트 관리자는 누군가 허락 없이 데이터를 수집하는 것을 정책적으로 막고자 합니다. 기업의 자산인 데이터를 누군가 몰래 가져가는 것을 반기지 않겠죠. 그래서 많은 웹 사이트는 일정 시간 내에 사람이 한다고 보기 어려울 정도로 높은 빈도의 서버 요청이 올 때, 해당 요청을 크롤링으로 인지하고 차단합니다. 따라서 요청과 요청 사이에 어느 정도의 시간 간격을 둬 상대 서버에 과중한 부담을 주지 않도록 하는 것이 좋습니다.

그러나 아무리 느린 속도로 크롤링해도 문제가 될 때가 있습니다. 수집하려는 정보 자체가 지적 재산권 보호 대상이거나 **개인 정보** 등과 같이 타인의 민감한 정보일 때는 크롤링으로 수집한 데이터를 사용하는 것 또는 크롤링 자체가 문제의 소지가 있을 수 있으므로 특정 정보를 크롤링할 때는 이런 사항을 점검하는 것이 좋습니다.

허락 없이 웹 크롤링을 하면 법적인 문제가 발생할 수도 있습니다. 국내에서는 2017년 무단 크롤링이 불법이라는 판결을 내렸습니다. 이렇게 웹 사이트를 크롤링하는 것은 언제든지 법적인 문제를 만들 수 있으므로 주의해야 합니다. 하지만 대법원의 판결에도 불구하고 현실에서는 크롤링이 소송으로 이어질 때는 많지 않고, IP 차단 등에 그치는 편입니다.

해외의 경우 미국 캘리포니아 주 법원은 2019년 11월 누구나 접근할 수 있는 데이터 수집 활동에 불법적인 요소가 없다는 판결을 내렸습니다. 이렇게 활동하는 지역에 따라 크롤링의 불법성이 달라질 수 있다는 것까지 인지하는 것이 좋습니다.

02　공부 자료

웹 크롤링은 체계적으로 공부하기 어려운 분야 중 하나입니다. 따라서 책을 하나 골라서 보고 배우는 것보다는 우선 온라인 강의로 대략적인 내용을 습득하고, 실제로 크롤링하면서 필요한 내용을 크롤링 관련 패키지, 라이브러리 웹 문서나 검색을 이용해 찾는 것이 좋습니다. 온라인 자료에서 처음 두 자료는 크롤링에 대한 기초 지식을 배우기 좋은 강의입니다. 강의를 듣고 더 필요하다면 책을 활용하고, 그렇지 않다면 크롤링을 수행하면서 모르는 내용이 있을 때 나머지 온라인 자료를 활용하는 것이 좋습니다.

온라인 자료

 나도코딩 유튜브 채널(파이썬 무료 강의 활용편)

 Requests 홈페이지

 Beautiful Soup 홈페이지

Selenium 홈페이지

 Scrapy 홈페이지

 MIT 온라인 강의(18.410J: Design and Analysis of Algorithms)

책

- 『파이썬으로 웹 크롤러 만들기(2판)』(한빛미디어)
- 『파이썬 웹 스크래핑 2/e』(에이콘출판)
- 『파이썬을 이용한 웹 크롤링과 스크래핑』(위키북스)

6 프로그래밍

프로그래밍은 데이터 분석에서 빠질 수 없는 기술로, 분석 모델을 개발하지 않더라도 기본적인 코딩을 할 수 있다면 상당한 자산이 됩니다. 6장에서는 프로그래밍 언어와 코딩에 필요한 지식을 알아보겠습니다.

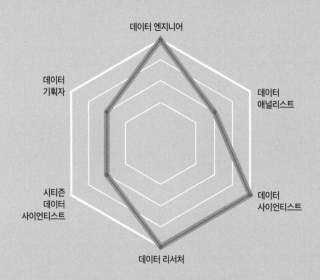

★★★★
데이터 엔지니어: 데이터 엔지니어는 거의 모든 업무에 프로그래밍을 사용합니다. 필수적인 지식이므로 반드시 읽어 두는 것이 좋습니다.

★★
데이터 애널리스트: 데이터 애널리스트가 프로그래밍을 할 수 있다면, 자유도 높은 데이터 분석을 할 수 있으므로 한 번쯤 읽어 보는 것이 좋습니다.

★★★★   ★★★★
데이터 사이언티스트 / 데이터 리서처
데이터 사이언티스트와 데이터 리서처는 주요 업무에 프로그래밍을 사용하기 때문에 반드시 읽어 두는 것이 좋습니다.

★★
시티즌 데이터 사이언티스트: 시티즌 데이터 사이언티스트가 프로그래밍을 할 수 있다면 자유도 높은 데이터 분석할 수 있으므로 한 번쯤 읽어 보는 것이 좋습니다.

★★
데이터 기획자: 프로젝트 전반를 이해하고 빠른 프로젝트의 실현 가능성을 입증하기 위해 프로그래밍이 필요할 수도 있으므로 한 번쯤 읽어 보는 것이 좋습니다.

01 이렇게 공부하세요

데이터 애널리스트는 상용 소프트웨어를 사용해 분석 결과를 내놓는 일이 많긴 하지만, 좀 더 정교한 분석이 필요할 때가 있습니다. 프로그래밍 언어에 익숙하다면 다양한 오픈 소스 패키지와 자동화 기술을 사용해 데이터 전처리, 분석 결과 도출 및 시각화를 진행할 수 있습니다. 이는 시티즌 데이터 사이언티스트에게도 해당합니다.

데이터 사이언티스트와 데이터 리서처에게는 코딩 기술 없이는 일의 진행 자체가 불가능할 정도입니다. 전 세계의 연구자들이 발표한 연구 결과, 특히 그들의 모델을 이해하려면 다른 사람이 쓴 코드를 읽고 이해하는 기술은 매우 중요하며, 새로 고안한 모델을 시험하고 발표할 때도 코드를 쓸 줄 모르면 실험을 시작할 수도 없습니다.

상황에 따라 프로그래밍이 가능한 데이터 기획자를 채용할 때가 있습니다. 이때는 데이터 기획자에게 실제 프로젝트를 시작하기 전 기획 단계에서 *POC(Proof of Concept)를 요구할 수도 있습니다. 프로젝트가 시작되면 막대한 자원이 소요되기 때문에 성공할 가능성이 있는지 확인해 보는 것입니다. 완성된 제품보다 작은 범위 내에서 제한된 기능과 적은 데이터로 먼저 시범을 보일 것입니다. 해당 직무는 모델링이나 데이터 파이프라인의 지식이 있는 데이터 기획자를 선호하는데, 프로그래밍 기술을 보유하고 있

POC
개념 증명, 프로토타입과 같이 신기술을 도입하기 전에 성공 가능성을 실험해 보는 것

다면 기획 단계에서 더욱 선명한 방향을 제시하고 프로젝트를 성공적으로 이끌 수 있을 것입니다.

데이터 엔지니어는 프로그래밍을 매우 높은 수준으로 이해하고 있어야 합니다. 데이터 엔지니어가 만든 코드와 소프트웨어가 서비스를 지탱하기 때문입니다. 데이터의 효율적인 이동과 저장을 위해 프로그래밍 언어를 숙달해야 할 뿐 아니라 다양한 자료 구조와 알고리즘에도 익숙해야 합니다.

빅데이터를 위한 기초 지식 ①

- 함수: 프로그램을 구성하는 단위로, 일정한 기능을 수행하는 재사용 가능한 코드를 말합니다. 함수를 사용하면 같은 기능을 하는 코드를 여러 번 작성할 필요가 없다는 장점이 있습니다. 예를 들어, 더하기 함수는 '더하기'라는 기능을 수행하는 코드입니다.

- 클래스: 객체지향 프로그래밍 설계 방법론에서 프로그램을 이루는 단위인 객체를 만들기 위한 틀입니다. 클래스는 객체가 가져야 할 변수와 함수를 정의합니다. 예를 들어, 성적표라는 클래스에는 국어 성적, 수학 성적, 영어 성적이라는 세 가지 변수가 있으며, 평균 성적을 계산하는 평균이라는 함수가 있습니다. 클래스를 사용해 객체를 생성하면 국어 성적 90점, 수학 성적 80점, 영어 성적 100점이라는 객체를 생성할 수 있습니다.

- 모듈: 어떤 주제와 관련 있는 여러 함수와 클래스 등을 모은 코드 또는 파일을 말합니다.

- 패키지: 어떤 주제와 관련 있는 여러 모듈을 모은 코드, 파일 또는 폴더를 말합니다.

- 라이브러리: 여러 모듈과 패키지의 집합을 말합니다. 자체적으로 어떤 기능을 수행하지는 않지만, 사용자는 라이브러리에 있는 모듈, 클래스, 함수 등을 가져와 프로그램을 만들 때 효율적으로 사용할 수 있습니다(You call Library).

- 프레임워크: 사용자가 맞춰야 하는 양식이나 방식이 정해져 있는 여러 모듈과 패키지의 집합입니다. 보통 소프트웨어 구축에 쓰이며, 소프트웨어 구조나 개발 방향이 명시돼 있습니다(Framework calls you).

- 소프트웨어: 프로그램의 집합체로, 운영체제도 소프트웨어이고, 마이크로소프트 워드(Microsoft Word)도 소프트웨어입니다. 패키지와 달리 그 자체로 기능합니다.

- 도구(Tool, 툴): 패키지와 소프트웨어의 중간 개념으로, 사용하는 사람이나 문맥에 따라 뜻이 많이 다르며 함수, 패키지, 소프트웨어 모두를 말하기도 합니다.

02 프로그래밍 언어

'프로그래밍 언어'는 '사람과 컴퓨터를 이어 주는 언어'입니다. 사람의 언어를 컴퓨터나 기계가 곧바로 알아들을 수 있게 도와주는 자연어 처리 기술이 계속 연구되고 있지만, 사람이 조금 양보해서 컴퓨터가 이해하기 쉬운 언어를 배운다면 컴퓨터에게 효율적으로 정확한 업무를 맡길 수 있습니다. 지금까지 다양한 프로그래밍 언어가 개발돼 **'고급-저급'** 언어, **'관리-비관리'** 언어, **'정적-동적'** 타입 언어 등 종류가 매우 다양합니다. 그렇다면 다양한 프로그래밍 언어 중 어떤 언어를 선택해 배워야 할까요? 다음은 세계 최대의 기술 관련 질의 응답 플랫폼인 '스택오버플로(Stackoverflow)'가 2020년 사용자 약 6만 명을 대상으로 실시한 프로그래밍 언어 선호도 설문 조사 결과입니다.

전문가의 조언　　**프로그래밍은 필수인가요?**

프로그래밍을 활용하면 자유도 높은 데이터 분석을 진행할 수 있지만, 데이터 분석 시 프로그래밍이 필수는 아닙니다. KNIME, RapidMiner 등과 같은 데이터 분석 소프트웨어를 활용하면 적은 프로그래밍 지식으로도 다양한 데이터 분석을 시도할 수 있습니다. 특히 데이터 애널리스트나 시티즌 데이터 사이언티스트는 데이터 분석 소프트웨어를 주요 업무에 활용하기도 합니다. 프로그래밍 지식이 없거나 이제 막 공부를 시작했다면 데이터 분석 소프트웨어를 활용해 데이터 분석의 결과를 빠르게 도출하거나 빅데이터 프로젝트의 개괄적인 흐름을 파악해 보세요. 데이터 분석 소프트웨어는 198쪽 '데이터 분석 소프트웨어'를 참고하세요.

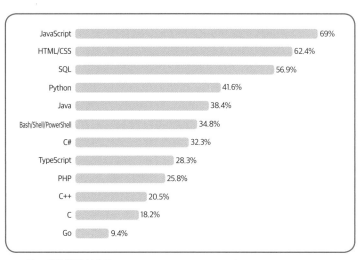

▲ 프로그래밍 언어 선호도　　　　　　　　　　[출처: https://insights.stackoverflow.com]

이는 데이터 관련 직종이 아니라도 개발 관련 전문가라면 참여
할 수 있는 설문조사 결과입니다. 데이터 분석이나 시스템 개
발에는 쓰이지 않는 마크업 언어인 'HTML'과 데이터베이스 언
어인 'SQL'을 제외하면 **자바스크립트(JavaScript)**, **파이썬**,
'**자바(Java)**'가 상위권에 속해 있습니다. 특히 '타입스크립트
(TypeScript)'는 자바스크립트의 기능을 모두 사용할 수 있으므
로 같은 언어로 취급한다면 자바스크립트는 훨씬 더 많은 점유율
을 차지하게 됩니다. 또한 다음 그림은 세계적인 데이터 분석 경
연대회 플랫폼인 '캐글'의 2020년 설문조사 데이터를 시각화한
자료입니다.

DBA/Database Engineer

SQL 84%	Bash 25.6%
	Java 20.8%
Python 75.2%	R 20.8%

Data Engineer

Python 86.04%	Bash 21.05%
	Java 19.45%
SQL 70.94%	Javascript 19.22%

Data Scientist

Python 91.67%	SQL 55.04%	
	R 36.43%	Bash 15.13%
		C++ 12.07%

Machine Learning Engineer

Python 93.53%	SQL 30.31%	
	C++ 24.68%	C 18.39%
	Java 17.74%	

Data Analyst

Python 76.14%		
SQL 55.25%	R 31.93%	
	Javascript 9.97%	C++ 9.69%

Research Scientist

Python 80.15%	
R 27.85%	C++ 23.68%
MATLAB 26.41%	SQL 22.23%

Statistician

R 74.83%	
Python 52.07%	SQL 26.9%
Matlab 13.45%	C++ 12.07%

▲ 직업별 가장 많이 사용하는 언어　　　　　　　　　[출처: 캐글]

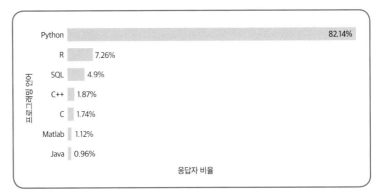

▲ 데이터 사이언티스트가 되기 위해 먼저 배워야 하는 프로그래밍 언어　　　　[출처: 캐글]

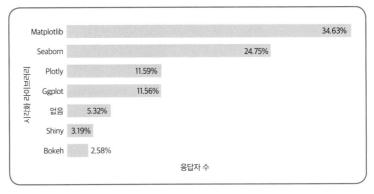

▲ 가장 자주 사용하는 시각화 라이브러리　　　　[출처: 캐글]

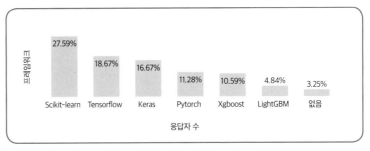

▲ 가장 자주 사용하는 머신러닝 프레임워크　　　　[출처: 캐글]

캐글의 설문조사에 답한 응답자는 스택오버플로와는 달리 모두 데이터 관련 직종에 종사하고 있는 사람이거나 데이터 분석의 경험이 있는 사람입니다. 위 설문조사 결과로 파이썬과 R의 인기를 실감할 수 있죠. 데이터 전문가가 되고 싶은 사람에게 추천하는 프로그래밍 언어로는 파이썬이 압도적인 표를 받았습니다. 특히, 자주 사용하는 시각화와 머신러닝 도구를 묻는 질문에 절반 이상의 응답자가 파이썬과 R에서 사용할 수 있는 도구를 사용한다고 응답했습니다.

앞의 설문조사를 인용하면 현재 가장 많은 개발자, 데이터 전문가가 사용하거나 선호하는 언어 그리고 앞으로도 유망할 것으로 전망되는 언어로 파이썬, R, 자바스크립트, 자바를 꼽을 수 있습니다. 특히 파이썬은 현재 데이터 분석 분야에서 가장 많이 사용하는 언어라고 해도 과언이 아니죠. 따라서 이번에는 다양한 언어 중 파이썬, R, 자바스크립트, 자바를 알아보겠습니다.

데이터 분석에 관심이 있다면 파이썬이라는 프로그래밍 언어를 한 번쯤 들어봤을 것입니다. 파이썬은 문법이 직관적이고 간결해 프로그래밍을 처음 배우는 사람도 빠른 시간 안에 배울 수 있는 프로그래밍 언어입니다. 파이썬의 디자인 철학은 '하나의 일을 처리하는 데 가장 좋은 방법은 한 가지다.'라는 것으로, 파이썬의 창시자인 귀도 반 로섬은 의도적으로 직관성을 강조했죠. 또한 **인터프리터식 언어**이기 때문에 **컴파일** 없이 바로 실행할 수 있고, 프로그래머가 프로그램의 결과를 바로 확인할 수 있으며, 가독성이 좋아 개발 시간이 단축할 수 있다는 장점이 있습니다. 또한 **확장성**을 고려한 디자인 덕분에 개발자는 언제든지 수많은 **오픈 소스**

패키지를 마음껏 활용할 수 있습니다.

이러한 장점 덕분에 많은 데이터 분석가가 파이썬을 주 언어로 자유롭게 다양한 실험을 할 수 있으며, 파이썬에서 사용할 수 있는 데이터 분석 오픈 소스 패키지가 지원되고 있습니다. 파이썬은 데이터 애널리스트나 데이터 사이언티스트, 데이터 리서처를 꿈꾼다면 반드시 배워야 하는 언어인 셈이죠.

R은 파이썬과 같은 인터프리터식 언어로, 피드백이 빠르다는 장점이 있습니다. 또한 시스템 개발보다 데이터 분석과 통계 모델링, 컴퓨터 그래픽에 주로 사용되는 언어로, 통계나 머신러닝 학계에서 특히 인지도가 높습니다. 파이썬의 인기가 계속 늘어나는 추세이지만, 통계나 머신러닝 논문이 R로 구현되는 때가 많기 때문에 데이터 사이언티스트나 데이터 리서처를 희망한다면 R 코드를 읽고 이해할 수 있을 정도까지 공부하는 것을 추천합니다.

R은 다양하고 질 좋은 오픈 소스 통계 패키지로도 유명합니다. 통계학자들이 통계학을 위해 만든 언어인 만큼 대부분의 오픈 소스 패키지가 회귀분석, 시계열 분석, 머신러닝, 시각화 등 통계나 데이터 마이닝에 유용한 기능을 지원합니다. 자세한 *도큐멘테이션 (Documentation)과 활발한 협업 덕분에 프로그래밍 경험이 있으면 데이터 분석을 위해 새로 배우기에도 무리가 없습니다.

도큐멘테이션
패키지를 개발하고 배포하는 개발자가 다른 개발자에게 패키지의 사용 방법과 개발 현황 등을 설명하기 위해 공개하는 문서

자바는 파이썬과 달리 컴파일식 언어이기 때문에 코드를 실행시키려면 '컴파일'이라는 과정을 거쳐야 합니다. 컴파일은 프로그래밍 언어를 기계어로 번역해 주는 과정으로, 이 과정 중에 여러 가지 최

적화를 할 수 있어 인터프리터 언어에 비해 실행 속도가 빠르다는 장점이 있습니다. **객체지향**적으로 디자인돼 있고, C, C++보다 관리하기 쉽고, 검증된 언어이기 때문에 참고 자료가 많고, 커뮤니티가 크기 때문에 시스템을 구축하는 언어로 많이 사용됩니다.

만약 데이터 엔지니어가 목표라면 자바는 반드시 배워야 하는 프로그래밍 언어입니다. 현재 대다수의 기업이 자바로 설계한 시스템을 운영하고 있으며, 데이터를 송수신하는 시스템을 개발하고 유지해야 하는 데이터 엔지니어는 기존 시스템과의 호환성을 위해서라도 자바를 꼭 알아야 합니다. 특히, 모바일 앱과 관련된 분야에 취업하고 싶다면 더욱 중요합니다. 모바일 앱 시장의 상당 부분을 차지하는 '안드로이드 운영체제(Android OS)'에서 구동되는 모든 앱은 자바로 만들어야 하기 때문이죠.

전문가의 조언 　코틀린

안드로이드 운영체제를 관리하는 구글은 2017년 안드로이드 애플리케이션 개발 공식 언어 중 하나로 코틀린(Kotlin)을 지정한 데 이어 2019년에는 대표 개발 언어로 선정했습니다. 코틀린(Kotlin)은 젯브레인(JetBrain) 사가 자바를 대체하기 위해 개발한 프로그래밍 언어로, 구글의 지원에 힘입어 빠른 속도로 성장하고 있습니다. 코틀린의 장점은 자바 코드가 실행되는 환경에서 항상 동작하는 프로그래밍 언어라는 것입니다. 따라서 기존에 개발돼 있는 자바 코드와 함께 실행되는 프로그래밍을 만들기가 수월합니다. 아직까지도 대다수의 안드로이드 애플리케이션이 자바로 만들어져 있지만, 앞으로 코틀린이 얼마나 더 널리 사용되는지를 주목할 필요가 있습니다. 이와 같이 프로그래밍 언어의 인기는 시대에 따라 변하기도 합니다. 이것이 바로 프로그래밍 언어 자체보다는 기본적인 프로그래밍 능력 배양에 더 집중해야 하는 이유이기도 합니다.

자바스크립트는 서버와 웹 브라우저 모두에서 실행하는 코드를 만들 수 있다는 점 덕분에 최근 들어 많은 인기를 얻고 있습니다. 자바스크립트로 개발되는 애플리케이션이나 서비스를 제공하는 기업이 많아지고 있기 때문에 데이터 엔지니어가 되고 싶다면 반드시 알아야 할 프로그래밍 언어가 됐습니다.

본래 웹 애플리케이션의 **스크립트**를 담당하던 자바스크립트는 'Node.Js'라는 **런타임 실행 환경**의 등장으로 서버 시스템 개발에도 사용되기 시작했으며, 'React', 'Angular', 'Vue'와 같은 **프런트 엔드 프레임워크**가 유행하는 등 시스템 전반을 한 가지 언어로 구축할 수 있다는 장점에 힘입어 인기가 급상승했습니다. 자바스크립트는 문법이 간단하고, **JSON**이라는 강력하고 쉬운 표기법으로 객체를 표현할 수 있을 뿐 아니라 **비동기 프로그래밍**에도 유리합니다. 특히, 웹 브라우저에서 사용할 수 있는 거의 유일한 언어로, 만약 자바로 만들어진 시스템에서 일을 하고 있더라도 프런트 엔드 개발자는 자바스크립트를 많이 사용하고 있을 것입니다.

전문가의 조언 빅데이터를 위한 기초 지식 ②

- 마크업 언어: 문서를 컴퓨터 화면에 표현하기 위한 논리를 명시하는 데 사용하는 언어입니다. 데이터를 표현하는 언어이기 때문에 일반적으로 프로그래밍 언어의 범주에 속하지 않습니다. HTML이 대표적인 마크업 언어입니다.

- 데이터베이스 언어: 데이터를 불러오거나 저장하거나 수정하는 데 사용하는 언어입니다. 실제 프로그램을 만드는 것보다 데이터 자체에 접근하는 데 사용하는 언어이기 때문에 프로그래밍 언어이긴 하지만, 일반적으로 프로그래밍 언어를 비교할 때는 논외로 취급합니다. SQL이 대표적인 데이터베이스 언어입니다.

- 인터프리터식 언어: 프로그래밍 언어를 컴파일 작업 없이 바로 실행할 수 있게 해 주는 '인터프리터'를 사용하는 프로그래밍 언어입니다.

- 컴파일식 언어: 프로그래밍 언어를 컴퓨터가 이해할 수 있는 기계어로 번역해 주는 '컴파일러'를 사용해야 하는 프로그래밍 언어입니다.

03 자료 구조와 알고리즘

프로그래밍을 하려면 반드시 자료 구조를 공부해야 합니다. 자료 구조는 데이터의 효율적인 접근과 수정을 위해 데이터를 표현하는 방식으로, 알고리즘의 유용한 재료가 되죠. 알고리즘은 어떠한 일을 처리하기 위해 정해진 절차나 방식을 표현한 것으로, 자료 구조를 공부하면 알고리즘을 효율적으로 구현할 수 있습니다. 알고리즘은 컴퓨터에게 인간의 지시에 따라 명령을 정확히 수행할 수 있는 효율적인 매뉴얼을 제공하는 것과 같습니다.

자료 구조는 형태에 따라 '**선형 구조**'와 '**비선형 구조**'로 구분할 수 있습니다. 선형 자료 구조에는 '**리스트**', '**스택**', '**큐**' 등이 있고, 비선형 자료 구조에는 '**트리**'와 '**그래프**' 등이 있죠. 자료 구조를 제대로 이해해 적재적소에 사용하면 데이터를 효율적으로 송수신할 수 있고, 더욱 편리하게 관리할 수도 있습니다.

다양한 알고리즘 중 많은 사람이 공부하는 알고리즘은 '**정렬**'과 '**탐색**'입니다. 이 알고리즘은 이름에서도 알 수 있듯이 데이터를 순서에 맞게 정렬하거나 찾는 것입니다. 정렬 알고리즘에는 '**버블 정렬**', '**병합 정렬**', '**퀵 정렬**' 등이 있고, 탐색 알고리즘을 공부할 때는 **트리 탐색**도 함께 공부하는 것이 좋습니다. 이 알고리즘부터 공부하기 시작하면 앞서 언급한 자료 구조도 이해할 수 있습니다.

알고리즘의 성능

알고리즘이 효율적이라는 것은 무슨 말일까요? 컴퓨터 과학 분야에서는 알고리즘의 성능을 평가하는 데 '**복잡도**'라는 개념을 사용합니다. 복잡도는 '**점근 표기법(O, 빅 오)**'을 사용해 표기하는데, 점근 표기법은 어떤 함수의 입력값이 증가함에 따라 그 출력값이 얼마나 증가하는지를 표현하는 것입니다.

알고리즘의 복잡도는 다시 '**시간 복잡도**'와 '**공간 복잡도**'로 구분할 수 있습니다. 시간 복잡도는 알고리즘이 실행되는 데 걸리는 시간, 공간 복잡도는 알고리즘이 사용하는 메모리의 양을 말합니다. 시간 복잡도는 알고리즘이 처리하는 연산의 양에 비례하는데, 보통 알고리즘이 최악의 상황에서 처리할 수 있는 연산의 양을 말합니다. 정렬 알고리즘을 예로 들면, 이미 정렬돼 있는 데이터는 연산하지 않아 바로 입력값을 출력하지만, 정렬돼 있지 않다면 데이터의 정렬 상태에 따라 연산의 양이 달라집니다. 공간 복잡도는 단순히 메모리의 사용량을 표현한 것으로, 빅데이터의 활용도가 높아지면서 중요성이 강조되고 있는 지표입니다. 대용량의 데이터를 한 번에 불러올 때 발생할 수 있는 메모리의 하드웨어 용량 부족에 대비하기 위한 지표이기도 합니다.

04 공부 자료

프로그래밍 언어도 언어입니다. 사람이 쓰는 언어와 마찬가지로 오래 사용할수록 더 능숙해지고 편해집니다. 처음에 배울 때는 많이 부자연스럽겠지만, 꾸준히 공부하다 보면 손에 익는 시점이 반드시 올 것입니다. 가장 추천하는 방법은 앞에서 언급한 언어 중 하나를 선택해 공부하는 것입니다. 좋은 프로그래머가 되는 데는 언어의 능숙도도 중요하지만, 어떤 논리를 가진 프로그램을 만드느냐가 더 중요합니다. 따라서 먼저 한 가지 언어를 사용해 좋은 프로그램을 만드는 법을 익힌다면 새로운 언어를 배우고 나서도 좋은 프로그램을 만들기가 좀 더 수월합니다. 이와 더불어 한 가지 프로그래밍 언어를 자유자재로 사용할 줄 알면 논리를 코드로 옮기는 것에 익숙해져서 새로운 언어를 빠르게 습득할 수 있게 됩니다.

프로그래밍 관련 실전 지식을 가장 빠르게 습득할 수 있는 방법은 코딩을 직접 해 보는 것입니다. 물론 책이나 온라인 강의를 따라 하면서 공부해도 되지만, 자신이 평소에 자동화하고 싶었던 것을 목표로 프로그래밍을 시작한다면 효과적이고 재미있게 공부할 수 있을 것입니다. 중간에 에러 메시지를 마주했을 때는 인터넷에 해당 에러 메시지를 검색해 보세요. 특히, 스택오버플로에는 프로그래밍 관련 질문과 전문가들의 의견이 방대하게 실려 있어서 같은 에러를 경험했던 선배들의 조언을 들을 수 있습니다. 언어 공식 도큐멘테이션과 함께 여러분이 반드시 애용해야 할 자료입니다.

구체적인 수업 계획을 따라가고 싶은 사람들에게는 다음 공부 자료를 추천합니다. 하지만 프로그래밍 언어에 능숙해지기 위해서는 코딩과 디버깅을 하는 데 많은 시간을 많이 할애해야 합니다.

최대한 다양한 시도를 해 보거나 다양한 에러 메시지를 만나보려고 노력해 보세요. 문제를 하나하나 풀다 보면 프로그래밍 언어에 대한 이해와 더불어 여러분만의 노하우가 생길 것입니다.

프로그래밍 언어에 능숙해지는 것 못지않게 좋은 코드를 만드는 것도 중요합니다. 알고리즘과 자료 구조는 좋은 코드를 만드는 데 핵심적인 역할을 하는 지식으로, 이론 공부와 실전 구현의 균형이 중요합니다. 분명 모두 이해했다고 생각해도 실제로 구현해 보기 전까지는 완벽히 이해했다고 말하기가 힘들기 때문이죠. 이론 공부 없이 바로 구현을 시작하는 것은 불가능합니다. 따라서 새로운 자료 구조와 알고리즘을 배운 후 꼭 자신 있는 프로그램 언어를 이용해 구현하고 체득하도록 합시다. 특히, 어느 정도 알고리즘 지식을 익혔다고 생각한다면 다음에 소개하는 코딩 테스트 홈페이지에서 제공하는 문제를 풀면서 실력을 검증해 봅시다. 알고리즘과 자료 구조를 배울 수 있는 공부 자료는 다음과 같습니다.

온라인 자료

 MIT 온라인 강의(18.410J: Design and Analysis of Algorithms)

 GeeksforGeeks 홈페이지

코세라, Applied Data Science with Python Specialization(University of Michigan)

 코세라, Object Oriented Programming in Java Specialization(Duke University)

 유데미, React, Angular, Vue 관련 강의

 Mozilla MDN Web Docs, 자바스크립트 튜토리얼

 네이버 부스트코스, React, Angular, Vue 관련 강의

 에드위드, 인공지능을 위한 선형대수(카이스트 주재걸 교수)

유튜브 채널

 edureka! 유튜브 채널

 Traversy Media 유튜브 채널

 ProgrammingKnowledge 유튜브 채널

코딩 테스트 홈페이지

 생활코딩 홈페이지

 백준 온라인 저지(Baekjoon Online Judge)

 리트코드(LeetCode)

프로그래머스(Programmers)

 해커랭크(HackerRank)

 삼성 SW 엑스퍼트아카데미(Swexpertacademy)

책

- 『모두의 알고리즘 with 파이썬』(길벗)
- 『Do it! 자료 구조와 함께 배우는 알고리즘 입문』(이지스퍼블리싱)
- 『Introduction to Algorithms』(MIT Press)
- 『알고리즘 트레이닝-프로그래밍대회 입문 가이드』(인사이트)
- 『프로그래밍 대회에서 배우는 알고리즘 문제 해결 전략』(인사이트)
- 『코딩 인터뷰 완전 분석』(인사이트)

7 | 수학 및 통계학

7장에서는 데이터 분석에 필요한 수학과 통계 지식을 알아보겠습니다. 데이터 분석에는 많은 수학 및 통계학 기법이 동원되기 때문에 관련 지식을 갖추지 않으면 데이터 분석과 결과 해석에 많은 어려움이 있습니다. 특히 데이터 애널리스트나 데이터 사이언티스트, 데이터 리서처는 데이터 분석 결과를 해석하고 이를 바탕으로 인사이트를 도출할 때 많은 수학과 통계 지식이 필요합니다.

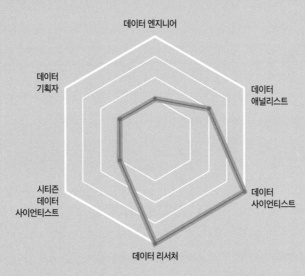

★
데이터 엔지니어:데이터 엔지니어에게는 중요하지 않은 내용입니다.

★★
데이터 애널리스트: 데이터 애널리스트의 실험 설계나 분석 결과 해석에 도움이 되는 내용으로 한 번쯤 읽어 보는 것이 좋습니다.

★★★★
데이터 사이언티스트: 데이터 사이언티스트가 최신 논문을 이해하고 구현하는 데 필수적인 지식이므로 반드시 읽어 둬야 합니다.

★★★★
데이터 리서처: 데이터 리서처가 새로운 연구를 진행하고 결과를 발표하는 데 필수적인 지식이므로 반드시 읽어 둬야 합니다.

★   ★
시티즌 데이터 사이언티스트 / 데이터 기획자
시티즌 데이터 사이언티스트와 데이터 기획자에게는 중요하지 않은 내용입니다.

01 이렇게 공부하세요

데이터 애널리스트는 기성 소프트웨어를 활용한 모델링이나 간단한 통계를 내야 하는 상황이 많기 때문에 새로운 모델을 개발하는 경우는 흔하지 않습니다. 따라서 데이터 애널리스트는 다음에 소개할 수학과 정보 이론 과목보다 기성 소프트웨어가 내장하고 있는 데이터 분석 알고리즘을 공부하고, 내부 기작을 이해하는데 시간을 더 할애해야 합니다. 이는 머신러닝 단원에서 좀 더 자세히 다루겠습니다.

반면, 통계학은 공부한 만큼 데이터 애널리스트에게 도움이 됩니다. 데이터 애널리스트가 데이터를 활용해 조직의 현재 상황을 진단하는 역할을 맡는다는 것을 떠올려 봅시다. 통계 모델링과 결과 분석 방법, 가설 검정 등의 내용을 바탕으로 경영진에게 자신의 의견을 피력할 수 있는 적극적인 데이터 애널리스트가 되기 위해서는 통계학 공부가 필수입니다.

데이터 사이언티스트나 데이터 리서처는 수학, 통계학, 정보 이론의 내용을 숙지하고 있어야 합니다. 논문을 이해하거나 직접 논문을 작성해야 하므로 손실함수 설계, 이를 위한 최적화 알고리즘, 결과에 대한 논리적 설명 모두에서 기본기가 큰 역할을 합니다. 모든 공학의 기초가 되는 수학 실력에 따라 논문의 이해도와 적용의 능숙도가 결정되는 만큼 이 두 직무를 꿈꾸는 독자라면 틈틈이 해당 단원을 공부해야 합니다.

수학 지식은 데이터 엔지니어, 시티즌 데이터 사이언티스트와 데이터 기획자에게 필수가 아닙니다. 업무에 사용되는 모델을 좀 더 깊이 이해하고 싶으면 수학 및 통계학 지식 공부가 도움이 되겠지만, 다른 지식을 습득하는 데 시간을 먼저 투자하기를 권합니다.

02 수학

선형대수

'선형대수'는 **벡터**와 **행렬**의 다양한 의미와 활용법을 이해하는 학문입니다. 수학에서 '대수'는 어떤 물체와 물체 사이의 규칙을 정의한 구조를 말하는데, 고등학교 수학에서 어떠한 집합이 연산에 '닫혀 있다.'와 같은 표현을 들어 봤을 것입니다. 만약, 집합이 연산에 닫혀 있다면, 이 둘 사이에는 '집합의 어떠한 원소 사이에 연산을 적용한 결과도 그 집합에 속한다.'라는 규칙이 성립합니다. 이처럼 대수학은 집합과 연산 사이에 잘 정의된 규칙을 탐구하는 수학의 한 분야입니다. 선형 대수도 이와 비슷한 맥락에서 벡터와 행렬의 규칙을 다루는 학문으로, 벡터로 이뤄진 집합이 특정한 연산의 조건을 만족시킬 때, 이러한 구조를 '**벡터 공간**'이라고 합니다.

고등학교 수학에서 행렬은 그저 숫자의 나열에서 그쳤지만, 실제로 행렬은 앞서 언급한 벡터 공간 내에 있는 벡터를 다른 벡터 공간에 있는 벡터로 보내 주는 일종의 '함수' 역할을 합니다. 행렬이 나타내는 함수는 일반 함수가 아니라 **'선형성'을 유지하는 함수**입니다. 여기서 선형성을 유지한다는 것은 원래 공간에서 직선을 나타내는 벡터는 함수를 거친 새로운 공간에서도 직선이어야 하고, 원래 공간에서 원점은 새로운 공간에서도 원점이어야 한다는 것을 의미합니다.

선형대수는 기초적인 위치를 차지하고 있어서 수학의 타 분야를 이해하는 데 핵심적인 역할을 합니다. 빅데이터 전문가가 다루는 데이터 역시 벡터와 행렬로 표현할 수 있기 때문에 선형대수는 데이터 분석에 필수적인 학문입니다. 특히, **고웃값**과 **고유 벡터**, **행렬식** 등을 이용하면 **SVD**(Singular Value Decomposition, 특잇값 분해), **조르당 분해**(Jordan Decomposition) 등과 같이 행렬을 분해해 좀 더 효율적으로 표현할 수 있는데, 이는 **PCA**(Principal Component Analysis, 주성분 분석), **LDA**(Linear Discriminant Analysis, 선형 판별 분석), **MDS**(Multi-dimensional Scaling, 다차원 척도법)와 같은 행렬의 **고웃값 분해**를 이용한 머신러닝 기법의 이론적 바탕이 됩니다.

선형대수는 머신러닝 기법의 이론적인 토대를 제시할 뿐 아니라 수치 해석학의 기초가 되기 때문에 효율적인 알고리즘 설계에도 많이 활용됩니다. 머신러닝이나 딥러닝 알고리즘은 행렬 연산을 동반할 때가 많으므로 모델 이해나 알고리즘 최적화, SVD 등으로 이룰 수 있는 행렬 분해 방법 등을 이용하면 많은 도움이 됩니다.

해석 기하

'해석학'은 모든 수학에 엄밀함을 추구하고자 하는 움직임에서 시작됐으며, 그중 '해석 기하학'은 특히 도형과 좌표계 등 기하학적인 요소를 설명하는 수학의 한 분야입니다. 여기서 수학적 의미의 엄밀함은 어떠한 주장을 뒷받침하기 위한 논지를 전개할 때 논리적인 증명 없이 참이라고 가정하는 단계를 최소화한 것을 말합니다. 선형대수에서 다루는 벡터 공간과 선형 사상의 개념에 직관성과 엄밀성을 부여해 주며, 특히 **공간**, **각**, **길이**, **연산** 등을 정의하고 그 성질을 탐구하는 학문입니다.

데이터 분석에서 주로 쓰이는 해석 기하학의 요소는 **벡터 사이의 유사도**를 측정하는 데 쓰이며, **내적 공간**을 정의함으로써 벡터 공간을 기하적으로 이해할 수 있게 합니다. 이는 머신러닝 기법 중 **클러스터링 기법**이나 SVM(Support Vector Machine, 서포트 벡터 머신)에 쓰이고, 벡터의 **직교성**, **사영**, **회전** 등과 같은 개념은 PCA나 선형 회귀의 이론을 제시합니다.

최적화

최적화는 특정 제약 조건에서 주어진 함수(**목적 함수**)의 최댓값이나 최솟값을 찾는 방법을 탐구하는 응용 수학의 한 분야입니다. 대부분의 머신러닝 알고리즘은 최적화 문제를 푸는 것을 포함하며, 최적화 기법을 사용해 모델이 필요로 하는 파라미터의 값을 찾을 수 있습니다. 이런 작업에는 주로 전산 처리가 필요하기 때문에 수리적 최적화 기법을 많이 사용합니다.

비선형 함수의 최적값을 찾는 문제는 대부분 **함수의 기울기**를 이용하는데, 이를 위해서는 **편미분** 지식이 필요합니다. 최근에 많이 쓰이는 딥러닝 모델의 학습에도 SGD(Stochastic Gradient Descent, 확률적 경사하강법)와 같이 기울기를 이용한 반복 알고리즘을 사용합니다. 물론, 이외에도 다른 최적화 기법이 있으며, SVM은 **QP**(Quadratic Programming, 이차 계획법)의 해법을 사용하는 등 다양한 머신러닝 기법을 최적화로 정의할 수 있습니다.

03 통계학

데이터 분석 방법론은 통계학과 이론적으로 밀접할 때가 많으므로 분석의 원리를 이해하고, 데이터를 깊이 있게 분석하려면 통계 지식을 갖춰야 합니다. 이번에는 통계학 중에서도 가장 기초가 되는 일반 통계학과 회귀분석을 알아보겠습니다.

일반 통계학

통계학은 데이터를 과학적인 방법으로 분석해 현상을 설명하고 예측하는 학문입니다. 기초 통계학이라고도 하는 일반 통계학은 통계학을 처음 접하는 사람을 위한 과목으로, 통계학의 기초 개념을 이해하는 데 도움이 되는 여러 주제를 다루고 있습니다. **데이터 수집**과 **실험 설계**의 방법, **결과 분석** 방법 등 데이터 분석을 위한 기초 지식을 습득할 수 있는 학문입니다. 또한 일반 통계학을 이용해 **표본 추출** 방법, **확률**과 **분포**, **검정**, **추론**, **상관분석**, **분산분석** 등과 같은 개념을 이해할 수 있습니다.

회귀분석

회귀분석은 가장 널리 쓰이는 분석 방법으로, 변수 사이의 관계를 모형으로 만들어 설명하는 통계적 방법입니다. 회귀분석에서는 여러 가지 **분석 모형**을 배우고, **모형 적합**, **변수 선택**, **모형 선택** 등의 개념과 데이터 분석에 필요한 분석 모형 관련 기초 지식을 습득할 수 있습니다. 또한 회귀분석을 이용하면 **선형회귀**, **영향점 진단**, **더미 변수**, **다중공선성** 등의 개념을 이해할 수 있습니다. 회귀분석을 학습하기 위해서는 선형대수학, 일반 통계학을 먼저 공부해야 합니다.

심화 과목

앞서 소개한 일반 통계학에 만족하지 않고 좀 더 깊이 공부하고 자 한다면 다음의 통계학 과목을 추천합니다. 수리 통계학은 **확률 변수**의 **확률분포**, **표본분포**, **극한분포**, **추정**, **가설**, **검정**, **추론**, **통계량** 등을 다루며, 선형대수학을 먼저 공부해야 합니다. **범주형 데이터** 분석이나 이산형 자료 분석은 범주형 데이터에 대한 분석 방법이나 로지스틱 모형, 로짓 모형, 모형 선택, 적합도 검정, 기대 도수 추정 등을 다룹니다. 다변량분석은 다변량 데이터에 대한 분석 방법을 다루며, 선형대수학, 회귀분석, 수리통계학을 먼저 공부해야 합니다. 시계열 분석은 시계열 데이터에 대한 분석 방법을 다루며 회귀분석을 먼저 공부해야 합니다. 베이지안 통계는 **주관적 확률**, **결정 이론**, **사전분포**, **사후분포**, **극한분포**, **베이지안 추정**, **베이지안 검정** 등을 다루며, 선형대수학과 수리 통계학을 먼저 공부해야 합니다.

04   정보 이론

정보 이론은 정보를 멀리 떨어진 곳으로 효율적으로 전달하는 기술을 개발하기 위해 발전된 학문입니다. 이를 위해서는 *잡음이 있는 상태에서 최대한 데이터를 압축하고 효율적으로 복원하는 기술이 필수적입니다. 통신 분야에서 쓰이는 정보 이론을 빅데이터 전문가가 알아야 하는 이유는 무엇일까요? 빅데이터 전문가가 다루는 모델링은 복잡한 실제 세상의 정보와 관계를 비교적 간단하게 표현하는 것입니다. 이는 데이터에 내포된 정보를 압축하는 것과 같습니다. 통신과 컴퓨터 공학 분야에서 시작한 정보 이론과 빅데이터 모델링의 연관성을 여기에서 찾을 수 있습니다. 정보 이론의 개념은 머신러닝 모델이 푸는 최적화 문제의 목적 함수나 손실함수를 정의하는 데 적용할 수 있고, 분포 추정이나 제약 최적화 문제를 푸는 데도 많이 쓰입니다.

클로드 섀넌(Claude E. Shannon)은 **엔트로피**라는 개념을 도입해 정보를 수학적으로 정의하고 계량화했습니다. 엔트로피는 어떤 사건이 실제로 일어난다면 얼마나 놀라운지를 계량화한 것으로, 엔트로피의 표시 단위는 파일의 용량 표시 단위와 같은 '**비트(bit)**'입니다. 엔트로피는 하나의 사건뿐 아니라 확률적인 개념에서 그 사건이 발생하는 확률 공간 또는 그 확률 공간을 정의역으로 갖는 확률 변수에 대해 정의할 수 있습니다. 또한 여러 확률 변수의 **결합 정보량**, **조건부 정보량** 등도 정의할 수 있죠. 특히 분포를 비교하는 **KL-발산**이나 **크로스 엔트로피**는 분포의 **우도** 사이의 비율과 같은 의미를 가지며, 함수의 손실함수를 정의하는 등 머신러닝의 곳곳에서 등장합니다.

05 공부 자료

수학은 큰 학문 분야입니다. 따라서 수학자가 되는 것이 목표가 아닌 이상, 필요한 부분을 효율적으로 배우는 것이 중요합니다. 직접적으로 도움이 되는 부분만 소개하긴 했지만, 가장 효과적으로 공부할 수 있는 방법은 수학 지식이 필요한 머신러닝 모델링을 먼저 시도해 보는 것입니다. 직접 데이터를 정리해 보고, 머신러닝 기법을 공부하고, 모델링에 대한 고민을 하다 보면 자연스럽게 어떠한 수학적인 개념이 필요한지 알게 됩니다. 특히, 기초 학문이기 때문에 처음부터 수학 공부를 하면 빅데이터 전문가가 되기 위해 이 지식이 왜 필요한지가 직관적으로 와 닿지 않을 수도 있습니다.

예를 들어 차원 감축을 위해 PCA를 사용할 때를 생각해 보겠습니다. 이때 기성 패키지에서 코드 몇 줄이면 PCA를 수행할 수 있겠지만, 결과가 무엇을 의미하는지, 패키지에서 제공하는 함수 안에서는 어떠한 계산이 이뤄지는지를 알고 싶으면 머신러닝 기법에 관한 공부가 필요할 것입니다. 더 나아가 PCA라는 기법이 수행하는 연산이 어떠한 효과가 있는지, 왜 그러한 연산을 하는 것이 상식적으로 말이 되는지를 이해하기 위해서는 선형대수에 관한 심도 있는 지식이 필요하다는 것을 깨닫게 될 것입니다. 이는 목적을 달성하는 데 필요한 지식이기 때문에 수학 공부를 의욕적으로 할 수 있을 것입니다.

대부분의 대학에서는 기초 수학 과목을 개설하고 있습니다. 이공계 저학년 학부생을 대상으로 열리는 공학수학, 선형대수, 최적화, 해석학 수업을 수강하고 이해한다면 충분히 공부할 수 있습니다. 이외의 자료를 활용하고 싶다면 다음을 참고하세요.

온라인 코스

 에드위드, 모두를 위한 선형대수학(칸아카데미)

 MIT 온라인 강의(선형대수학)

코세라, Mathematics for Machine Learning Specialization(Imperial College London)

 Harvard University 유튜브 채널(STAT110: Probability)

 Stanford University 온라인 강의(XFDS110: Introduction to Statistics)

 Harvard University 온라인 강의(CS109: Data Science)

책

- 『Linear Algebra and its Applications』(Cengage Learning)
- 『Linear Algebra』(Pearson)
- 『Fundamentals of Linear Algebra and Optimization with Applications to Machine Learning』(WSPC)(난이도 상)
- 『Convex Optimization』(Cambridge University Press) 강의 자료와 무료 PDF(https://web.stanford.edu/~boyd/cvxbook/)
- 『Information Theory, Inference, and Learning Algorithms』(Cambridge University Press).
- 『일반통계학』(영지문화사)
- 『확률의 개념 및 응용』(자유아카데미)
- 『수리통계학』(민영사)
- 『Introduction to Linear Regression Analysis』(Wiley)
- 『범주형 자료 분석 개론』(자유아카데미)
- 『프로그래머를 위한 확률과 통계』(길벗)
- 『프로그래머를 위한 선형대수』(길벗)

기타

- 『Information Theory, Inference, and Learning Algorithms』 - 무료 PDF (http://www.inference.org.uk/mackay/itprnn/book.html)

8 머신러닝

머신러닝은 데이터를 활용해 자동으로 그 성능을 향상하는 알고리즘을 연구하는 학문 분야입니다. 머신러닝 알고리즘은 명시적으로 어떠한 절차를 따라야 하는지 알려 주지 않아도 데이터를 바탕으로 예측이나 결정을 내리는 머신러닝 모델을 만듭니다. 빅데이터 전문가에게는 빅데이터 시대를 맞아 빠른 속도로 이전의 영광을 넘어서고 있는 머신러닝이 매우 중요합니다. 8장에서는 머신러닝으로 정확히 어떠한 문제를 해결할 수 있는지, 머신러닝 모델을 만들고 활용하는 방법은 무엇인지, 어떠한 종류의 기법이 있는지 알아보겠습니다.

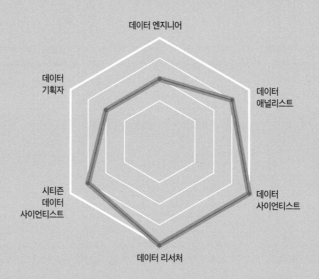

★★
데이터 엔지니어: 데이터 엔지니어가 스프트웨어나 데이터를 제공할 때 데이터 사용자에 대한 이해를 높이기 위해 필요한 내용으로 한 번쯤 읽어 보는 것이 좋습니다.

★★★
데이터 애널리스트: 데이터 애널리시트에게 머신러닝 프로세스 지식은 필수입니다. 더 나은 분석을 위해 읽어 두는 것이 좋습니다.

★★★★   ★★★★
데이터 사이언티스트 / 데이터 리서처
데이터 사이언티스트와 데이터 리서처에게 필수적인 지식으로, 세 가지 머신러닝 문제 중 적어도 한 가지는 완벽히 이해해 비전공자에게 설명할 수 있을 정도로 공부를 해야 합니다.

★★★
시티즌 데이터 사이언티스트: 시티즌 데이터 사이언티스트가 독자적인 데이터 분석을 진행하려면 머신러닝 프로세스에 대한 지식이 필요하므로 읽어 두는 것이 좋습니다.

★★
데이터 기획자: 데이터 기획자가 프로젝트에 대한 전반적인 이해를 높일 수 있는 내용이므로 한 번쯤 읽어 두는 것이 좋습니다.

01 이렇게 공부하세요

이번에는 머신러닝 전반을 다룹니다. 머신러닝으로 풀 수 있는 **머신러닝 문제** 세 가지를 소개하고, 각각의 문제를 해결하는 데 필요한 **머신러닝 프로세스**, 주로 쓰이는 기본적인 **머신러닝 기법**을 소개합니다. 이는 데이터 애널리스트, 데이터 사이언티스트, 데이터 리서처를 꿈꾸는 독자들이 집중해야 하는 내용으로, 특히 데이터 사이언티스트와 데이터 리서처는 관심 있는 머신러닝 문제에 해당하는 프로세스와 소개하는 모든 기법의 가정, 세세한 내부 작동 원리까지 모두 완벽하게 이해하고 있어야 합니다.

모델을 만드는 것이 주업무인 데이터 사이언티스트와 데이터 리서처는 머신러닝 모델을 만들고 발전시키는 데 많은 시간을 할애합니다. 따라서 머신러닝 기법과 모델 구축 알고리즘에 대한 지식은 필수입니다. 이번에 소개하는 머신러닝 기법을 모두 이해해 새로운 모델을 제안할 수 있는 밑거름으로 삼으세요. 선배 학자들이 어떠한 방법으로 문제를 해결해 왔는지를 이해해야 새로운 방식을 제안하기가 쉽습니다. 또한 새로운 모델을 만들어낼 수 있는 패키지 사용법도 함께 익혀야 합니다.

데이터 사이언티스트와 데이터 리서처는 머신러닝 프로세스 지식도 갖추고 있어야 합니다. 머신러닝 프로세스에 관한 지식 없이 좋은 모델을 만들기가 힘들 뿐 아니라 새로운 알고리즘을 구상해 실제로 구현할 수 있는 프로그래밍 실력을 갖췄더라도 머신러닝 프로세스에 관한 지식이 없다면 모델 구축을 둘러싼 전반적인 흐름과 논리를 이해하거나 전개하지 못하게 됩니다. 결국 직접 개발한 모델을 내세우지 못하는 상황이 발생해 그 모델이 실제로 사용될 가능성도 희박해집니다.

데이터 애널리스트는 주로 애널리틱스 도구나 머신러닝 패키지에 내장된 몇 개의 기법 중 하나를 선택해 모델을 만들게 됩니다. 따라서 모델을 만드는 알고리즘의 내부 작동 원리를 설명할 수 있는 수준까지는 아니더라도 각 기법에는 어떠한 가정이 포함돼 있는지, 어떠한 하이퍼파라미터가 있고, 그 변화가 모델에 어떤 영향을 미치는지를 확실하게 알고 있어야 합니다. 또한 하나의 기법을 깊게 이해하기보다는 다양한 기법을 사용해야 하는 상황에 집중하는 것이 좋습니다.

머신러닝 프로세스를 이해하는 데이터 애널리스트는 데이터, 데이터셋, 모델 성능 평가 지표 등에 대한 이해를 바탕으로 올바른 인사이트를 도출해낼 수 있을 뿐 아니라 이를 논리적으로 설명할 수도 있습니다.

이는 시티즌 데이터 사이언티스트에게도 해당합니다. 시티즌 데이터 사이언티스트가 유용한 정보를 빠르게 얻기 위해서는 본인이 진행한 분석을 객관적으로 바라볼 수 있어야 합니다. 머신러닝 프로세스에 비춰 봤을 때 상대적으로 어느 단계를 간소화했는지, 어느 단계를 집중적으로 수행했는지를 알고 있어야 다른 빅데이터 전문가와 효율적으로 협업할 수 있습니다. 또한 모델의 성능 평가 방법과 철학을 알고 있어야 올바른 인사이트를 도출할 수 있고, 현업 지식과 합쳐 강력한 주장을 펼칠 수 있습니다.

프로그래밍을 할 줄 아는 시티즌 데이터 사이언티스트는 머신러닝 패키지를 사용해 원하는 머신러닝 모델을 만들 줄 아는 수준으로 머신러닝 지식을 확보하는 것이 좋고, 그렇지 않다면 주로 사용하는 애널리틱스 도구의 사용법을 익히는 것이 좋습니다.

빅데이터 프로젝트를 총괄하는 데이터 기획자가 머신러닝을 깊게 이해할 필요는 없지만, 이를 이해하는 데이터 기획자는 모델링팀의 성과를 적절히 진단할 수 있겠죠. 앞으로 알아볼 내용을 잘 공부한다면 모델링 팀이 만든 모델의 다양한 성능 평가 지표와 성능 산출 방식을 요구해 프로젝트에 알맞은 모델이 만들어졌는지 확인할 수 있는 수준에 이를 수 있을 것입니다. 특히, 모델링팀에서 주로 사용하는 데이터셋, 학습 오차, 테스트 오차 등의 용어와 맥락을 함께 이해한다면 원활한 소통으로 자원을 효율적으로 관리해 프로젝트를 성공적으로 이끌 수 있을 것입니다.

데이터 엔지니어 또한 머신러닝 지식을 숙지하는 것이 좋습니다. 데이터 엔지니어가 만든 소프트웨어를 사용해 머신러닝 프로세스가 진행되기 때문에 각 단계에서 우선순위에 둬야 할 기능을 판단해 소프트웨어를 효율적으로 개발할 수 있습니다. 또한 머신러닝 모델이 사용하는 기법이나 패키지에 따라 데이터의 형식이 달라지기도 하고, 소프트웨어의 요구사항이 변할 수도 있습니다. 이때 사용하는 머신러닝 기법에 대한 기본적인 지식이 있다면 소프트웨어 사용자와 원활한 소통을 진행할 수 있습니다.

다음 공부 자료에서 모든 기법과 모델 구축 알고리즘에 대한 세세한 설명과 적용 사례, 이론적인 가정과 증명까지 찾을 수 있습니다. 따라서 빅데이터 전문가를 꿈꾸는 사람이라면 꼭 공부 자료를 찾아 각 기법을 공부할 것을 강력히 권합니다. 특히, 데이터 사이언티스트와 데이터 리서처가 되고 싶다면 앞으로 소개할 내용을 비전공자에게 설명해 줄 수 있을 정도로 공부해야 합니다.

잠깐만요 | 데이터 사이언티스나 데이터 리서처가 목표라고 해도 세 가지 머신러닝 문제를 모두 잘 알아야 하는 것은 아닙니다. 본인이 관심 있는 문제에 집중해 공부하는 것이 세 가지 모두 얕게 알고 있는 것보다 훨씬 유리합니다. |

02 머신러닝

세상에 일어나는 일들은 매우 복잡하고 다양합니다. 과학, 공학, 사회 과학 등 많은 분야의 연구자는 세상에서 일어나는 일을 설명하고 예측하기 위해 '모델' 또는 '모형'이라는 것을 만듭니다. 간단한 모형일수록 이해하기 쉽지만, 더 많은 가정이 필요하거나 간단한 모형으로 실제 세상을 충분히 설명하기 어려울 수 있죠. 이와 반대로 복잡한 모형은 가정을 줄여 실제 세상을 좀 더 잘 설명할 수 있겠지만, 이해하기는 어렵겠죠.

머신러닝은 앞서 설명한 모형을 만드는 수많은 방법 중 하나이자 그 방법을 탐구하는 학문입니다. 그리고 모형을 만드는 것을 '모델링'이나 '모델 구축'이라고 하죠. 머신러닝을 활용하는 모델링은 다른 모델링 기법과 다른 특징이 있습니다. 우선, 머신러닝 모델링은 데이터를 기반으로 적합한 모델을 찾아가는 것으로, 이런 방식을 '학습'이라고 합니다. 빅데이터 시대에 머신러닝 모델이 각광받는 이유는 바로 이 때문입니다. 머신러닝 모델은 학습과 구축하는 데 사용된 데이터 이외에 새로운 데이터에 대한 정확한 예측에 중점을 둡니다. 또한 머신러닝 모델은 절차를 명시하지 않아도 자동적으로 의도한 기능을 수행하고, 그 성능을 발전시킬 수 있습니다.

머신러닝 분야에서 해결하는 문제는 접근법이나 데이터의 특성에 따라 크게 '**지도학습(Supervised Learning)**', '**비지도학습(Unsupervised Learning)**', '**강화학습(Reinforcement Learning)**'으로 구분합니다. 지도학습은 '모델에 과거 정답을 제공한 상태에서 미래 정답을 예측하는 문제', 비지도학습은 '모델에 정답 없이 데이터만 제공한 상태에서 데이터의 패턴을 알아내는 문제', 강화학습은 '모델이 시스템과 상호작용하며 최적의 결정을 내려야 하는 문제'라고 요약할 수 있습니다.

지도학습 문제는 각 데이터의 정답에 해당하는 레이블을 학습해 새로운 데이터의 레이블을 예측하는 것입니다. 데이터와 정답 레이블을 연결해 주는 가장 적절한 함수를 찾는 것이라 할 수 있죠. 예측해야 하는 레이블이 연속적인 값을 갖고 있으면 '**회귀(Regression)** 문제', 레이블이 연속되지 않고 서로 단절돼 있는 이산적인 값의 카테고리를 구분하는 문제를 '**분류(Classification) 문제**'라고 합니다. 예를 들어 체중 데이터를 바탕으로 신장을 예측하는 문제(회귀), 이미지 데이터를 바탕으로 강아지 사진인지, 고양이 사진인지 분류하는 문제(분류)가 있습니다.

비지도학습 문제의 목적은 레이블을 제공하지 않고 데이터에 내재된 패턴을 찾는 것입니다. 내재된 패턴을 설명할 수 있는 변수를 추출해 만드는 모델을 '**잠재 변수(Latent Variable)** 모델'이라고 합니다. 잠재 변수는 데이터에 표면상으로 나타나 있지는 않지만, 데이터의 분포에 영향을 미치는 변수를 뜻합니다. 또한 미리 정해진 분류 기준 없이 비슷한 특성의 데이터 모임을 생성하는 것을 '**군집(Clustering) 분석**'이라고 하죠. 비지도학습 문제를 해결할 때는 주로 '**차원 감축(Dimensionality Reduction)**' 기법을 사용하는데, 이는 데이터의 정보를 최대한 유지하면서 데이터를 표현하는 특성의 수를 줄이는 것을 뜻합니다. 이를 이용해 *'**차원의 저주**'를 완화하고 군집화나 시각화를 효율적으로 진행할 수 있습니다.

비지도학습의 예로는 고객의 소비 데이터를 사용해 소비 패턴이 비슷한 고객끼리 뭉쳐 놓는 문제를 들 수 있습니다. 고객의 소비 데이터 외에는 고객 관련 정보(미혼/기혼 여부, 반려동물 여부)가 전혀 없는 상태에서 데이터에 내재된 소비 패턴을 분석해 비슷한 특성을 갖는 고객끼리 집단을 만들어야 하기 때문에 비지도학습 문제라고 할 수 있습니다.

강화학습은 위의 두 모델과는 다른 접근법을 취합니다. 강화학습은 여러 의사결정을 시도해 보면서 연속된 최적의 의사결정을 찾는 문제입니다. 예를 들어 바둑에서 이기는 프로그램을 만들거나 비디오 게임에서 높은 점수를 받는 프로그램을 만드는 것을 강화학습 문제로 접근할 수 있습니다. 여러 번 바둑을 둬 지금 상황에 어떠한 수를 두는 것이 최적인지를 찾아내는 것입니다.

강화학습의 문제 형태는 다른 머신러닝 분야와 다르기 때문에 강화학습 기법의 성격은 다른 머신러닝 기법과 다릅니다. 하지만 강화학습 알고리즘 안에서 지도학습이나 비지도학습 모델을 활용할 때도 있기 때문에 일반적으로 어느 정도의 여타 머신러닝 분야에 대한 지식을 쌓은 후에 공부하는 것을 추천합니다. 독립적이고 큰 머신러닝 분야인 만큼 강화학습 알고리즘을 이해하기 위해서는 완전히 새로운 종류의 문제 정의, 용어, 데이터를 처음부터 차근차근 공부해야 합니다. 자세한 용어 설명은 강화학습 부분을 참고하기 바랍니다.

지금부터 각 머신러닝 문제를 자세히 알아보겠습니다. 머신러닝 문제를 해결하기 위해서는 머신러닝 프로세스를 따라 머신러닝 모델을 만들고 유지하는 일련의 과정을 거쳐야 합니다. 머신러닝 프로세스는 머신러닝 모델링의 단계와 평가 방법을 제시하며, 이 지식을 알고 있으면 모델의 결과를 분석해 발전적인 제안을 하는데 많은 도움이 될 것입니다. 풀고자 하는 문제에 알맞은 모델 평가 지표를 적절히 선택해 비교하거나 올바른 기법을 선택함으로써 인사이트를 도출할 수 있기 때문입니다.

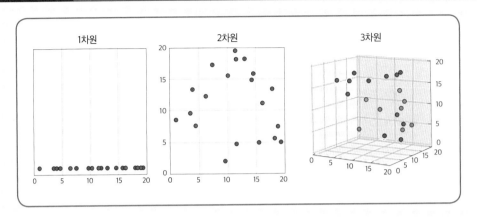

차원의 저주는 데이터의 특성이 많을수록 필요한 데이터의 개수가 급격히 증가하는 현상을 말합니다. 일반적으로 데이터의 특성을 '차원'이라고도 하는데, 데이터의 개수가 동일하다면 차원이 높아질수록 공간에서 데이터의 농도가 기하급수적으로 옅어지게 됩니다. 따라서 같은 양의 데이터가 있더라도 공간에 대한 정보를 얻기 힘들어집니다. 즉, 같은 수준의 정보를 얻기 위해서는 데이터가 기하급수적으로 많이 필요합니다. 차원의 저주를 완화하기 위해서는 데이터의 정보를 최대한 보존하면서 데이터를 나타낼 수 있는 낮은 차원을 찾는 '차원 감축' 기법을 사용해야 합니다. 단적인 예로, 데이터의 특성이 2개인 데이터가 모두 일렬로 늘어서 있다면 데이터를 표현하는 데 필요한 공간은 2차원 평면이 아닌 1차원 직선이 됩니다. 1차원으로 데이터를 표현할 수 있다면 평면과 비교해 기하급수적으로 적은 데이터로 직선 공간의 정보를 충분히 얻을 수 있습니다. 'PCA', 'Manifold Learning' 등이 대표적인 차원 감축 기법입니다.

03 지도학습

지도학습 개요

지도학습의 목표는 학습에 사용하지 않은 데이터를 예측하고 분류하는 것입니다. 이를 가리켜 **일반화**라고 합니다. 즉, 지도학습의 주요 목표는 '일반화'라고 할 수 있는 것이죠. 완벽하게 일반화된 지도학습 모델은 이 세상에 존재하는 모든 데이터의 레이블을 정확히 예측합니다. 하지만 일반화가 완벽히 이뤄지지 않은 모델도 있겠죠. **일반화 오차**(일반화 성능)는 모델이 얼마나 일반화에 실패했는지(성공했는지)를 표현하는 개념입니다.

하지만 일반화 오차를 계산하는 것은 매우 어려운 일입니다. 이를 계산하기 위해 예측하고자 하는 모든 데이터를 사용해 모델이 얼마나 맞았는지, 틀렸는지를 측정해야 하는데, 실제 세상의 데이터는 알려지지 않은 복잡한 상호작용 속에서 생성돼 알기가 매우 힘들기 때문입니다. 따라서 일반화 오차를 추정하는 다른 개념을 사용합니다.

학습 오차를 소개합니다. 학습 오차는 일반화 오차와 비슷하면서 계산하기도 쉬운 개념입니다. 이와 비슷한 개념으로 '학습 성능'이 있습니다. 학습 오차(성능)는 모델이 학습에 사용한 데이터를 얼마나 틀리는지(맞추는지)를 표현한 것입니다. 우리가 확보한 데이터에서 성능을 측정하면 되기 때문에 계산하기가 쉬운 것이죠. 이때 학습에 사용한 데이터를 '**학습 데이터셋**' 또는 '**훈련 데이터셋**'이라고 합니다.

하지만 학습 오차를 일반화 오차 대신 사용하는 것은 문제가 있습니다. 따라서 일반화 오차와 매우 큰 괴리가 생깁니다. 일반화 오차는 학습에 사용되지 않은 데이터를 포함해 모든 데이터를 얼마나 잘 예측하는지를 가리키는데, 학습 오차는 학습에 사용된 데이터의 예측 성능만을 표현하기 때문입니다. 학습 데이터셋은 미래의 데이터에 비해 양이 적고, 다양하지도 않아 학습 데이터셋을 제대로 학습했더라도 미래의 데이터를 잘 예측할 것이라는 보장이 없습니다.

예를 들어 어떤 학생이 학습지의 문제를 잘 풀었더라도 실제 시험을 잘볼 것이라 보장할 수 없는 것과 같습니다. 따라서 시험에서 어떤 성적을 받을 수 있는지 가늠하기 위해 모의고사를 봅니다. **테스트 오차**는 학습에 사용된 적이 없는 데이터를 얼마나 잘 예측하는지를 나타내며, 모의고사 성적과 같은 개념입니다. 이와 비슷한 예로는 **테스트 성능**이 있습니다. 이때 사용하는 데이터를 '**테스트 데이터셋**'이라고 합니다. 테스트 오차는 학습 오차와 일반화 오차의 중간 쯤에 위치하고 있는 개념입니다. 즉, 학습 오차보다는 일반화 오차를 좀 더 정확히 추정할 수 있습니다. 모델이 처음으로 보는 데이터로 평가하는 것이기 때문입니다.

여기서 주의해야 할 점은 테스트 데이터셋과 학습 데이터셋이 겹친다면 테스트 오차가 일반화 오차를 제대로 추정할 수 없다는 것입니다. 이를 방지하기 위해 학습을 시작하기 전에 전체 데이터셋을 학습 데이터셋과 테스트 데이터셋으로 나눠야 합니다. 데이터의 일부를 학습 데이터셋으로 사용해 모델을 학습한 후 성능을 평가하기 위해 아직 지도학습 모델이 학습하지 않은 데이터를 테스트 데이터셋으로 사용합니다. 지도학습 모델에게 테스트 데이터셋을 미래의 데이터인 것처럼 제공해 실전처럼 예측을 시도하는 것입니다.

잠깐만요 | 데이터셋과 데이터셋을 나누는 방법에 대한 자세한 내용은 251쪽을 참고하세요. |

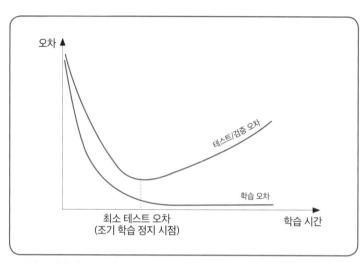

▲ 학습 오차와 테스트 오차

이제 학습이 진행됨에 따라 학습 오차와 테스트 오차가 어떻게 변화하는지 알아봅시다. 위 그림은 일반적인 학습 과정을 보여 줍니다. x축은 학습이 진행되는 시간, y축은 오차를 표시한 것입니다. 먼저, 학습이 진행될수록 학습 오차는 계속 작아지는 것을 볼 수 있습니다. 이는 당연한 결과입니다. 학습 오차가 줄어드는 방향으로 학습이 진행되기 때문입니다. 하지만 테스트 오차는 학습 오차와 함께 줄어들다가 어느 지점을 지나면 오히려 커지는 것을 알 수 있습니다. 이런 상태를 '**과적합 또는 과대적합(Overfitting)**' 이라고 합니다. 이와 반대로 테스트 오차가 학습 오차와 함께 계속 줄어드는 상태를 '**과소적합(Underfitting)**'이라고 합니다. 알맞은 모델은 과대적합과 과소적합 사이에 존재하는데, 이 개념은 '**편차–분산 트레이드오프(Bias–Variance Tradeoff)**'로 설명할 수 있습니다.

학습에 사용하는 데이터셋이 바뀜에 따라 모델의 출력이 얼마나 변하는지를 '분산'이라 하고, 학습 데이터셋과 모델이 계산한 결과가 엇나가는 것을 '편차'라고 합니다. 분산이 크다는 것은 데이터셋이 조금만 바뀌어도 모델이 많이 변화하는 것을 말합니다. 학습 데이터셋에 담긴 일반적인 정보를 학습하는 것을 넘어 잡음까지 외워버린 것입니다.

과적합 상태는 모델의 분산이 너무 커져버린 상태라고 할 수 있습니다. 반면, 편차가 크다는 것은 학습 데이터셋의 정보를 모델이 충분히 학습하지 못한 것을 말합니다. 과소적합 상태는 모델의 편차가 큰 상태라고 할 수 있습니다. 즉, 지도학습 모델링의 목적은 모델의 분산과 편차를 모두 줄이는 것입니다.

편차-분산 트레이드오프는 모델의 편차와 분산을 동시에 충분히 줄이는 것이 불가능한 현상을 말합니다. 편차를 줄이기 위해서는 분산을 양보해야 하고, 분산을 줄이기 위해서는 편차를 양보해야 하는 것이죠. 과적합과 과소적합 상태 사이의 균형을 찾아야 하는 것이라고도 할 수 있습니다. 먼저, 과소적합 상태를 탈출하는 방법은 더 복잡한 모델을 학습시키는 것입니다. 예를 들어, 복잡한 데이터를 직선으로 모델링하고 싶은 경우, 과소적합이 일어납니다. 선형 모델은 복잡도가 늦기 때문에 복잡한 데이터 정보를 충분히 담기 힘들기 때문입니다. 데이터의 분포를 대략적으로 이해한 후 적절한 복잡도의 지도학습 기법을 사용하면 과소적합 상태를 탈출하는 것은 그리 큰 문제가 아닙니다.

과대적합 상태를 탈출하는 방법은 좀 더 복잡합니다. 이때는 보통 세 가지 처방을 합니다.

첫째, 학습 데이터의 양을 늘리는 것입니다. 학습 데이터가 다양할수록 데이터셋만의 잡음이 약해지고 데이터의 일반적인 정보가 더 강해지기 때문에 분산을 줄이는 데 도움이 됩니다.

둘째, 덜 복잡한 모델을 사용하는 것입니다. 만약 데이터가 직선 주변에 분포해 있는데 곡선 모델을 사용하면 데이터셋의 잡음까지 외우는 상황이 발생하기 쉽습니다.

셋째, '**정칙화(Regularization)**'를 사용하는 것입니다. 정칙화는 과대적합을 막기 위해 데이터셋 이외의 정보를 모델에 주입해 편차를 인위적으로 증가시키는 것을 말합니다. 정칙화의 예시로는 '**배깅(Bagging)**', '**부스팅(Boosting)**'과 같은 '**앙상블(Ensemble)**' 기법, **데이터 증강**, '**정규화 손실함수(Penalized Loss Function)**' 사용, '**조기 학습 정지(Early Stopping)**' 등의 기법이 있습니다. 인공 신경망 모델은 몇몇 노드를 비활성화하는 **드롭아웃 (Dropout)** 기법을 사용합니다.

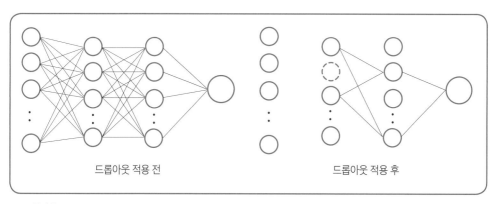

드롭아웃 적용 전   드롭아웃 적용 후

▲ 드롭아웃

지금까지는 지도학습의 목표를 대략적으로 알아봤습니다. 이는 일반화 성능이 제일 좋은 모델을 찾는 문제라고 요약할 수 있습니다. 실제로 가장 좋은 모델을 선택하기 위해서는 테스트 성능, 학습 성능 등의 개념을 수치화해 여러 모델을 비교해야 합니다. 각 개념은 '성능 평가 지표'를 사용해 숫자로 표현할 수 있습니다. 같은 성능 평가 지표를 테스트 데이터셋에 적용해 테스트 성능을 얻고, 학습 데이터셋에 적용해 학습 성능을 얻어 비교합니다. 문제의 종류나 모델의 성격, 지표를 이용해 얻고자 하는 모델의 정보에 따라 같은 모델의 성능을 평가하더라도 여러 지표를 사용해야 할 수도 있습니다. 좀 더 자세한 모델 성능 평가 지표는 '모델 성능 평가'에서 본격적으로 다루겠습니다.

전문가의 조언　　**준지도학습과 능동적학습**

- 준지도학습: 준지도학습(Semi-Supervised Learning)은 레이블을 갖고 있는 데이터와 레이블이 없는 데이터를 모두 사용해 모델을 만드는 문제입니다. 일반적으로 레이블링에는 많은 비용이 들기 때문에 레이블된 데이터가 그렇지 않은 데이터보다 적은 상황에서 준지도학습 문제를 풀게 됩니다. 기본적인 준지도학습의 목적은 지도학습과 같이 레이블을 예측하는 것이지만, 레이블링돼 있지 않은 데이터를 이용해 예측 성능을 향상하는 것에 중점을 둡니다. 비지도학습 기법으로 알아낸 데이터 패턴을 사용하기도 하고, 레이블된 데이터로 만든 모델로 레이블이 없는 데이터의 레이블을 예측한 후 예측한 레이블을 사용해 모델의 성능을 향상시키기도 합니다.

- 능동적학습: 능동적학습(Active Learning)은 준지도학습 설정에서 모델이 능동적으로 다음 레이블링돼야 할 데이터를 선택할 수 있는 상황에서 모델을 만드는 문제입니다. 만약 레이블이 있다면 가장 많은 정보를 얻을 수 있을 것 같은 데이터를 선택해 레이블을 요청하면 정답을 알고 있는 사람 또는 시스템이 해당 데이터에 대한 레이블을 모델에 제공합니다. 모델은 그 레이블을 바탕으로 학습하고, 다음 레이블을 요청하게 됩니다. 레이블링 비용을 효율적으로 활용하는 데 도움이 되는 문제입니다.

04 지도학습 프로세스

지도학습 프로세스는 모델 피드백 이후에 피드백을 반영한 새로운 목표를 세우고 다시 데이터 수집 단계로 돌아가는 순환형 구조입니다. 이는 빅데이터 프로젝트의 일부로, 빅데이터 프로젝트의 데이터 수집 및 이해, 분석 및 모델링, 배포 및 적용 부분을 모델링하는 사람의 관점에서 좀 더 자세히 나눈 것으로 이해할 수 있습니다.

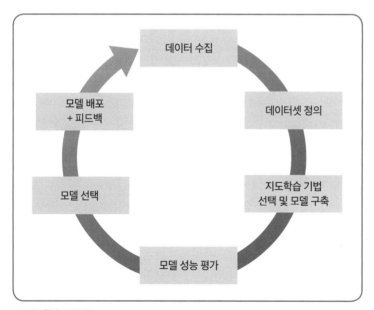

▲ 지도학습 프로세스

데이터 수집

비즈니스 문제 해결, 연구 문제 해결 등의 목표가 설정됐다면 분석 데이터를 확보해야 합니다. 기관이라면 분석에 활용할 수 있는 데이터를 사유 데이터베이스에 저장할 때가 많으며, 연구자는 'UCI Machine Learning Repository', 'IMDB-Wiki', 'MNIST', 'ImageNet', 'Cifar10', 'VQA Dataset' 등과 같은 연구용 '오픈 데이터'를 사용하기도 합니다. 만약, 기관에는 소속돼 있지 않지만, 데이터 분석을 해 보고 싶다면 웹 사이트의 데이터를 구해 개인 데이터베이스를 구축할 수도 있습니다.

잠깐만요 | 데이터베이스 구축에 대한 자세한 내용은 시스템 아키텍처 및 분산 처리 중 저장 부분, 웹 사이트에서 데이터를 수집하는 방법에 대한 자세한 내용은 웹 크롤링 부분을 참고하세요. |

데이터를 수집할 때는 가장 먼저 분석에 필요한 데이터가 무엇인지 정확히 파악해야 합니다. 이를 위해서는 분석의 목표를 확실히 이해하고, 인사이트를 자각해야 합니다. 특히, 비즈니스 의사결정을 위해 데이터를 분석할 때는 정확한 데이터를 선택하기 위해 관련 분야에 대한 전문 지식을 최대한 활용해야 합니다. 이런 관련 분야의 전문 지식을 '**도메인 지식**'이라고 합니다. 만약, 도메인 지식이 없는 데이터 분석 용역 업체에 데이터 분석을 의뢰한다면 데이터와 도메인 지식의 정확한 인과 관계를 이해하지 못해 적절한 행동을 도출하지 못할 가능성이 큽니다. 따라서 도메인 지식을 바탕으로 문제 해결에 적합한 데이터가 무엇인지 파악하는 것이 중요합니다.

데이터의 질도 중요한 요소입니다. 분석용 데이터가 실전 데이터와 비슷한지, 데이터 소스는 믿을 만한지 등을 신경써야 하죠. 또

한 데이터 수집 방법에 따라 다양한 잡음이 섞일 수 있기 때문에
원하는 데이터가 분석하기 쉬운 형태로 저장돼 있는지 확인해야
합니다. 설문조사 등으로 취합한 데이터일 때는 조사나 기입 과정
에서 실수가 있을 수 있고, 시스템이 조악할 때는 결측치나 이상
치가 포함된 형태로 저장될 가능성이 높습니다. 그렇기 때문에 대
량의 데이터를 보유한 기업의 데이터 엔지니어팀에서 데이터의
품질을 지속적으로 관리하고, 이를 위한 시스템을 운영하는 것이
죠. 만약 이러한 시스템을 잘 갖추고 있지 않을 때는 데이터의 품
질을 수동으로 점검해야 합니다.

데이터의 중요성을 강조하는 표현 중 'GIGO'라는 말이 있습니다.
GIGO는 'Garbage In, Garbage Out'의 약자로, 모델의 구조나
이론적 배경이 아무리 뛰어나더라도 데이터가 올바르지 않으면
모델의 결과나 성능도 저하된다는 뜻입니다. 데이터 기반의 모델
구축이 늘어나는 최근에는 데이터 품질의 중요성이 더욱 강조되
고 있습니다.

데이터셋 정의

데이터가 분석하기 쉬운 형태로 준비된 후에는 데이터를 용도별
로 나눠 저장해야 합니다. 이를 '데이터셋 정의'라고 합니다. 데이
터를 모아 놓고 왜 다시 나누는지 의아할 수 있겠지만, 이는 모델
의 성능을 평가하는 데 매우 중요합니다.

데이터셋을 학습과 테스트 데이터셋으로 구분해 설명했지만, 데
이터셋은 보통 '학습', '검증', '테스트'로 구분합니다. 학습 데이터
셋은 모델을 학습하는 데 사용하고, 테스트셋은 모델의 일반화 오

차를 근사하는 데 사용합니다. 그렇다면 검증 데이터셋은 어디에 사용할까요? **검증 데이터셋(Validation Set)**은 테스트 데이터셋과 비슷한 개념으로, **검증 오차(Validation Error)**를 계산해 모델의 성능을 측정하고, 이렇게 측정한 모델 성능을 사용해 최종 모델을 선택합니다. 특히 검증 데이터셋은 하이퍼파라미터를 결정하는 데 쓰이는 데이터로, 현업의 관례에 따라 훈련, 검증, 테스트 데이터셋은 보통 6(훈련):2(검증):2(테스트)의 비율로 정하지만, 훈련 테스트셋을 가장 큰 비중으로 하면 나머지 데이터셋의 비중을 임의로 변경할 수 있습니다. 데이터셋을 분류하는 데 많은 노력을 들이지 않고 그저 6:2:2의 비율에 맞춰 데이터셋을 나누면 된다고 생각할 수도 있지만, 비율 외에 클래스 불균형과 데이터 부족 문제 등을 고려해야 하는 섬세한 작업입니다.

클래스 불균형은 분류 문제에서 발생합니다. 분류 문제는 데이터를 어떤 카테고리로 분류할 것인지에 관련된 문제로, 강아지와 고양이 사진 1만 장으로 학습한 모델을 사용해 새로운 사진을 분류할 때 '강아지'와 '고양이'는 데이터의 클래스가 됩니다. 이때 클래스 불균형 문제는 학습에 사용한 고양이 사진은 1장, 강아지 사진이 9,999장일 정도로 균형이 맞지 않을 때 발생합니다. 클래스 불균형 문제는 분류 모델을 학습할 때 학습 데이터셋에 분류해야 하는 클래스가 한쪽으로 치우쳐 있는 상황으로, 이런 상황이 문제가 되는 이유는 데이터가 적은 클래스의 특성을 학습하기 어렵기 때문입니다. 학습이 한쪽으로 치우치면 자연스럽고 좋은 일반화 성능을 기대할 수 없습니다.

클래스 불균형을 포착하기 위해서는 데이터셋을 정의하기 전에 수집한 데이터에서 각 분류 클래스에 속하는 데이터의 비중을 계산해야 합니다. 데이터가 여러 클래스에 고르게 분포돼 있다면, 그 비율을 유지하면서 무작위로 데이터를 추출해 데이터셋을 정의하는 '**층화 추출법**(Stratified Sampling)'을 사용해도 문제가 없지만, 특정 클래스에 데이터가 너무 많이 포함돼 있거나 너무 적게 포함돼 있을 때는 데이터셋에 주의를 기울여 정의해야 합니다. 그렇다면 클래스 불균형이 발생하는 이유는 무엇일까요?

클래스 불균형이 발생하는 이유는 크게 두 가지로 나눌 수 있습니다.

첫째, 특정 지역이나 특정 집단을 대상으로 설문조사를 진행해 한쪽으로 크게 편향된 데이터가 수집된 상황입니다. 이때는 이전 단계로 돌아가 분류하고자 하는 클래스를 기준으로 최대한 다양한 데이터의 분포를 갖추도록 데이터를 다시 수집해야 합니다.

둘째, 애초에 해당 클래스의 데이터 발생 빈도가 적은 상황입니다. 10일 동안 연속으로 비가 내렸을 때와 같이 한쪽으로 적게 수집된 데이터는 데이터를 다시 수집해도 달라질 것이 없기 때문에 데이터셋 정의에 신경써야 합니다.

희소 클래스의 비율을 그대로 유지하는 테스트셋을 구축하면 우리 모델은 그 어떤 데이터도 희소하지 않은 클래스에 속한다고 분류할 것입니다. 애초에 몇 안 되는 희소 클래스의 분류를 틀렸다고 해도 전체적인 분류 정확도에는 큰 영향을 미치지 않기 때문입니다.

위의 두 번째와 같을 때는 '**오버샘플링(Oversampling)**' 또는 '**언더샘플링(Undersampling)**'이라는 기법을 활용해 학습 데이터셋에서 각 클래스의 비중을 비등하게 맞춰 줍니다. 이러한 문제는 실제 산업 현장에서 큰 가치가 있습니다. 예를 들어 금융 사기 탐지, 제조 공정 속에서 불량 제품 탐지, 시스템 다운 예측 등은 샘플이 매우 적지만, 예측했을 때 사업에 미치는 영향은 매우 크죠. 이는 '**이상치 탐지(Anomaly Detection)**' 분야와 연관돼 있는데, 클래스 불균형이 심한 상황에서의 데이터셋 정의, 모델 성능 평가 그리고 다양한 상황에 알맞은 알고리즘 개발 등을 중점적으로 연구하는 분야입니다.

데이터셋 정의 과정에서 일어날 수 있는 또 다른 문제로는 데이터 부족 문제를 들 수 있습니다. 데이터셋을 전통적인 방법에 따라 6:2:2의 비율로 정의하면 실제로 모델 학습에 사용되는 데이터는 전체 데이터의 60% 정도밖에 되지 않습니다. 만약, 수집한 데이터가 적은 상황이라면 학습에 매우 적은 양의 데이터만 사용되게 되고, 이는 모델 학습을 방해하는 심각한 요소가 될 수 있습니다.

이렇게 데이터가 부족할 때는 **리샘플링**이라는 기법을 사용합니다. 리샘플링은 주어진 데이터셋의 일부를 여러 번 다시 추출해 작은 데이터셋을 여러 개 만들고, 이를 새로 수집한 데이터라고 간주해 사용하는 것을 말합니다. 대표적인 리샘플링 방법으로는 '**교차검증(Cross-Validation)**', '**부트스트래핑(Bootstrapping)**', '**잭나이프 샘플링(Jackknife Sampling)**' 등이 있습니다.

리샘플링을 거치면 데이터셋이 여러 개 만들어지는 것과 같은 효과가 있기 때문에 데이터 부족 문제를 어느 정도 해결할 수 있습니다. 여기서는 지도학습 모델 구축에 흔히 사용하는 교차검증만 소개하겠습니다.

교차검증에서는 테스트 데이터셋을 제외한 데이터셋을 여러 개의 부분 집합으로 분할한 후 각 부분 집합이 학습 데이터셋과 검증 데이터셋 모두에 사용될 수 있도록 학습과 모델 성능 평가를 여러 번 진행합니다. 최종 모델 성능은 각 검증 데이터셋에서 측정한 성능 지표의 평균으로 측정하는데, 보통 K개의 부분 집합(폴드, fold)을 만들기 때문에 'k-겹 교차검증(k-fold Cross-Validation)'이라 불리기도 합니다.

모든 데이터가 학습과 검증에 사용되기 때문에 데이터 부족 현상을 완화할 수 있죠. 하지만 군이 데이터가 부족하지 않은 상황에서도 교차검증을 사용하는데, 그 이유는 교차검증을 사용해 모델 성능을 평가하면 일반화 오차를 더 잘 추정할 수 있기 때문입니다.

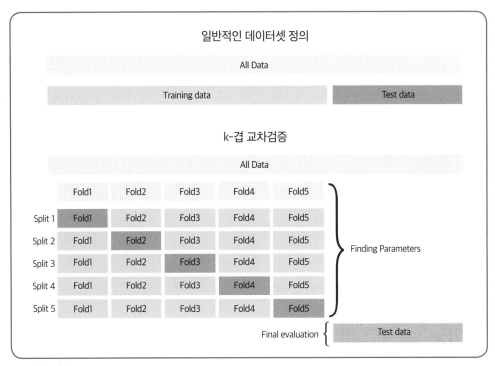

▲ k-겹 교차검증

*시계열 데이터를 다룰 때는 학습 데이터셋이 검증 데이터셋보다 과거의 데이터여야 합니다. 학습 데이터셋이 검증 데이터셋보다 미래의 데이터라면 학습 데이터셋에 검증 데이터셋의 정보가 포함될 수 있기 때문입니다. 즉, 검증 데이터셋의 정보를 모델에 미리 반영하는 것과 같은 효과가 있으므로 일반화 오차를 제대로 측정할 수 없게 됩니다. 따라서 시계열 데이터를 학습에 사용할 때는 데이터셋을 시간 순서에 따라 정의해야 합니다.

전문가의 조언　　**시계열 데이터**

시계열 데이터는 시간의 변화에 따라 연속적으로 관측된 값을 동일한 시간 간격을 두고 측정한 데이터를 말합니다. 시계열 데이터는 일반적으로 다음과 같은 성질을 갖고 있습니다.

- 자기상관성: 특정 시점 데이터는 과거 데이터에 의존할 수 있습니다.

- 추세: 데이터가 시간에 따라 일정한 경향성을 보일 수 있습니다. 일반적으로 증가하는 추세인지, 감소하는 추세인지 고려합니다.

- 계절성: 데이터가 일정한 시간 간격에 따라 주기를 가질 수 있습니다. 예를 들어 아이스크림 판매량은 매 여름에 증가하는 계절성을 갖습니다.

지도학습 기법 선택 및 모델 구축

데이터셋에 대한 정의를 마쳤다면 모델 구축을 시작해야 합니다. 하지만 그전에 어떠한 지도학습 기법을 사용할 것인지를 선택해야 합니다. 이때는 선형 회귀, 의사결정나무, 다층신경망 등과 같은 다양한 기법을 사용할 수 있습니다. 이는 지도학습 기법 단원을 참고하면 됩니다. 지도학습 기법을 선택할 때는 데이터의 특성과 도메인 지식, 풀고자 하는 문제 등을 고려해야 합니다. 예를 들어 분류 문제를 해결하기 위해 설득력이 있는 모델을 원한다면 의사결정나무 계열의 기법을 선택하는 것이 좋습니다.

지도학습 기법을 선택했다면 이제 선택한 기법을 사용해 모델을 만들어야 합니다. 비모수 모델은 해당 사항이 없지만, 다층신경망 기법 등은 모수를 사용하는 모델을 만들어 결과를 예측합니다. 앞서 모델이 데이터를 기반으로 학습한다고 표현한 것은 사실상 모델의 모수를 추정하는 것을 의미하며, 대부분 모수 추정 과정을 최적화 문제로 정의할 수 있습니다. 모델이 데이터를 얼마나 잘 표현하는지를 나타내는 하나의 **손실함수**(최적화의 맥락에서는

'목적 함수')를 정의하고, 이 값을 최적화하는 것입니다. 일반적으로, 이 책의 빅데이터 지식 마당의 정보 이론 부분에서 소개한 여러 지표를 사용해 손실함수를 정의하고, 최적화 부분에서 소개한 최적화 기법을 사용해 손실함수를 최적화합니다. 최적화가 끝나면 모델이 학습됐다고 간주해 모델 성능 평가를 하게 됩니다.

작은 손실함수를 갖는 모델은 손실함수의 값이 작아지는 방향으로 학습하기 때문에 데이터를 잘 이해했다고 생각할 수 있습니다. 따라서 앞서 살펴본 학습 오차를 수치적으로 나타낼 때 손실함수 값을 사용하기도 합니다. 지도학습 모델 구축은 모수 추정만으로 이뤄진 것은 아닙니다. 대부분의 지도학습 모델은 '**하이퍼파라미터**'라는 모델의 설정 값이 있어서 모델 학습을 시작하기 전에 하이퍼파라미터를 정해야 합니다. 하이퍼파라미터는 학습 과정 중에도 바뀌지 않는 값으로, 그 예로는 다층신경망 모델일 때 은닉층의 개수나 노드 수, 의사결정나무 모델일 때 모델의 깊이 등을 들 수 있습니다. 어떠한 하이퍼파라미터를 갖는 모델이 데이터를 가장 잘 학습하는지는 모델의 선택 과정에 달려 있습니다. 같은 의사결정나무 기법을 사용하더라도 깊이가 3인 나무와 깊이가 4인 나무는 서로 다른 모델인 것이죠. 하이퍼파라미터는 앞으로 이어질 모델 선택 부분에서 자세히 살펴보겠습니다.

모델 성능 평가
지도학습 모델 구축의 구상과 학습을 마쳤다면 모델의 성능을 평가해야 합니다. 통계 방법에도 샘플 밖 데이터의 모델 성능을 평가하는 'AIC', 'BIC', 'Mallow's C_p' 등이 있지만, 빅데이터 시대의 지도학습 모델을 평가하기 위해서는 다른 지표를 사용할 수 있습니다. 이번에는 지도학습 모델의 성능 평가를 알아보겠습니다.

지도학습 개요에서 모델의 성능을 평가하는 일반화 오차, 테스트
오차, 학습 오차 등의 개념을 살펴봤습니다. 이제, 위 개념을 수치
화하기 위한 지표를 소개합니다. 다음 지표는 어떠한 데이터에서
사용하느냐에 따라 테스트 오차를 수치화할 수도 있고, 학습 오차
를 수치화할 수도 있습니다. 예를 들어 학습 데이터셋을 사용해
지도학습 모델의 성능을 평가한다면 그 결과는 모델이 얼마나 학
습 데이터셋을 잘 이해했는지를 표현하는 '학습 오차'를 나타내는
수치, 테스트 데이터셋을 사용한다면 그 결과는 지도학습 모델이
얼마나 일반화를 잘하는지를 가늠해 볼 수 있는 '테스트 오차'를
나타내는 수치가 됩니다. 지도학습 모델은 목적에 따라 다른 종류
의 성능 평가 지표를 사용합니다. 여기서는 분류 모델과 예측 모
델의 성능 평가 지표를 각각 살펴보겠습니다.

예측 모델의 성능은 모델의 출력값과 그 출력값이 원래 예측해
야 하는 값의 차이를 활용하는 것이 직관적입니다. 예를 들어 학
생의 성적을 예측하는 모델을 개발할 때 예측 모델은 90점을 예
측했지만, 실제 성적이 100점이라면, 예측 모델의 성능은 예측한
점수와 실제 점수의 차이 또는 오차인 '10'으로 표현하는 것이 간
편합니다. 하지만 오차를 나타내는 데는 여러 가지 방법이 있고,
상황에 따라 'MSE(Mean Squared Error)', 'RMSE(Root Mean
Squared Error)', 'MAE(Mean Absolute Error)' 등과 같은 여러
지표를 사용합니다. 이런 지표는 모두 실제 값과 모델이 예측한
값의 차이를 기반으로 한 것입니다.

분류 모델은 다른 방법을 사용합니다. 보통 '**정오분류표 (Confusion Matrix)**'를 사용해 성능을 평가합니다. 정오분류표 는 데이터의 실제 클래스와 모델이 예측한 데이터 클래스를 동시 에 표현하는 방법으로, 다음과 같은 2차원 테이블을 사용합니다. 분류 모델은 데이터가 각 클래스에 해당할 가능성이나 확률을 반 환하도록 설계되는데, 미리 지정한 '**컷오프(cut-off)**' 또는 '**역치 (Threshold)**'의 초과 여부에 따라 클래스를 분류합니다. 가장 빈 번히 사용하는 컷오프 값인 '0.5'를 예로 들면, 만약 모델이 어떤 클래스가 '1'일 확률이 55%, '2'일 확률이 45%라고 예측했을 경 우 클래스 1로 분류합니다.

	클래스 1(실제)	클래스 2(실제)
클래스 1(예측)	127	25
클래스 2(예측)	32	48

▲ 정오분류표 예시

테이블의 숫자가 표시된 부분에는 각 행과 열 조건에 맞는 데이 터의 개수를 적습니다. 예를 들어 1번 셀에는 실제 1번 클래스에 해당하는 데이터 중 분류 모델도 1번 클래스라고 예측한 데이터 의 수를 기입합니다. 정오분류표에서 도출할 수 있는 일반적인 성 능 평가 지표는 '**정확도(Accuracy)**'입니다. 정확도는 전체 데이터 의 개수 중 왼쪽 위와 오른쪽 아래 셀에 해당하는 데이터가 몇 개 나 되는지를 비율로 나타낸 것으로, 모델이 실제 클래스를 얼마나 잘 맞췄는지를 평가합니다.

모든 클래스가 중요하다면 주로 성능 지표를 정확도로 선택하고,

특정 클래스가 더 중요하다면 클래스에 따라 '정밀도(Precision)', '재현율(Recall)', '특이성(Specificity)', 'F1 점수(F1 Score)', AUROC(Area under Receiver Operating Characteristic) 등과 같은 지표를 사용합니다. 각 지표는 모델의 단면만을 보여 주기 때문에 상황에 따라 적절한 지표를 골라 사용해야 합니다. 예를 들어 정밀도는 모델이 중요 클래스라고 예측한 것 중에서 실제로 중요 클래스에 해당하는 데이터의 비율, 재현율은 실제로 중요 클래스에 속하는 데이터 중 모델이 중요 클래스라고 예측한 데이터의 비율입니다.

모델 선택

모델 선택은 앞서 설명한 모델 구축에서 모수 추정을 제외한, 지도학습 기법 선택과 하이퍼파라미터 선택을 포함하는 과정으로, 지도학습 기법과 하이퍼파라미터의 조합 중 가장 적절한 것을 고르는 과정입니다. 모델 성능 평가에서 소개한 지표를 활용해 각 조합의 성능을 평가한 후 가장 좋은 성능의 조합을 선택합니다.

학습 데이터셋과 테스트 데이터셋 이외의 검증 데이터셋을 사용해 모델을 선택합니다. 좀 더 정확하게는 적절한 기법과 하이퍼파라미터의 조합을 찾기 위해 검증 데이터셋에서 평가한 검증 오차를 사용합니다. 각 조합에 대한 검증 오차를 계산해 검증 오차가 가장 낮은 조합을 선택하는 것이죠. 테스트 데이터셋은 모델의 일반화 오차를 근사하기 위해서만 사용하는 데이터셋이기 때문에 최종 성능 평가 전까지는 절대로 모델이 테스트 데이터셋을 학습하게 해서는 안 됩니다.

최종 모델이 만들어지기 전 단계인 모델 선택 과정 또한 테스트 데이터셋의 영향을 받으면 안 되는 것이죠. 따라서 검증 데이터셋을 따로 정의해 이 문제를 해결합니다. 학생의 성적을 예측하는 모델을 예로 들면 다양한 학습 전략의 결과를 비교하기 위해 모의고사 전에 쪽지 시험을 치르는 것과 같습니다.

지도학습 기법의 종류와 각 기법에 필요한 하이퍼파라미터의 종류가 많고, 각 하이퍼파라미터의 값 또한 무수히 많기 때문에 모든 기법과 하이퍼파라미터 조합에 대해 검증 오차를 측정하는 식으로 비교하는 것은 비효율적입니다. 일반적으로 현업에서는 도메인 지식을 이용해 지도학습 기법을 선택하고, 하이퍼파라미터 선택에는 좀 더 효율적인 탐색 알고리즘을 사용합니다.

하이퍼파라미터 탐색 기법에는 '그리드 서치(Grid Search)', '랜덤 서치(Random Search)', '베이지안 최적화(Bayesian Optimization)' 등이 있습니다. 그리드 서치는 가능한 범위에서 하이퍼파라미터 값을 일정한 간격으로 분할해 탐색하는 방법, 랜덤 서치는 무작위로 하이퍼파라미터 값을 찾는 방법을 말합니다. 베이지안 최적화는 특정 하이퍼파라미터 값이 최적일 확률을 베이지안 방식으로 계산해 최적의 하이퍼파라미터 값을 체계적으로 탐색하는 것을 말합니다.

모델 배포 - 피드백
최종적으로 모델 선택과 구축을 마쳤다면, 해당 모델을 배포해 실제 데이터를 처리하게 해야 합니다. 모델을 배포했다고 해서 지도학습 프로세스의 모든 과정이 끝난 것이 아닙니다. 모델 배포 이

후에는 해당 모델이 실제 데이터를 받아 어떠한 성능을 내고 있는지 지속적으로 확인하고, 그 결과에 따라 기존의 모델을 수정해야 합니다. 이번에는 모델을 관리해야 하는 이유를 알아보겠습니다.

배포한 모델을 꾸준히 관리하면 모델의 질을 향상할 수 있습니다. 지도학습 모델은 데이터에 기반을 두고 만들기 때문에 일반적으로 학습하는 데이터가 많을수록 좋은 예측 결과가 나옵니다. 기존 모델 학습에 사용된 데이터는 한정적이므로 실제 데이터 생성 분포의 정보를 충분히 담고 있지 못할 수 있고, 실제 데이터가 쌓일수록 모델의 성능을 향상할 수 있는 것입니다. 따라서 데이터가 축적될수록 정기적으로 다시 학습하면 모델을 업데이트하는 효과를 이용해 좀 더 정확한 모델을 만들 수 있습니다.

또한 배포한 모델이 더 이상 유효하지 않을 수 있기 때문에 꾸준한 관리가 필요합니다. 데이터의 분포는 시간의 변화에 따라 바뀔 수 있는데, 이렇게 시간 변화에 따라 데이터 분포가 달라지는 것을 '**시간 일관성**(Time Consistency)의 부재가 발생했다.' 또는 '**개념 변화**(Concept Drift)가 일어났다.'라고 표현합니다. 예를 들어 보험 사기 적발 모델의 예측성은 시간이 지날수록 하락하는데, 이는 보험 사기 방법이나 유형이 달라졌기 때문입니다.

이런 데이터 분포의 변화는 도메인 지식으로 쉽게 인지할 수 있지만, 과학적인 방법으로 이것을 파악하기 위해 따로 '**시간 일관성 데이터셋**(Time Consistency Data Set)'을 정의해 모델을 검증하기도 합니다. 이렇게 변화하는 데이터를 다룰 때는 모델의 성능을 정기적으로 점검해야 하고, 성능 저하가 관측되면 과거의 데이터는 제외하고 새로 수집된 데이터만으로 모델을 다시 구축해야 합니다.

이외에도 비즈니스 문제가 바뀌거나 현실적인 시스템 제약의 변화 등 모델 구축 사이클을 다시 시작하는 이유는 다양합니다. 그리고 각 상황에 따라 다시 사이클의 첫 절차로 돌아가 지도학습 프로세스를 반복하면 됩니다.

05 지도학습 기법

선형회귀

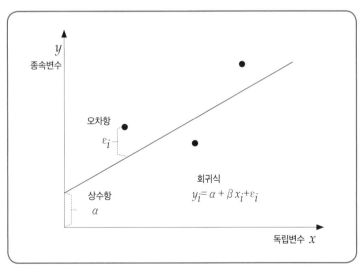

▲ 선형회귀

선형회귀(Linear Regression)는 주로 통계학에서 '**독립변수**'와 '**종속변수**'와의 관계를 밝히는 데 사용하는 기법으로, 파라미터 간의 선형성을 전제로 정답인 종속변수를 예측하는 모델을 만들어 지도학습 문제를 해결합니다. 예측을 강화하기 위해 '**목적함수**'에 '**성칙화항**'을 추가한 '**정규화 선형회귀 기법**'을 많이 사용합니다. 대표적인 모델로는 'Ridge', 'LASSO', 'Elastic Net' 등이 있고, 이외에도 변수 선택과 차원 감축을 위한 '**전진선택회귀(Forward Selection Regression)**', '**후진제거회귀(Backward Elimination Regression)**', '**단계적회귀(Stepwise Regression)**' 등의 기법이 있습니다. 기본적인 선형회귀 모델은 예측 모델이지만, '**로지스틱회귀(Logistic Regression)**'라는 특수한 형태의 회귀식을 사용하면 분류 문제를 해결하는 데도 사용할 수 있습니다.

서포트 벡터 머신

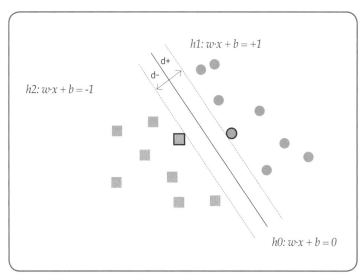

▲ 서포트 벡터 머신

서포트 벡터 머신(Support Vector Machine, SVM)은 데이터의 카테고리를 정하는 경계선을 찾아 분류하는 지도학습 기법입니다. 경계선이 선형으로 그려지기 때문에 데이터의 모양에 따라 고차원으로 사상하는 '**커널 트릭**' 작업이 필요할 때도 있습니다. 고차원에서는 선형 경계선으로 좀 더 복잡한 분류가 가능해지기 때문이죠. 해당 경계선을 찾는 데 사용하는 '**서포트 벡터**', '**마진**', '**경계**', '**2차 계획법**' 등의 개념을 사용해 회귀 분석을 할 수도 있는데, 이를 '**서포트 벡터 회귀(Support Vector Regression, SVR)**'라고 합니다.

의사결정나무

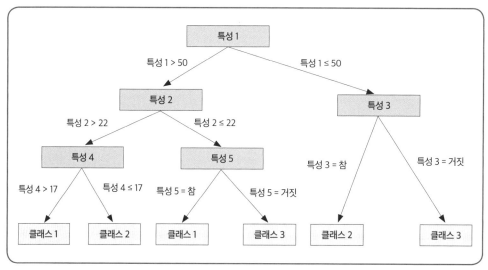

▲ 의사결정나무

의사결정나무(Decision Tree)는 각 입력 변수에 재귀적인 if-then 규칙을 적용해 결과를 예측하는 기법입니다. 논리가 단순한 만큼 해석력이 뛰어나고, 계산 시간도 빠릅니다. '**랜덤 포레스트**

(Random Forest)', '**부스팅 나무**(Boosting Tree)'와 같은 앙상블, 부스팅 기법을 함께 사용하기도 합니다. 결과의 가중 평균을 취하는 방식으로 회귀 분석에 사용하기도 합니다.

k-근접 이웃법

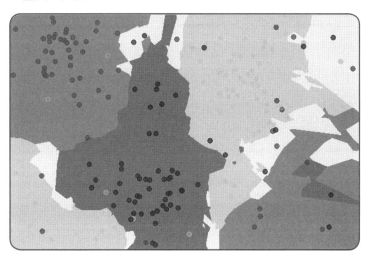

▲ k-근접 이웃법　　　　　　　[출처: https://commons.wikimedia.org/]

k-근접 이웃법(k-Nearest Neighbors, k-NN)은 예측 대상과 가장 근접한 k개의 레이블을 바탕으로 예측하고자 하는 데이터의 레이블을 정하는 지도학습 기법입니다. 근접한 k개 데이터의 레이블로 투표를 진행해 분류하기도 하고, 레이블이 연속적인 값일 때 가중 평균으로 회귀를 진행하기도 합니다.

근접한 데이터를 찾아내기 위해서는 데이터 사이의 거리 정의가 필요합니다. 레이블 예측에 관심이 있는 데이터에서만 예측을 진행하면 되기 때문에 따로 '학습'이라는 개념이 존재하지 않는 기법이죠. 이러한 기법을 '**게으른 학습법**(Lazy Learning)'이라고

하는데, 복잡한 모수 추정 과정을 거치지 않아도 된다는 간편함이 있지만, 가장 근접한 k개의 데이터를 찾아내야 하므로 특성과 데이터 수가 증가할수록 연산량의 부담이 매우 커집니다.

인공 신경망 - 퍼셉트론과 다층퍼셉트론

인공 신경망(Artificial Neural Network, ANN)은 선형 함수와 활성화 함수로 이뤄진 퍼셉트론을 여러 개 사용하는 방식의 머신러닝 기법입니다. 퍼셉트론으로 이뤄진 층을 여러 겹 쌓아올려 복잡한 함수를 만들 수 있기 때문에 비정형 데이터(이미지, 텍스트, 음성 등)와 같이 특성 사이의 관계를 사람이 쉽게 알기 힘든 데이터를 모델링하는 데 널리 쓰입니다. 이렇게 여러 층의 퍼셉트론층을 쌓아올리는 것을 '딥러닝(Deep Learning) 기법'이라고 합니다. 인공 신경망 모델은 파라미터가 많기 때문에 다른 기법 대비 데이터와 학습 시간이 많이 필요하다는 특징이 있습니다. 인공 신경망을 학습하는 방식인 역전파의 개발, 대용량 데이터 저장 기법과 더불어 크고 복잡한 모델을 효율적으로 학습할 수 있는 하드웨어의 발전으로 큰 인기를 얻고 있습니다.

이때 주의해야 할 점은 다른 머신러닝 기법과 인공 신경망, 딥러닝은 본질적으로 다른 것이 아니라는 것입니다. 인공 신경망 기법은 머신러닝 기법 중 한 가지이고, 머신러닝 문제를 해결하기 위해 다른 기법을 사용하는 것과 마찬가지로 인공 신경망 기법을 활용할 수 있습니다. 또한 인공 신경망은 다른 지도학습 기법과 달리, 비지도학습이나 자기 지도학습에도 활용될 수 있습니다. 그만큼 모델을 유연하게 만들 수 있는 기법이기도 합니다.

가장 기초적인 인공 신경망 모델인 퍼셉트론은 생물의 신경 세포를 모방해 만들어졌습니다. 생물의 신경 세포는 역치 이상의 자극을 받으면 활성화되고, 그 신호를 전달할 때 퍼셉트론도 같은 원리로 작동합니다. 퍼셉트론 모델에서는 입력값(x)에 **가중치**(w)를 곱해 신호(signal, wx)를 계산하고, 그 결과가 어떤 기준(Threshold, $-b$)을 넘으면($wx>-b$ 또는 $wx+b>0$) 1을 출력하고, 넘지 않으면 -1을 출력합니다. 일반적으로 신호로부터 출력값을 계산하는 부분을 '**활성 함수**'라고 하는데, 여기에서는 '부호 함수(Sign Function)'가 활성 함수로 사용됐습니다. 퍼셉트론은 큰 반향을 일으켰지만, 이 모델만으로는 비선형 분류 문제를 쉽게 풀수 없다는 한계가 있습니다.

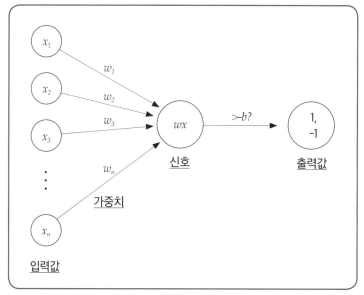

▲ 퍼셉트론

퍼셉트론 모델의 한계가 지적된 이후 여러 개의 퍼셉트론으로 하나의 층을 만들어 모델을 구축한 '단일 은닉층(Single Hidden Layer)' 모델로 어떠한 연속 함수라도 근사할 수 있는 것이 'Universal Approximation Theorem'로 밝혀졌습니다. 더 나아가 퍼셉트론을 여러 층으로 쌓으면 모델을 좀 더 효율적으로 만들 수도 있는데, 이를 '다층 퍼셉트론'이라고 합니다. 다층 퍼셉트론에서는 입력값 층에서 은닉층으로, 은닉층에서 그다음 은닉층으로 가중치를 곱하고, 활성함수를 적용하는 '순전파' 과정을 반복해 출력값을 계산하는데, 여러 층이 쌓이다 보니 퍼셉트론 하나하나의 가중치와 출력값 사이의 관계가 복잡해져서 모델을 학습하는 과정, 다시 말해 최적의 가중치를 찾기 어려워졌습니다.

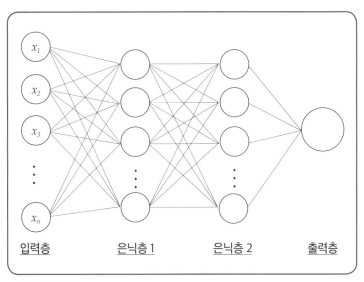

▲ 다층 퍼셉트론

인공 신경망 학습

퍼셉트론과 다층 퍼셉트론 학습의 어려움을 해결하기 위해 '역전파(backpropagation)'라는 방법이 제안돼 현재까지 사용되고 있습니다. 역전파는 출력값과 정답 값의 차이인 오차를 출력값에서 입력값 방향으로, 즉 모델의 역방향으로 전파해 각 가중치가 조정되도록 하는 것으로, 이러한 조정을 여러 번 반복해 가중치를 계속 수정하면 언젠가 오차로부터 역전파되는 신호가 줄어들고, 결국 가중치가 최적값이 됩니다. 이 문제를 다시 살펴보면 아직 해결되지 않은 두 가지 문제가 있습니다. 첫째는 오차를 계산하는 방법이고, 둘째는 오차 신호를 바탕으로 가중치가 최적값에 가까워지도록 조정하는 방법입니다.

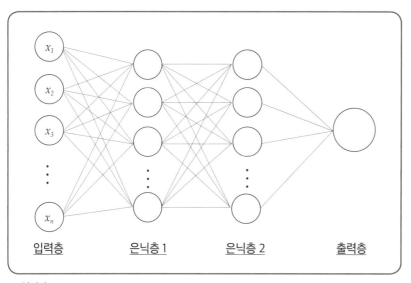

▲ 역전파

우선 오차를 계산하는 식을 '**손실함수**'라고 하는데, 이는 주어진 데이터와 문제, 모델의 목적을 고려해 결정할 수 있습니다. '**평균제곱오차(MSE)**', '**교차엔트로피(Cross-Entropy)**' 등 다양한 손실함수 중에서 선택하거나 경우에 따라 이것을 변형하고 조합해 문제에 맞는 새로운 손실함수를 만들 수도 있습니다. 그다음은 역전파를 통해 전달된 오차 신호를 바탕으로 가중치를 조정하는 방법으로, 여기서 다양한 최적화 방법이 사용됩니다. 가장 기본적인 방법으로는 '**경사하강법(Gradient Descent)**'이 있고, '**확률적 경사하강법(Stochastic Gradient Descent, SGD)**', '**모멘텀(Momentum)**', 'AdaGrad', 'RMSProp', 'Adam' 등과 같은 여러 가지 최적화 방법이 있으므로 각각의 특성을 파악해 상황에 맞는 방법을 선택해 사용하면 됩니다.

인공 신경망 - CNN

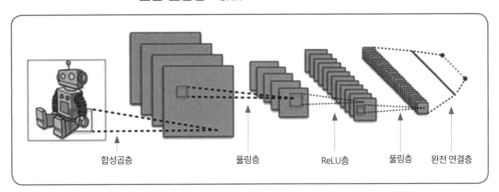

합성곱층　　　　풀링층　　　ReLU층　　　풀링층　　완전 연결층

▲ CNN 모델 예시

다층 퍼셉트론 이후 인공 신경망 모델은 다루는 데이터의 특성을 잘 활용할 수 있는 방향으로 발전해 왔습니다. 그중 하나가 'CNN(Convolutional Neural Network)'이죠. CNN은 이름에서 알 수 있듯이 '**합성곱(Convolution)**' 연산을 이용하는 인공 신경망 모델이고, 이미지, 비디오 등과 같은 데이터에서 뛰어난 성능을 발휘합니다. CNN 모델은 목적에 따라 다양한 구조를 가질 수 있지만, 일반적으로 '합성곱층(Convolutional Layer)', '**풀링**

층(Pooling Layer)', 'ReLU층', '완전 연결층(Fully Connected Layer)' 등으로 구성돼 있습니다. 합성곱층에서는 데이터의 특징이 추출되고, 풀링층에서는 '다운샘플링(Downsampling)'이 이뤄지는데, 최댓값일 때 '최대풀링(Max-pooling)', 최솟값일 때 '최소풀링(Min-pooling)'이라고 합니다. ReLU층은 활성함수의 역할을 하고, 완전 연결층은 합성곱층에서 추출된 데이터의 특징을 바탕으로 출력값을 계산합니다.

인공 신경망 - RNN

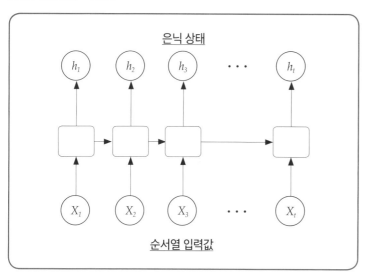

▲ RNN 모델 예시

'RNN(Recurrent Neural Network)'은 CNN 못지않게 대표적인 인공 신경망 모델입니다. 텍스트, 보이스, 시계열 등의 **순서열(Sequence)** 데이터에 뛰어난 성능을 발휘하고, 번역, 감성 분석, 시계열 예측 등과 같은 분야에서 많이 활용되고 있습니다. RNN 모델은 이전 시점의 **은닉 상태**와 현재 시점에 주어진 입력값을 받아 현재 시점의 은닉 상태를 계산하는 부분과 은닉 상태로부터 출력값을 계산하는 부분으로 나눌 수 있는데, RNN이 순서열 데이터에 좋은 성능을 발휘하는 이유는 첫 부분에서 찾을 수 있습니다. 이 부분에서 이전 시점과 현재 시점의 상관 관계를 고려해 모델을 학습함으로써 순서열 데이터의 시점에 따른 상관성 정보가 추출되기 때문이죠.

다만 순서열이 길어지면 모델이 먼 시점에 대한 상관성을 표현하지 못하는 문제가 발생하는데, 이를 '기울기 소실(Vanishing Gradient)' 또는 '기울기 폭발(Exploding Gradient)'이라고 합니다. 기울기 소실이나 기울기 폭발을 해결하기 위해 'LSTM(Long Short-term Memory)', 'GRU(Gated Recurrent Unit)' 등의 모델이 제안됐습니다. 한편 순서열 데이터는 꼭 과거에서 현재의 방향으로만 상관성을 가질 필요가 없고, 양방향으로도 상관성을 가질 수 있는데, 기본적인 RNN 모델들은 양방향의 상관성 정보를 추출할 수 없는 구조로 이를 해결하기 위해 '양방향 RNN(Bidirectional RNN)'이 제안됐습니다.

지금까지 살펴본 내용은 딥러닝 분야에서 가장 기초적인 것입니다. '오토인코더(Autoencoder)', 'GAN(Generative Adversarial Network)', '트랜스포머(Transformer)'와 같은 딥러닝 모델 구조나 *'임베딩(Embedding)', '어텐션(Attention)'과 같은 딥러닝 관련 개념도 반드시 익혀야 합니다. 이 중 일부는 이어지는 '06. 비지도학습'에서 다룹니다.

전문가의 조언　　임베딩

임베딩(Embedding)은 어떤 데이터를 숫자형 데이터인 벡터로 바꾸는 작업이나 그 결과로 얻은 벡터 자체를 말합니다. 일반적으로 데이터를 분석하거나 모델링할 때는 그 값이 사칙연산이 가능한 숫자 형태여야 합니다. 예를 들어 자연어 처리(Natural Language Processing) 분야에서는 분석 대상이 '텍스트 데이터'입니다. 그러면 텍스트 데이터를 벡터로 변환하는 방법인 임베딩이 필요한 것입니다. 자연어 처리 분야에서 임베딩이 가장 활발히 이용되는 만큼 이를 예시로 설명을 이어가겠습니다.

가장 간단한 방법으로 '원-핫 인코딩(One-Hot Encoding)'이 있습니다. 데이터에 등장하는 모든 단어를 서로 독립인 벡터로 임베딩하는 것입니다. 중복 없이 단어의 수가 n이라면, 임베딩 차원도 n이 됩니다. 따라서 단어의 수가 증가하는 만큼 벡터의 차원이 증가하는 희소 표현(Sparse Representation) 방식이므로 메모리 효율성이 좋지 못하고, 무엇보다 각 벡터가 서로 독립이므로 단어 사이에 아무런 연관 관계도 표현할 수 없다는 단점이 있습니다.

이를 극복하기 위해 대부분 밀집 표현(Dense Representation)으로 분류되는 임베딩 방법들을 사용합니다. 밀집 표현 방식의 임베딩은 희소 표현과 달리 사용자가 지정한 차원으로 임베딩 결과를 얻을 수 있으므로 메모리를 효율적으로 관리할 수 있고, 임베딩 과정에서 단어 간의 연관 관계 등 의미와 문법적인 관계 정보도 표현할 수 있습니다. 밀집 표현 방식의 임베딩에는 TF-IDF를 비롯해 skip-gram, Word2Vec, FastText, ELMo, GPT, BERT 등 다양한 방법이 제안됐으며, 최근에는 BERT가 큰 인기를 누리고 있습니다.

06　비지도학습

비지도학습 개요

앞에서 살펴본 지도학습은 **데이터 레이블**, 즉 정답을 얼마나 잘 맞히는지에 관심을 갖고 있습니다. 그런데 여기에는 우리가 살펴보지 않았던 중요한 가정이 하나 있습니다. 그것은 바로 '데이터에 레이블이 존재해야 한다.'라는 것입니다. 그렇다면 데이터에 레이블이 없을 때는 어떻게 분석해야 할까요? 이때는 데이터를 비지도학습으로 분석할 수 있습니다.

어느 데이터이든 처음 생성될 때는 레이블이 없습니다. 누군가 그 데이터를 보고 레이블을 추가해야 비로소 데이터에 레이블이 생성되는 것이죠. 그런데 아직까지는 레이블을 사람이 직접 부여해야 할 때가 많아서 상당한 비용이 발생했습니다. 특히 의료 데이터와 같이 레이블을 부여하기 위해 전문 지식이 필요할 때는 그 비용이 더 커지죠. 또한 전문 지식이 필요 없을 때도 데이터 생성 속도가 너무 빨라 레이블을 부여하기 어려운 때도 있습니다. 예를 들어, 인스타그램에는 평균적으로 1초에 1,000개가 넘는 사진이 업로드됩니다. 하루면 수천 만에서 1억 개 가까운 이미지 데이터가 생성되는데, 이 모든 데이터에 레이블을 부여하기는 힘들겠죠. 그렇다 보니 현실에서는 레이블이 없는 데이터와 더 자주 마주칩니다.

우선 '**지도**'라는 용어부터 살펴보겠습니다. 지도학습에서는 레이블이 모델의 학습 방향을 지도합니다. 모델의 예측값과 레이블을 손실함수를 이용해 비교하고, 오차가 감소하는 방향으로 모델의 학습을 유도하죠. 레이블에 따라 모델의 학습 방향이 결정되므로 모델을 학생, 레이블을 선생님에 비유해 '지도학습'이라 부르는 것입니다. 반면, 비지도학습에서는 데이터에 레이블이 존재하지 않으므로 모델의 학습 방향을 직접 지도할 기준이 없습니다. 따라서 이를 '비지도학습'이라 부릅니다.

비지도학습은 레이블이 없을 때 사용하기 때문에 모델이 데이터를 얼마나 잘 학습했는지, 즉 모델의 성능을 지도학습의 경우처럼 직접 측정하기 어렵습니다. 그렇기 때문에 비지도학습이 지도학습에 비해 더 어렵고 난해하게 느껴지기도 하죠. 하지만 결국 평가는 해야 하기 때문에 간접적 또는 **정성적 평가** 지표를 이용해 모델의 성능을 평가합니다. 간단한 예시를 살펴보겠습니다.

강아지와 고양이 사진이 각각 100장씩 있다고 가정해 보겠습니다. 사진마다 강아지, 고양이 레이블이 있다면, 지도학습을 이용해 강아지와 고양이를 분류하는 모델을 학습해 만들 수 있습니다. 모델을 만든 후에는 학습에 사용하지 않은 새로운 사진 100장을 이용해 모델이 강아지와 고양이를 얼마나 잘 분류할 수 있는지 평가해 볼 수 있을 것입니다. 예를 들어, 총 100장의 사진 중 97장을 정확히 분류했다면 모델의 정확도가 97%라고 평가할 수 있습니다.

레이블이 없어서 각 사진이 강아지인지, 고양이인지 모를 때는 비지도학습을 이용할 수 있습니다. 이때는 모델이 각 사진의 특성을 고려해 비슷한 사진끼리 모아 그룹을 나누도록 합니다. 예를 들어 2개의 그룹으로 나눌 때 모델은 운이 좋게 강아지와 고양이로 사진을 나눌 수도 있고, 예기치 못하게 암컷과 수컷으로 나누거나 단모종과 장모종으로 나눌 수도 있습니다. 하지만 정답이 없기 때문에 나눠진 모델이 얼마나 정확한지 평가하기 어렵습니다. 따라서 평가는 얼마나 그룹을 잘 나눴는지 간접적으로 확인하는 방식으로 진행하며, 같은 그룹에 포함된 사진끼리는 서로 더 비슷할수록, 다른 그룹에 있는 사진끼리는 서로 더 다를수록 그룹을 잘 나눴다고 평가할 수 있습니다. 사진이 서로 비슷하거나 다르다는 판단은 나뉜 사진을 보고 정성적으로 측정할 수도 있고, 새로운 평가 지표를 만들어 측정할 수도 있습니다.

비지도학습에서는 레이블, 즉 분석 기준이 없기 때문에 분석의 방향이 열려 있고, 그 덕분에 지도학습에서는 볼 수 없던 다양한 데이터 특성을 파악할 수 있습니다. 앞에서 살펴본 지도학습 모델은 주어진 정답인 강아지와 고양이를 맞추는 것이 목표이기 때문에 데이터로부터 오직 강아지와 고양이의 차이와 관계가 깊은 특성만을 파악합니다. 반면, 비지도학습은 정답이라는 분석의 기준, 즉 제약이 없기 때문에 강아지와 고양이의 차이, 암컷과 수컷의 차이, 단모종과 장모종의 차이 등 주어진 데이터의 다양한 특성을 파악할 수 있죠.

따라서 비지도학습은 레이블이 없어서 명확한 기준으로 분석하기 어렵다는 단점이 있는 동시에 레이블이 있을 때는 볼 수 없었던 데이터의 새로운 특성을 파악할 수 있다는 장점도 있습니다. 이러한 장점 때문에 데이터 레이블이 있을 때도 심도 있는 데이터의 특성을 파악하기 위해 비지도학습을 수행하기도 합니다.

전문가의 조언　**자기 지도학습**

자기 지도학습은 레이블이 없는 데이터가 주어졌을 때, 데이터로부터 레이블을 자체적으로 정의하고, 이를 이용해 지도학습을 하는 것을 말합니다. 예를 들어, 강아지와 고양이 사진이 각각 100장씩 있는데, 레이블이 없어서 어떤 사진이 강아지인지, 고양이인지 알 수 없다고 가정해 보겠습니다. 이때 각 사진의 일부를 가리고 사진에서 가려진 부분을 맞히는 문제를 만들어 보겠습니다. 새롭게 만든 문제에서는 우리가 레이블(사진의 가려진 부분)을 알고 있기 때문에 지도학습을 할 수 있고, 그 결과가 바로 자기 지도학습 모델입니다. 자기 지도학습은 레이블이 없는 상황에서 사용되기 때문에 비지도학습으로 분류되기도 하지만, 결국 자체적으로 레이블을 만들어 지도학습을 수행하기 때문에 지도학습으로 분류하기도 합니다.

그런데 스스로 만든 문제를 해결하는 것이 어떤 의미가 있을까요? 자기 지도학습에서 해결하는 문제(위 예시에서 사진의 가려진 부분을 맞히는 문제)를 '프리텍스트 태스크(Pretext Task)' 또는 '프리트레이닝 태스크(Pretraining Task)'라고 합니다. 프리(pre)라는 말이 암시하는 것처럼 자기 지도학습의 목표는 이 문제 자체를 해결하는 것이 아니라 그 다음에 이어지는 본 과제(Downstream Task)를 좀 더 쉽게 해결하도록 돕는 데에 있습니다. 일종의 사전 과제인 것이죠. 그래서 자기 지도학습 모델은 프리텍스트 태스크를 해결하는 과정에서 주어진 데이터의 일반적인 특성과 의미를 학습하고, 그 결과가 다른 지도학습 문제를 해결할 때 기초 모형으로 이용됩니다. 이렇게 자기 지도학습은 레이블 없이도 데이터의 특성을 학습할 수 있으며, 이후에 다양한 문제에 응용될 수 있는 기초 모형을 생산한다는 의미가 있습니다. 레이블이 없는 수많은 데이터에서 가치를 창출할 수 있다는 점에서 앞으로 더 각광받을 것으로 기대됩니다.

07 비지도학습 프로세스

비지도학습 프로세스는 지도학습 프로세스와 매우 비슷합니다. 하지만 레이블이 없다는 특성 때문에 모델이 얼마나 정답을 많이 맞혔는지 평가 지표로 사용할 수 없고, 일부 차이가 존재합니다. 이번에는 지도학습 프로세스와의 차이점을 중심으로 비지도학습 프로세스를 살펴보겠습니다.

첫째, 비지도학습에서 사용하는 평가 지표의 성격은 지도학습의 평가 지표와 다릅니다. 이 말은 모델 성능 평가와 모델 선택 단계에서 사용하는 방법이 다르다는 뜻입니다. 먼저, 비지도학습에서 사용하는 정량적 지표는 군집화의 질을 단편적으로 평가합니다. 따라서 정량적 지표가 좋을수록 무조건 군집화가 잘 진행됐다고 주장하기 힘듭니다. 또한 대부분 비지도학습의 정량적 지표는 모델 학습이 아니라 하이퍼파라미터를 찾는 데 사용됩니다. k-means 기법에서는 군집의 개수, PCA에서는 주성분의 개수, GMM에서는 가우시안 분포의 개수가 하이퍼파라미터에 해당합니다.

기본적으로 비지도학습에서 사용하는 정량적 평가 지표는 개요에서 설명했듯이 군집 내의 데이터가 얼마나 가까운지와 군집 간의 데이터가 얼마나 먼지를 측정합니다.

실루엣(Silhouette) 방법은 이를 직접적으로 사용해 군집의 질을 단편적으로 측정합니다. 동일한 의도를 갖는 다른 접근법에서는 각 군집이 내포하는 분산의 합이 전체 데이터의 분산에서 차지하는 비중인 설명 분산(Explained Variation)을 살펴봅니다. 즉, 군집이 데이터 내의 분산을 얼마나 많이 설명하는지를 측정하는 것입니다.

군집의 개수에 따라 설명 가능한 분산을 나타낸 후 엘보(Elbow) 방법을 사용할 수도 있고, PCA일 때 스크리 그림(Scree Plot)을 사용해 비슷한 분석을 진행할 수도 있습니다. 이외에도 군집화의 왜곡을 평가 지표로 사용하는 정보이론적 접근법이 있고, 각 하이퍼파라미터로 테스트셋에서 군집화를 적용한 후 평가 지표를 각 테스트셋에서 계산해 사용하는 교차검증법도 있습니다(지도학습의 교차검증법과 비슷합니다). 각 군집이 잘 나눠졌다고 가정한 후 각 군집 간에 통계적으로 유의한 차이가 있는지를 검정하는 분산분석(ANOVA) 방법을 사용하기도 합니다.

비지도학습에서 진행하는 정성적 평가는 정량적 지표가 나타내지 못하는 데이터의 성질을 알기 위해 진행합니다. 군집화된 데이터를 들여다보고 사람이 직접 군집의 질을 평가하는 것입니다. 그뿐 아니라 각 군집을 설명할 수도 있습니다. 예를 들어, 앞서 강아지와 고양이 사진에 비지도학습 기법을 적용해 도출된 군집이 어떠한 기준(강아지인지 고양이인지, 암컷인지 수컷인지)으로 만들어진 것인지는 사람이 직접 평가할 수밖에 없습니다.

이 단계가 마무리되면 각 군집의 특성을 알 수 있습니다. 정성적 평가는 시각화를 동반할 때가 많기 때문에 PCA, t-SNE와 같은 기법을 사용해 사람이 볼 수 있는 3차원 이하의 공간으로 차원 축소를 진행합니다. 만약 데이터의 특성을 고차원에서만 발견할 수 있다면 시각화를 통한 정성적 평가는 매우 힘든 작업이 됩니다.

둘째, 비지도학습에서 데이터셋을 꼭 나눌 필요는 없습니다. 학습 데이터셋, 검증 데이터셋, 테스트 데이터셋 등으로 데이터셋을 분할하는 '데이터셋 정의하기' 단계를 생략할 수도 있다는 뜻입니다. 앞서 살펴본 것처럼 비지도학습에서 사용하는 평가 지표는 지도학습처럼 직접적으로 학습의 질을 평가하는 데 쓰이기 어렵기 때문입니다.

예를 들어, 거리가 가까운 점들끼리 군집을 만드는 k-means 기법을 사용할 때 데이터셋을 학습-테스트셋으로 나눴다고 가정해 보겠습니다(k-means 기법은 '08. 비지도학습 기법' 참고). 학습 데이터에서 얻은 중심점을 사용해 테스트셋의 데이터를 군집화했다고 가정해 보겠습니다. 군집화된 테스트셋에서 얻을 수 있는 정보는 무엇일까요? 비지도학습에는 '정답 군집'이 없기 때문에 테스트셋의 데이터가 '정답 군집'에 들어가도록 군집됐는지 평가할 수 없습니다. 따라서 이때는 테스트셋을 분리하지 않고, 모든 데이터를 학습 데이터라고 간주한 후에 군집화를 진행합니다. 이후에는 앞서 설명한 실루엣 방법, 분산분석, 정성적 평가 등을 적용해 군집의 질을 평가합니다. 물론, 교차검증 기법을 사용하기 위해서는 일정 데이터를 검증 데이터로 분리하긴 하지만, 교차검증을 이용해 하이퍼파라미터를 얻은 후에는 똑같이 모든 데이터를 학습 데이터로 간주합니다.

08 비지도학습 기법

k-means

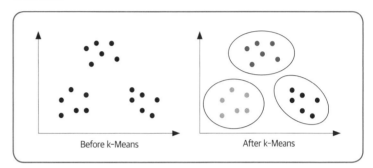

▲ k-means

k-means는 가장 자주 이용되는 **군집 분석(Clustering)** 방법 중
하나로, 주어진 개체들을 k개의 군집(Cluster)으로 분할하는 비
지도학습 기법입니다. k-means 알고리즘은 세 가지를 가정하는
데, 첫 번째 가정은 각 군집은 한 **중심점(Centroid)**을 기준으로 그
주변에 분포한다는 것, 두 번째 가정은 한 개체는 한 군집에만 속
한다는 것, 세 번째 가정은 각 개체와 그 개체가 속한 군집의 중심
점 사이의 거리를 모두 더한 값이 작을수록 군집화의 결과가 좋
다는 것입니다. k-means는 이러한 가정을 바탕으로 위 그림처럼
레이블이 없는 데이터가 주어졌을 때 데이터 값을 기준으로 특성
이 비슷한 개체끼리 묶어 군집을 형성합니다.

k-means는 간편하지만, 크게 다섯 가지의 한계점이 있으므로 그
한계와 해결 방법을 함께 알아 두는 것이 좋습니다.

첫째, k 값, 즉 몇 개의 군집으로 데이터를 나눌지 미리 정해야 한다는 것입니다. 이러한 문제를 해결하는 군집화 방법으로는 '**계층적 군집화**(Hierarchical Clustering)'가 있습니다. 둘째, 중심점의 초깃값에 따라 군집화 결과가 바뀔 수 있다는 것이고, 이러한 문제를 해결하기 위해 보통은 여러 가지 **초깃값**을 테스트합니다. 셋째, 군집 대상이 **볼록 집합**이 아닐 때는 군집화 성능이 저하된다는 것입니다. 이를 해결하기 위한 대안으로 DBSCAN 알고리즘을 이용할 수 있습니다. 넷째, **이상치**에 민감하다는 것입니다. 이러한 문제를 개선하기 위해 **k-medians**를 이용할 수 있습니다. 다섯째, 한 개체가 한 군집에만 속하는지 여부만 알 수 있고, 속하는 정도는 표현할 수 없다는 것입니다. **fuzzy C-means(또는 Soft k-means)**를 이용해 해결할 수 있습니다.

PCA

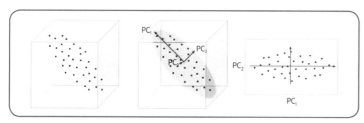

▲ PCA

PCA(Principal Component Analysis)는 가장 대표적이고 빈번하게 사용되는 **차원 축소**(Dimensionality Reduction) 방법으로, 주어진 데이터의 정보를 최대한 보존하면서 데이터를 저차원으로 변환하는, 즉 **수직인 부분 공간**(Orthogonal Subspace)으로 사영하는 비지도학습 기법입니다. 분석의 대상이 되는 데이터가 고차원일 때 **차원의 저주**는 물론 변수 간 **선형 상관성**이나 시각화의 어려움 등 여러 가지 문제가 발생할 수 있는데, PCA를 이용하면 차원을 줄여 이러한 문제를 완화하는 데 도움이 됩니다.

PCA를 이용하면 데이터의 차원을 쉽게 축소할 수 있지만, 몇 가지 한계점도 있습니다.

첫째, 변수의 단위에 따라 PCA 결과가 달라질 수 있다는 것입니다. 이는 PCA 전에 각 변수를 표준화해 해결할 수 있습니다. 둘째, PCA는 선형 변환을 이용하기 때문에 주어진 변수끼리 비선형 관계에 있을 때 적절한 차원 축소가 이뤄지기 어렵습니다. 이러한 한계를 극복하기 위해서는 Kernel PCA나 나중에 소개할 오토인코더(Autoencoder) 계열의 모델을 사용할 수 있습니다. 셋째, PCA는 범주형 데이터에는 사용할 수 없습니다. 이러한 한계는 MCA(Multiple Correspondence Analysis)를 사용해 해결할 수 있습니다.

GMM

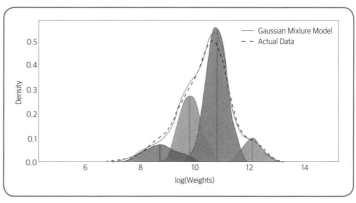

▲ GMM

GMM(Gaussian Mixture Model)은 가장 흔히 사용되는 '모수적 혼합 모델(Parametric Mixture Model)' 중 하나로, 여러 개의 가우시안 확률밀도함수를 조합해 주어진 데이터의 확률밀도함수를 추정하는 비지도학습 군집 분석 기법입니다. GMM은 데이터가 여러 개의 가우시안 분포의 혼합으로 표현된다고 가정하고, 잠재 변수를 이용해 각 가우시안 분포의 평균과 분산을 EM알고리즘으로 추정해 데이터의 확률밀도함수를 모델링합니다. k개의 가우시안 분포를 혼합해 모델링하면, 데이터의 각 개체가 k개의 가우시안 분포 각각에 포함될 정도를 결과로 얻게 되고, 이를 이용해 클러스터링하는 것입니다. 이론적으로는 충분한 수의 가우시안 확률밀도함수를 사용하기만 한다면 모든 확률밀도를 추정할 수 있기 때문에 '보편 추정자(Universal Approximator)'라고도 불립니다.

오토인코더

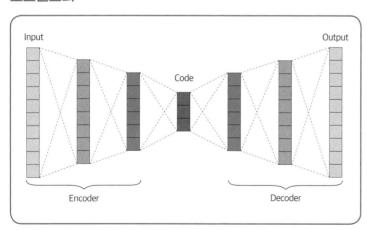

▲ 오토인코더

오토인코더는 차원 축소, 이상치 탐지(Anomaly Detection), 노이즈 제거(Denoising) 등에 자주 사용되는 인공 신경망 모델로, 주어진 데이터의 차원을 축소했다가 **복원(Reconstruction)**하는 과정에서 데이터의 중요한 특성을 학습하는 '비지도학습 기법' 또는 '자기 지도학습 기법'입니다. 이 구성은 **인코더(Encoder)**, **디코더(Decoder)**, **코드(Code**, 또는 Bottleneck, Latent Feature 등으로 불림), **복원 오류(Reconstruction Error)**로 이뤄져 있습니다. 인코더의 목표는 입력값을 저차원의 코드로 압축해 중요한 정보만을 남기는 것, 디코더의 목표는 이를 복원해 출력값을 생성하는 것입니다. 만약 모델이 잘 학습됐다면 입력값과 출력값이 매우 비슷하기 때문에 둘의 차이인 복원 오류가 적을 것입니다. 그러면 주어진 데이터의 중요한 특성이 코드로 잘 **표현(Representation)**됐다고 할 수 있고, 이것이 오토인코더의 핵심이라 할 수 있습니다.

오토인코더가 제안된 후 이와 관련된 다양한 모델이 등장했습니다. **Stacked Autoencoder**, **Sparse Autoencoder**, **Denoising Autoencoder**, **VAE(Variational Autoencoder)** 외에도 많은 모델이 있습니다.

GAN

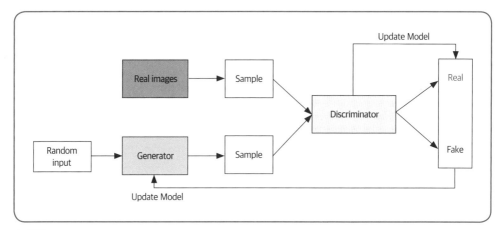

▲ GAN

GAN(Generative Adversarial Network)은 이미지 생성(Image Generation)에 많이 이용되는 인공 신경망 모델로, 두 모델을 서로 적대적으로 학습시키는 비지도학습 기법입니다. 모형은 실제 이미지와 비슷한 이미지를 생성하는 것이 목표인 생성 모델(Generator)과 실제 이미지와 생성 모델이 생성한 가짜 이미지를 구분하는 것이 목표인 분류 모델(Discriminator)로 나뉩니다. 두 모델은 서로 적대적 또는 경쟁적으로 학습하게 되는데, 궁극적인 목표는 학습이 진행됨에 따라 생성 모델이 만든 이미지가 분류 모델이 진짜인지 구분하기 어려울 정도로 실제에 가깝게 하는 것입니다.

GAN에 대한 연구는 매우 활발하게 진행돼 수백 개 이상의 파생 모델이 제안됐고, GAN 동물원(The GAN Zoo)까지 있을 정도이므로 관심 분야의 GAN 모형을 찾아보기 바랍니다.

09 강화학습

강화학습 개요

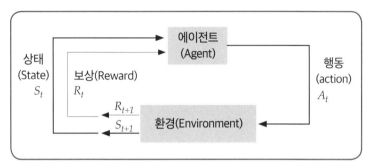

▲ 강화학습 구조

강화학습 문제는 기본적으로 '**환경**', '**에이전트**', '**상태**', '**행동**', '**보상**'이라는 요소로 이뤄집니다. 강화학습의 목표는 환경 안에 있는 에이전트가 환경과 상호작용을 하면서 최적의 의사결정을 하는 것입니다. 에이전트와 환경 간의 상호작용은 상태, 행동, 보상을 주고받음으로써 이뤄집니다. 에이전트는 환경에게 행동을 제공하고, 환경은 에이전트에게 상태와 보상을 제공하는 방식이죠. 비디오 게임을 잘하는 봇을 만드는 과정을 예시로 설명하겠습니다.

환경은 비디오 게임 그 자체입니다. 풀고자 하는 문제가 포함돼 있죠. 비디오 게임에서 캐릭터가 움직일 수 있는 범위, 점수를 얻는 규칙 등을 모두 포함한 개념입니다. 그 안에 존재하는 에이전트는 환경과 행동을 이용해 상호작용합니다. 이 예시에서 에이전트는 게임 안에 있는 캐릭터가 어떠한 의사결정을 내릴 것인지를

결정하고, 게임 캐릭터가 이동하거나 공격하게 하는 등의 행동을
취할 수 있습니다.

에이전트의 행동을 받아들인 환경은 에이전트에게 새로운 상태
와 보상을 제공합니다. 상태는 에이전트가 처한 상황을 나타냅니
다. 현재 위치나 적의 위치를 상대로 생각할 수도 있고, 게임 화면
자체를 상태로 받아들일 수도 있습니다. 에이전트가 행동을 취해
현재 상태에서 다음 상태로 바뀌는 것을 '상태 전이'라고 합니다.
에이전트가 이동이라는 행동을 취하면 에이전트의 위치가 변동
되고, 공격이라는 행동을 취하면 적의 체력이 줄어들겠죠.

보상은 에이전트의 행동을 평가할 수 있는 지표입니다. 상태, 행
동, 보상은 강화학습 문제를 정의하는 우리들이 세세하게 정할 수
있습니다. 게임에서 죽으면 얼마나 작은 보상을 줄 것인지, 아이
템을 먹으면 얼마나 큰 보상을 줄 것인지 등이 이에 해당합니다.
에이전트는 어떤 상황에서 어떤 행동을 했을 때 무엇을 보상으로
얻는지를 바탕으로 새로운 상태에서 보상을 최대화하는 행동을
취합니다. 에이전트가 처할 수 있는 모든 상태에서 어떠한 행동을
취해야 하는지를 알려 주는 함수를 '**정책**'이라고 합니다. 상태, 행
동, 새로운 상태의 순환이 정책을 따라 계속된다면, 이때 순서대
로 기록되는 상태, 행동, 상태, 행동 등을 '**궤적(Trajectory)**'이라
고 합니다. 또한 이 궤적을 따라갔을 때 얻는 보상의 총합을 '**리턴
(Return)**'이라는 확률 변수라고 생각한다면, 강화학습 문제는 리
턴의 기댓값을 최대화하는 정책을 찾는 문제라고 할 수 있습니다.

강화학습에서는 환경을 포함한 문제를 '**마르코프 결정 과정**

(Markov Decision Process)'으로 가정할 때가 많습니다. 마르코프 결정 과정은 현재 상태가 과거 모든 상태의 정보를 담고 있는 문제를 설정하는 것인데, 이에 따라 정책 또한 '**정상 정책 (Stationary Policy)**'이라고 가정할 때가 많습니다. 정상 정책은 과거 상태를 무시한 채 현재 상태만으로 행동을 결정하는 정책을 말합니다. 이러한 가정은 강화학습 알고리즘을 이론적으로 쉽게 분석하게 해 줍니다.

강화학습은 이러한 구조적인 특성 덕분에 현실 세계의 다양한 문제를 해결하는 데 사용됩니다. 자율주행차를 만들고 싶을 때는 실제 주행 상황과 흡사한 시뮬레이터를 만들어 환경으로 사용할 수도 있습니다. 다만 게임일 때와 같이 점수가 없기 때문에 환경, 행동, 보상의 세밀한 정의가 필요하겠죠.

강화학습 문제는 그 성격에 따라 여러 종류로 나누기도 합니다. 만약 비디오 게임처럼 환경과 상호작용이 끝나는 지점이 있으면 '**에피소딕 문제(Episodic Task)**'라 하고, 상호작용이 끝나지 않고 계속 이어진다면 '**연속적 문제(Continuing Task)**'라고 합니다. 또한 에피소딕 문제는 상태 전이가 주어진 수에 도달하면 끝나는 '**유한기간(Finite Horizon) 문제**'와 무한히 이어질 수 있는 '**무한기간(Infinite Horizon) 문제**'로 나눌 수 있습니다. 예를 들어 무승부가 없는 체스일 때 킹을 잡으면 게임이 끝나지만, 킹을 잡지 않으면 이론상 무한히 긴 시간 동안 게임을 할 수 있기 때문에 무한기간 에피소딕 문제입니다.

어떤 환경에서는 같은 상태에서 같은 행동을 해도 확률에 따라 다양한 상태로 전이할 수 있습니다. 이러한 환경은 '**확률적 역학**을 가진다.'라고 표현하고, 같은 상태에서 같은 행동을 했을 때 항상 일정한 상태로 전이하는 환경은 '**결정적 역학**을 가진다.'라고 표현합니다.

또한 에이전트의 정책도 '결정적 정책'과 '확률적 정책'으로 나눌 수 있습니다. 가위바위보 게임에서 가위, 바위, 보를 같은 확률로 내는 정책이 최적이라는 것은 잘 알려진 사실입니다. 이때 강화학습 알고리즘은 확률 분포에 따라 행동이 정해지는 확률적 정책을 찾아야 할 수도 있습니다. 반면, 특정 상태에 도달했을 때 정해진 행동만을 취하는 정책을 '결정적 정책'이라고 합니다.

강화학습에는 '**탐색−이용 트레이드오프(Exploration−Exploitation Trade−off)**'의 문제가 있습니다. 탐색은 환경에 대한 정보를 수집하기 위해 다양한 행동을 취하거나 다양한 상태에 방문하는 것을 말하고, 이용은 현재 얻은 정보를 바탕으로 최적의 의사결정을 내리는 것을 말합니다. 만약 환경에 대한 정보를 과도하게 수집하다 보면 계속 낮은 보상을 받아야 할 수도 있습니다. 이와 반대로 현재 얻은 정보에 안주해 결정을 내리면 정보가 부족해 더 높은 보상을 얻을 기회를 놓칠 수도 있습니다. 예를 들어 이미 방문해서 맛이 검증된 음식점을 갈 것인지(이용), 새로운 음식점에 도전해 볼 것인지(탐색)의 상충 문제도 '탐색−이용 트레이드오프'라고 할 수 있습니다. 단골집에만 계속 가면 더 맛있는 새로운 맛집을 놓칠 수도 있고, 계속 새로운 식당을 찾아 나서면 맛이 없는 식사를 할 확률이 높아지기 때문입니다. 따라서 이 점을 염두에 두고 강화학습 알고리즘을 설계하는 것이 좋습니다.

강화학습에서 보상, 정책 등은 함수로 간주됩니다. 이 함수는 강화학습 에이전트를 학습하면서 함께 학습되는데, 여기서 지도학습 기법이 많이 적용됩니다. 에이전트가 환경을 모델링하는 방식에 따라 인공 신경망이 사용되기도 하고, 선형회귀함수가 사용되기도 합니다. 강화학습은 현재 아주 활발한 연구가 진행되는 분야이므로 관심 있는 독자들은 최신 논문을 찾아보기 바랍니다.

강화학습에서 파생된 문제에는 '모방학습(Imitation Learning)'이 있습니다. 모방학습은 최적의 결정을 내리거나 최적과 가까운 결정을 내리는 시범자의 상호작용 데이터를 바탕으로 시범자와 비슷한 행동을 취하는 에이전트를 학습하는 문제를 말합니다. 예를 들면 특정한 동작을 반복적으로 취하는 사람의 영상을 바탕으로 똑같은 동작을 취하는 로봇 제어 알고리즘을 학습하는 문제를 들 수 있습니다. 모방학습의 대표적인 예로는 '역강화학습(Inverse Reinforcement Learning)', '행동 복제(Behavior Cloning)' 등을 들 수 있습니다. 역강화학습은 시범자의 행동 데이터를 바탕으로 그 시범자가 가졌을 것 같은 보상을 역으로 추적하는 문제, 행동 복제는 시범자의 행동 데이터를 지도학습 기법으로 학습해 에이전트를 만드는 문제입니다.

전문가의 조언   강화학습, 지도학습, 최적 제어

• 강화학습과 지도학습: 강화학습과 지도학습의 가장 큰 차이점은 상호작용입니다. 지도학습 모델이 사용하는 데이터는 레이블과 입력 데이터가 이미 1:1로 대응된 상태이기 때문에 학습 과정에서 모델이 레이블에 대한 어떠한 예측을 하든 정답의 정보를 수동적이고 즉각적으로 받아들일 수 있습니다. 반면, 강화학습 에이전트는 학습 과정에서 에이전트가 취하는 행동에 따라 받아들일 수 있는 정보가 다르고, 에이전트가 그 정보를 받아들이기까지 시간이 필요할 수도 있습니다. 체스의 말을 움직이면 상대의 움직임도 함께 변하고, 그 수에 대한 정보를 얻기 위해서는 그 게임이 끝날 때까지 기다려야 하는 것처럼요. 에이전트는 자신이 선택한 경험을 바탕으로 학습할 줄 알아야 합니다. 따라서 강화학습 에이전트는 지도학습 모델과 달리, 최대한의 정보를 얻기 위해서나 최대한의 보상을 얻기 위해 계속 고민을 해야 하죠. 이를 '탐색-이용 트레이드오프'라고 합니다.

모델의 적극성에서 파생된 또 하나의 차이점은 모델이 받아들이는 데이터에 있습니다. 지도학습 모델의 구축 과정은 데이터가 독립적이고 일정한 분포를 가진다는 것을 가정합니다. 그렇기 때문에 지도학습 프로세스의 개념 변화에 대응하는 절차가 있는 것입니다. 하지만 강화학습 에이전트는 매 순간 개념 변화와 마주해야 합니다. 순차적인 문제를 풀어야 하고, 행동에 따라 다음 상태가 바뀌기 때문입니다. 즉, 강화학습 에이전트가 받아들이는 데이터는 절대 독립적이지도, 동일한 분포를 갖고 있지도 않습니다. 어떠한 정책을 따르느냐에 따라 얻는 데이터의 분포가 달라진다는 것에 유의하면, 강화학습과 지도학습의 차이점을 확실히 이해할 수 있을 것입니다. 이러한 차이점 때문에 일반적으로 강화학습이 지도학습보다 어려운 문제라고 인식합니다.

• 강화학습과 최적 제어: 최적 제어와 강화학습은 매우 연관이 깊어 둘 사이를 완벽하게 구분하기 힘듭니다. 두 분야는 비슷한 문제를 독립적으로 연구했습니다. 따라서 같은 개념이라도 최적 제어에서 사용하는 용어와 강화학습에서 사용하는 용어가 다릅니다. 예를 들어 강화학습에서는 '행동(Action)', 최적 제어 맥락에서는 '제어(Control)'라고 하죠. 최적 제어는 상대적으로 긴 역사를 바탕으로 깊은 이론적·실증적 연구 결과를 보유한 반면, 강화학습은 최적 제어보다 일반적인 문제를 해결하려고 하는 경향이 있습니다. 최적 제어에서는 환경의 역학을 깔끔한 수식으로 정의한 후 최적의 정책을 찾으려고 한 시도가 주류를 이룬다면, 강화학습은 환경의 역학을 모델링하는 것보다는 최적의 정책을 찾는 것을 더 중요하게 생각하죠. 강화학습에서 동적 계획법과 같은 최적 제어의 연구를 많이 활용하는 등 두 학계의 교류도 활발히 진행되고 있습니다. 강화학습의 '계획(Planning)'은 최적 제어, 최적 제어의 '확률적 최적 제어(Stochastic Optimal Control)'는 강화학습과 밀접한 관련이 있습니다. 항상 그런 것은 아니지만, 환경 역학을 모두 안다고 가정한 후 최적의 정책을 찾는 분야를 최적 제어라 생각하고 공부를 계속 하면 둘 사이의 관계를 이해하는 좋은 시작점이 될 것입니다. 최적 제어에서는 어떠한 접근법을 취하고 있는지 궁금한 독자는 '확률적 최적 제어' 또는 '근사적 동적계획법(Approximate Dynamic Programming)' 등의 키워드로 공부하는 것을 권합니다.

10 강화학습 프로세스

강화학습 프로세스를 다음과 같은 네 가지 단계로 나눠 살펴보겠습니다.

- 문제 파악하기
- 강화학습 문제로 정의하기
- 강화학습 기법 선택 및 에이전트 학습하기
- 강화학습 에이전트 성능 평가 및 배포하기

문제 파악하기

해결하고자 하는 문제를 파악하는 것이 첫 번째 단계입니다. 강화학습 프로젝트에서는 이 단계가 필수적이고 매우 중요합니다. 모든 문제를 강화학습으로 해결할 수 없기 때문이죠. 일반적으로 '제어 또는 행동을 찾고자 하는 문제인가?', '최적의 행동이 무엇인지 정의할 수 있는 평가 지표가 있는가?'라는 두 질문에 대한 답이 '그렇다.'이면 강화학습을 시도해 볼 만한 문제라고 간주합니다.

강화학습 기법은 문제를 주로 마르코프 결정 과정으로 정의합니다. 따라서 해결하려는 문제가 마르코프 결정 과정으로 정의될 수 있는지 확인하는 과정은 매우 중요합니다. 마르코프 결정 과정은 '가장 중요한 성질은 새로운 상태가 현재 상태와 행동에만 의존한다.'는 것입니다. 이전 상태와 이전 행동은 독립적이어야만 마르코프 결정 과정이라고 할 수 있습니다. 또한 마르코프 결정 과정에는 상태와 별개로 '**관찰(Observation)**'이라는 개념이 있습니다. 환경의 실제 상태와 에이전트가 환경을 관찰한 것을 따로 생각하는 것인데요. 일반적인 마르코프 결정 과정에서는 에이전트가 환경의 상태를 그대로 관찰할 수 있다고 가정합니다(상태=관찰). 지금 마주한 문제에서도 그렇게 적용되는지 생각해 봅시다. 만약 에이전트가 환경의 상태를 온전히 관찰하지 못하는 상황이라면 일반적인 마르코프 결정 과정이 아닌 **POMDP(부분 관찰 마르코프 결정 과정**, Partially Observable Markov Decision Process, **'폼디피'라고 읽음)**로 정의해야 합니다. 이때는 전통적인 강화학습 접근법이 아닌 POMDP에 특화된 접근법을 사용해야 한다는 것에 유의하세요.

강화학습 문제로 정의하기

이제 강화학습 문제, 특히 마르코프 결정 과정으로 문제를 정의할 차례입니다. 즉, 환경, 에이전트, 상태, 행동, 보상을 정의해야 합니다. 환경을 정의하기 위해서는 해당 문제의 성격을 살펴봐야 합니다. 환경의 역학을 알고 있나요? 역학을 모른다면 시뮬레이터가 있는 문제인가요? 주어진 상호작용 데이터 이외에 추가적인 상호작용이 불가능한가요? 각 상황에 따라 환경을 어떻게 정의해야 하는지가 달라집니다. 환경의 역학을 알고 있다면 최적 제어 기반 알고리즘을 사용해 최적의 의사결정을 알아낼 수 있기 때문에 여기서는 환경의 역학을 모르는 상황을 다루겠습니다.

시뮬레이터가 주어진 상황이라면 어떠한 입출력을 받는지 상세히 알아야 합니다. 입력은 에이전트의 행동을 정의하는 데 필요하고, 출력은 상태와 보상을 정의하는 데 필요하기 때문이죠. 시뮬레이터가 주어지지 않은 상황이라면 세 가지 선택지가 있습니다. 시뮬레이터를 만들거나 실전에서 강화학습 에이전트를 학습하는 것, 또는 오프라인 강화학습을 사용하는 것이지요.

시뮬레이터를 만드는 것은 상당한 노력이 필요합니다. 따라서 문제의 종류에 따라 이미 배포돼 널리 쓰이고 있는 시뮬레이션 패키지를 사용하는 것을 권합니다. Mujoco와 같이 물리 엔진을 제공하는 패키지가 있는 반면, OpenAI GYM과 같이 강화학습 문제를 위해 API를 제공하는 패키지도 있습니다. 만약 운영 관리 시뮬레이터가 필요하면 아레나와 같은 소프트웨어의 도움을 받아 자신만의 환경을 구축할 수 있습니다. 실전에서 강화학습 에이전트를 학습하는 것은 위험할 수 있습니다. 예를 들어 자율주행 자동차를 운전하는 에이전트를 실제 도로 상황에서 학습한다고 생각해 보세요. 에이전트가 조금만 실수해도 인명 피해가 생길 수 있습니다. 따라서 풀려고 하는 문제의 특성에 따라 실전에서 강화학습 에이전트를 학습하는 것이 불가능할 수도 있습니다.

마지막으로 오프라인 강화학습 문제를 생각할 수 있습니다. 오프라인 강화학습은 이전에 수집한 상호학습 데이터를 바탕으로 강화학습 에이전트를 학습하는 것을 말합니다. 추가적인 상호작용이 필요 없기 때문에 시뮬레이터를 만들 필요도 없고, 실전에서 위험한 에이전트를 학습할 필요도 없죠. 하지만 오프라인 강화학습 문제는 큰 단점이 있습니다. 이미 상호작용이 끝난 데이터이기 때문에 그 데이터를 수집할 때 따랐던 정책에 상당히 의존한다는 점이죠. 상호작용 데이터의 분포는 어떠한 정책을 사용하느냐에 따라 많이 바뀌기 때문에 이런 상황은 강화학습 에이전트 학습에 치명적이라고 할 수 있습니다. 최근 오프라인 강화학습 커뮤니티에서는 이 문제를 해결하기 위한 논의가 활발히 진행되고 있습니다.

위 경우에 따라 환경을 정의했다고 가정해 보겠습니다. 이제는 에이전트, 상태, 행동, 보상을 정의해야 합니다. 에이전트는 내가 원하는 최적 행동을 취하는 주체입니다. 보통 에이전트를 어떻게 정의해야 하는지는 명백합니다. 상태, 행동, 보상을 정의하는 부분이 까다롭습니다. 상태는 에이전트가 처한 상황을 전적으로 표현할 수 있는 형태여야 하는데, 같은 상황이라도 상태를 다양한 방식으로 정의할 수 있습니다. 예를 들어 벽돌 깨기 게임을 하는 에이전트를 학습할 때, 게임 화면의 픽셀을 그대로 상태로 받아들일 수 있고, 게임 내의 정보를 정제한 후 여러 변수를 만들어 에이전트에게 제공할 수도 있습니다. 예를 들어 현재 공의 위치 좌표, 점수, 벽돌의 개수 등을 따로 변수로 만들 수 있습니다.

상태를 정의했다면 이 상태에서 어떠한 행동을 취할 수 있는지 생각해 봅시다. 만약 에이전트가 선택할 수 있는 행동이 셀 수 있는지, 유한한지 등에 따라 어떻게 행동을 정의해야 하는지가 달라집니다. 예를 들어 로봇 관절의 회전 각도가 행동이라고 가정해 보겠습니다. 각도는 연속적인 수이고, 0에서 360이라는 경계가 정해져 있습니다. 이런 상황에서 각도를 1도 단위로 359개의 이산적인 행동으로 정의할 수도 있고, 그냥 연속적인 수로 정의할 수도 있습니다. 행동을 어떻게 정의하느냐에 따라 사용할 수 있는 강화학습 기법이 달라지기 때문에 주의해야 합니다.

보상은 가장 설정하기 까다로운 요소입니다. 강화학습 기법으로 보상을 어떻게 정의하느냐에 따라 학습의 질이 민감하게 바뀔 수도 있기 때문입니다. 게임은 점수가 수치화돼 있기 때문에 간단할 수도 있지만, 실생활의 문제에 강화학습을 적용할 때는 그렇지 않습니다. 가장 마지막 목표를 이룰 때만 보상을 준다면 보상이 너무 희박해서 에이전트가 정보를 효율적으로 습득하지 않을 수도 있습니다. 반면, 최종 목표를 이루는 데 도움이 되는 중간 목표들에 보상을 너무 많이 주면 에이전트는 중간 목표를 이루는 것에 안주해 최종 목표에 도달하지 못할 수도 있습니다.

강화학습 기법 선택 및 에이전트 학습하기

강화학습 문제를 정의했다면 에이전트를 학습할 강화학습 기법을 선택합니다. 앞서 소개한 Q-학습, DQN, SAC 등과 같은 기법 중에서 선택해도 되고, 직접 새로운 알고리즘을 개발해도 됩니다. 강화학습 기법을 선택하는 기준 중에서 제일 중요한 것은 '강화학습 문제의 성격'입니다. 예를 들어 전통적인 Q-학습일 때는 상태와 행동 모두 셀 수 있고, 유한해야 합니다. 행동–상태 가치를 표로 나타내야 하기 때문이죠. 이와 반대로 액터-크리틱 기법은 정책을 함수로 나타내기 때문에 연속적으로 행동하는 에이전트를 학습하는 데 사용할 수 있습니다. 만약 같은 문제에 사용할 수 있는 기법이 여러 개라면 다음과 같은 그래프를 그려 기법을 비교해 볼 수 있습니다.

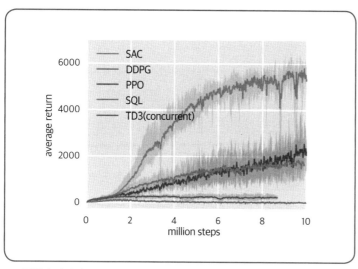

▲ 강화학습 기법 비교

[출처: Haarnoja, Tuomas, et al. "Soft actor-critic: Off-policy maximum entropy deep reinforcement learning with a stochastic actor." International conference on machine learning. PMLR, 2018.]

위 그래프는 SAC 논문에서 발췌한 것으로, x축은 강화학습 에이전트가 연속적으로 취한 행동의 개수, y축은 행동을 취하면서 학습한 정책이 얻은 리턴을 나타냅니다. 에피소딕 문제일 때는 강화학습 에이전트를 학습하면서 얻은 리턴을 하나의 선으로 나타낼 수 있습니다. 굵은 선은 각 강화학습 기법마다 5개의 에이전트를 학습하면서 얻은 리턴의 평균, 음영으로 표시한 부분은 5개 학습 과정 중 얻은 리턴의 최댓값, 최솟값을 나타냅니다. 위와 같은 그래프를 참고해 평균적으로 어떤 강화학습 기법이 풀고자 하는 강화학습 문제에 적합한지, 보상을 얼마나 안정적으로 얻을 수 있을지 가늠해 볼 수 있습니다.

강화학습 기법을 선택했다면 그 기법을 사용해 에이전트를 학습해야 합니다. 강화학습 에이전트를 학습하는 법은 지도학습 모델을 학습하는 방법과 매우 비슷하기 때문에 강화학습 에이전트 구축을 시작하기 전에 지도학습을 먼저 공부하는 것이 좋습니다. 다만 강화학습은 하이퍼파라미터에 상당히 민감하다고 알려져 있습니다. 즉, 하이퍼파라미터가 조금 변함에 따라 강화학습 에이전트의 성능이 매우 심하게 바뀐다는 것을 의미합니다. 따라서 다양한 하이퍼파라미터 조합을 시도해 보는 것은 중요한 절차이고, 강화학습 에이전트를 안정적으로 학습하기 위한 연구도 진행되고 있습니다.

강화학습 에이전트 평가 및 배포하기

강화학습 에이전트를 체계적으로 평가하는 것은 활발히 진행 중인 연구 분야입니다. 단순히 환경에서 높은 보상을 얻는 것만을 바탕으로 평가하면 더 좋은 탐색을 했는지 알기 힘들기 때문이죠. 강화학습 에이전트를 엄밀하게 평가하기 위해서는 얼마나 효율적으로 탐색-이용했는지, 학습은 얼마나 효율적으로 이뤄지는지, 미래에 얼마나 많은 보상을 얻을 것이라 예상되는지 등을 종합적으로 고려해야 합니다. 다만, 많은 이론적인 뒷받침이 필요하고 현재 연구 중인 분야이기 때문에 일반적으로는 훨씬 단순한 방식으로 평가합니다.

강화학습 에이전트는 하나의 환경에서 보상을 최대화하는 것이 목적일 때가 많습니다. 따라서 강화학습 에이전트의 성능을 평가할 때는 해당 환경에서 평균적으로 어떠한 보상을 받는지를 바탕으로 평가를 진행합니다. 강화학습 기법 선택에서 하나의 기법을 사용해 여러 에이전트를 학습하는 것과 마찬가지로, 평가하고자 하는 에이전트가 있다면 시뮬레이터 등으로 환경과 여러 번 상호작용해 누적 보상을 측정합니다. 에이전트의 여러 시도를 이용해 얻은 보상의 평균 중 가장 높은 에이전트를 선택합니다.

때로는 평균 누적 보상 이외에 다른 정보를 사용하기도 합니다. 특히 실선에서 온라인으로 학습과 결정이 동시에 진행되는 상황일 때는 에이전트의 학습 과정을 사용해 포괄적으로 평가합니다. 에이전트의 학습 과정을 생각해 봅시다. 초기에는 효과적인 정책을 모르기 때문에 안정적인 보상을 얻기가 힘들 것입니다. 때로는 학습을 위한 정보를 얻기 위해 낮은 보상의 행동을 계속 취해야 할 수도 있습니다. 하지만 정보를 충분히 얻으면서 학습이 진행되고 지속적인 보상을 얻을 것입니다. 이는 다음과 같은 그래프로 표현할 수 있습니다.

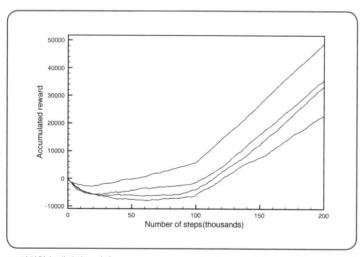

▲ 강화학습 에이전트 평가   [출처: https://artint.info/2e/html/ArtInt2e.Ch12.S6.html]

학습의 초기 부분에 누적 보상이 음수였다가 다시 양수로 바뀌는 지점이 언제인지를 참고하면 해당 에이전트가 언제부터 가치를 더하는 행동을 하는지 알 수 있습니다. 또한 음수 폭의 깊이를 활용하면 충분한 학습을 하기 위해 초기에 얼마나 많은 보상을 희생해야 하는지도 가늠해 볼 수 있습니다. 또한 누적 보상의 분산을 살펴봄으로써 에이전트가 얼마나 안정적으로 학습하는지도 알 수 있습니다. 마지막으로 누적 보상의 기울기는 학습이 끝난 후 에이전트의 평균 보상을 추정하는 값이라는 점에 유의하세요.

배포할 강화학습 알고리즘을 선택했다면 시스템에 배포합니다. 강화학습 모델과 지도학습 모델의 차이점은 배포와 함께 온라인 학습을 할 수 있다는 것입니다. 즉, 데이터의 분포가 바뀌었을 때 그에 맞게 정책을 바꿔갈 수 있는 것이지요. 물론 온라인 학습 방법의 위험한 점도 있습니다. 에이전트는 데이터의 분포가 바뀌었는지 알 수 없기 때문에 이를 확인하기 위해 적극적으로 탐색할 수도 있습니다. 때로는 아주 낮은 보상을 얻을 수도 있겠지요. 이와 반대로 시뮬레이터에서 학습을 마친 강화학습 에이전트를 배포한 후 추가 온라인 학습을 불가능하게 할 수도 있습니다. 다만 이때는 지도학습과 같은 맥락에서 보상을 모니터링하고, 강화학습 에이전트를 주기적으로 학습해 배포해야 한다는 점을 기억해 두세요.

11 강화학습 기법

대부분의 강화학습 기법은 다음과 같은 사이클로 이뤄져 있습니다. 요약하면 환경과 상호작용해 얻은 정보를 바탕으로 에이전트의 모델을 업데이트하고, 그 모델을 사용해 에이전트의 정책을 개

선하는 것입니다. 이후 에이전트는 개선한 정책을 사용하거나 다
른 정책을 사용해 환경과 상호작용합니다.

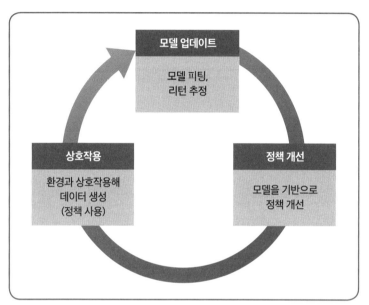

모델 업데이트

모델 피팅,
리턴 추정

상호작용

환경과 상호작용해
데이터 생성
(정책 사용)

정책 개선

모델을 기반으로
정책 개선

▲ 강화학습 기법

환경에서 행동을 취하면 '현재 상태', '행동', '다음 상태'의 상태 전
이 정보와 '보상'을 데이터로 얻습니다. 그다음에는 얻은 데이터
를 바탕으로 에이전트 내의 모델을 업데이트합니다. 이 모델은 모
델기반 강화학습에서 환경의 작동 원리가 될 것이고, 모델프리 강
화학습에서는 가치함수나 몬테카를로 방식으로 얻은 보상의 합이
될 것입니다. 이렇게 얻은 정보를 처리해 모델을 업데이트한 후
모델을 사용해 정책을 개선합니다. 마지막으로 개선한 정책 또는
다른 정책을 사용해 환경에서 행동을 취하고, 사이클이 다시 시작
됩니다. 상태의 가치는 어떠한 정책을 택하느냐에 따라 달라지기
때문에 정책이 개선되면 가치도 함께 업데이트할 수 있습니다.

강화학습 알고리즘은 상당히 다양하고, 지도학습 기법처럼 기법 사이의 명확한 경계가 존재하지 않을 때도 있습니다. 환경과 얼마나 많은 상호작용이 필요한지, 에이전트가 얼마나 안정적으로 학습하는지, 환경 역학이 확률적인지 결정적인지, 찾고자 하는 정책이 확률적인지 결정적인지, 에이전트가 택할 수 있는 행동이 이산적인지 연속적인지, 유한기간 문제인지 무한기간 문제인지 등에 따라 하나의 기법이 다양하게 변형되고 적용될 수 있습니다. 따라서 이번에는 이 모든 경우를 나눠 살펴보는 대신, 몇 가지 설정에서 쓰이는 대표적인 알고리즘을 소개하겠습니다. 공부 자료를 참고하면 좀 더 다양하고 세분화된 알고리즘을 공부할 수 있습니다. 강화학습 알고리즘은 학습하고자 하는 것이 무엇인지에 따라 다양한 기준으로 나눌 수 있습니다. 환경의 전이 확률을 학습할 수도 있고, 정책을 직접적으로 학습할 수도 있습니다. 또한 정책을 만드는 데 도움이 되는 다른 값을 학습할 수도 있습니다.

첫째, 모델기반-모델프리 강화학습 기법이 있습니다. 에이전트가 비디오 게임이나 바둑과 같이 환경의 작동 원리를 완벽히 알고 있거나 그 원리를 학습해 의사결정에 사용하는 것을 '모델기반 강화학습(Model-Based Reinforcement Learning)'이라고 합니다. 반면, 환경의 전이 모델을 가정하거나 고려하지 않고 직접 환경과 상호작용하면서 얻은 정보만을 바탕으로 보상을 최대화하고자 하는 접근법을 '모델프리 강화학습(Model-Free Reinforcement Learning)'이라고 합니다. 환경을 재연할 수 있는 시뮬레이터가 없거나 환경의 작동 원리가 너무 복잡해 학습하는 것이 비효율적일 때 모델프리 강화학습 방법을 사용합니다.

모델기반 강화학습은 환경 역학을 알고 있는지에 따라 접근법이 달라집니다. 만약 환경 역학을 알고 있다면 최적 제어에서 주로 연구되는 동적계획법을 사용할 수 있습니다. 환경 역학을 모를 때는 에이전트를 학습하는 도중에 환경을 추정하는 모델을 함께 학습할 수 있습니다. 모델기반 강화학습은 계획(Planning)을 기반으로 추후 일어날 상황과 보상을 예측한 정보를 사용합니다. 환경 역학을 알고 있더라도 역학이 너무 복잡하거나 상태 또는 행동의 가짓수가 너무 많다면 환경 역학을 모르는 척하고 모델프리 강화학습 기법을 사용하기도 합니다. 일반적으로 모델기반 강화학습은 모델프리 강화학습보다 필요한 상호작용 데이터의 수가 적다고 알려져 있으므로 참고하세요.

둘째, 가치기반-정책기반 강화학습 기법이 있습니다. 에이전트가 처할 수 있는 각 상태에서 다시 시작해 연속적인 행동을 취했을 때 얻을 수 있는 리턴의 기댓값을 '가치'라 하고, 가치를 추정해 이를 바탕으로 최적의 정책을 도출하는 방식을 '가치기반기법(Value-Based Method)'이라고 합니다. 또한 가치를 학습한 후 정책을 찾기보다는 누적 보상이 최대가 되도록 하는 정책 함수를 직접 찾는 방식을 '정책기반기법(Policy-Based Method)'이라고 합니다.

가치기반기법의 기본적인 아이디어는 에이전트가 여러 상태에서 행동을 취할 때 얻는 보상을 바탕으로 상태의 가치를 추측해 업데이트하는 과정과 본인이 측정한 가치를 기반으로 최대의 가치를 얻을 수 있는 상태로 나아갈 수 있는 행동을 취함으로써 의사결정 과정을 업데이트하는 과정으로 이뤄져 있습니다.

정책기반기법의 골자는 좀 더 간단하다고 생각할 수 있습니다. 정책 자체를 하나의 함수로 가정한 후 평균 리턴을 최대화하는 방향으로 정책 함수를 찾아갑니다. 특히, 함수를 찾아가는 과정에서 기울기를 사용하는 방식을 '**정책경사법(Policy-Gradient Method)**'이라고 합니다. 정책경사법은 '**정책경사정리(Policy Gradient Theorem)**'를 바탕으로 합니다. 정책경사정리는 평균 이득을 증가시킬 수 있는 정책의 개선 방향을 알려 줍니다.

이 정리는 높은 가치를 지니는 상태-행동 쌍을 자주 만나는 방향으로 정책을 개선해야 하고, 낮은 가치를 가진 상태-행동 쌍을 자주 만나게 되는 쪽에서는 오히려 멀어지게 정책을 개선해야 한다는 내용을 담고 있습니다. 정책 경사법을 사용하기 위해서는 상태의 가치를 추정해야 합니다. 단순히 수집한 데이터의 평균을 사용하는 기법도 있고, 가치기반기법에서 가치를 추정하는 방식을 사용하는 기법도 있습니다. 이렇게 정책기반기법과 가치기반기법을 함께 쓰는 기법을 '**액터-크리틱(Actor-Critic)기법**'이라고 합니다. 활발히 연구가 진행되고 있는 만큼 많은 알고리즘이 쏟아져 나오고 있으므로 관심이 있다면 공부 자료와 논문을 찾아 읽어 볼 것을 권합니다.

셋째, **온폴리시(On-Policy)**기법과 **오프폴리시(Off-Policy)**기법으로도 나눌 수 있습니다. 온폴리시기법에서는 환경과 상호작용으로 얻은 데이터를 정책 개선에 단 한 번만 사용할 수 있습니다. 강화학습 기법의 그림에서 정책 개선 부분을 지나면 지금까지 얻은 데이터를 모두 버리고 다시 모아야 합니다. 그 이유는 데이터는 온폴리시 기법에서 현재 정책을 업데이트할 수 있는 정보만 제공하기 때문입니다. 정책이 개선되고 나면 이전에 모은 데이터는 이전 정책을 업데이트하는 데만 쓸 수 있는 정보를 담고 있기 때문에 이미 개선된 새로운 정책에는 정보를 더할 수 없습니다.

반면, 오프폴리시기법은 수집한 데이터를 재사용할 수 있습니다. 따라서 개선하는 정책과 직접 취하는 정책을 따로 운영합니다. '**목표 정책**(Target Policy)'은 에이전트가 학습하고자 하는 정책입니다. 이 정책을 개선해 최적의 정책으로 만드는 것이 최종 목적입니다. '**행동 정책**(Behavior Policy)'은 에이전트가 실제로 환경과 상호작용하는 정책입니다. 오프폴리시기법에서는 행동 정책으로 얻은 정보를 사용해 목표 정책을 개선하기 때문에 이전에 모은 상호작용 데이터를 버릴 필요가 없습니다. 에이전트 학습 중에 행동 정책은 학습되지 않으며, 실제로 의미가 있는 정책일 필요도 없습니다. 심지어 무작위 정책이어도 됩니다. 다만, 수집된 데이터의 분포와 개선된 정책으로 수집할 데이터의 분포가 계속 달라지기 때문에 **중요도 샘플링**(Importance Sampling) 등과 같은 기법을 사용해 이를 보완하기도 합니다.

마지막으로, 강화학습 기법은 환경과 상호작용이 허용되는지에 따라 **온라인**인지 **오프라인**인지 구분됩니다. 온라인 강화학습은 에이전트가 환경과 지속적으로 상호작용할 수 있을 때를 뜻하고, 오프라인 강화학습은 에이전트가 환경과 상호작용할 수 없거나 아주 가끔 상호작용이 허용될 때를 뜻합니다. 오프라인 강화학습은 과거에 환경과 상호작용을 한 데이터만을 갖고 에이전트를 학습해야 하죠. 어떠한 강화학습 기법은 상호작용 데이터를 모아 뒀다가 재사용하기도 하기 때문에 온라인 기법이지만 오프라인의 성격을 일부 갖고 있을 수 있습니다.

위 기준은 모두 독립적입니다. 즉, 모델프리 가치기반 온폴리시 온라인 알고리즘이 있는 것이죠. 하지만 환경과 상호작용을 가정하는 온폴리시 강화학습은 일반적으로 오프라인 알고리즘일 수 없습니다. 온폴리시 오프라인 기법을 제외하고 모든 조합이 가능하다고 생각하면 됩니다. 위 조합과 그림을 생각하면서 앞으로 소개할 강화학습 기법을 공부하면 도움이 될 것입니다.

가치반복기법

가치반복기법은 환경의 역학을 모두 알고 있을 때 쓸 수 있는 가치기반기법입니다. 이는 동적계획법의 일종으로, **벨만 최적 방정식(Bellman Optimality Equation)**을 사용해 최적 가치를 찾고, 그 가치를 최대화하는 정책을 도출해내는 기법입니다. 즉, 정책 개선은 마지막에 한 번 이뤄지는 것입니다. '최적 가치'는 최적의 정책을 따랐을 때 각 상태가 갖게 되는 가치를 뜻합니다.

정책반복기법

정책반복기법 또한 환경의 역학을 모두 알고 있을 때 쓸 수 있는 가치기반 동적계획법의 일종입니다. 정책반복기법은 현재 정책을 따를 때 각 상태의 가치를 찾고, 각 상태에서 탐욕적으로 가치를 최대화하는 다음 상태를 찾아가는 방식으로 정책을 개선합니다.

잠깐만요 | 탐욕적 행동, 탐욕적 정책은 에이전트가 현재 시점을 기준으로 보상이나 가치를 최대화하는 행동 또는 그러한 행동만을 따르는 정책을 말합니다. |

몬테카를로기법

몬테카를로기법은 에피소딕 문제에서 활용할 수 있는 가치기반 강화학습 기법입니다. 에피소드가 끝날 때까지 현재 정책을 사용해 상호작용 데이터를 모으거나 각 상태를 방문하고 난 후에 얻은 보상을 바탕으로 방문한 모든 상태의 가치를 업데이트합니다. 몬테카를로기법은 환경에 대한 가정이 많이 필요 없다는 장점과 가치의 추정량이 불편하다는 장점이 있지만, 데이터가 많이 필요하다는 단점이 있습니다.

SARSA기법

Q-학습이 오프폴리시라면, SARSA기법은 온폴리시 가치기반 기법입니다. 상태(State), 행동(Action), 보상(Reward), 상태(State), 행동(Action)의 약자인 SARSA는 현재 상태-행동 가치의 추정치를 기반으로 탐욕적인 정책을 따르며, 상태-행동 가치를 업데이트하기 위해 다음 상태-행동까지 경험합니다. 상태-행동 가치를 업데이트하는 데 상태-행동 가치의 이전 추정치를 사용하는 **시간차법(Temporal Difference Learning)**을 온라인 방식으로 사용합니다. 즉, 상태-행동 가치를 사용해 탐욕적인 정책을 얻은 후 그 정책을 따라가면서 다시 상태-행동 가치를 업데이트합니다. 이후 새로 얻은 상태-행동 가치로 새로운 정책을 얻는 것을 반복합니다.

Q-학습기법

상태만 가치를 가질 수 있는 것이 아닙니다. 상태-행동 쌍에도 가치를 정의할 수 있습니다. 상태 s, 행동 a, 정책 π가 주어졌을 때 상태-행동 가치 $Q^\pi(s, a)$는 s에서 a를 선택한 후 정책 π를 따랐을 때 얻게 되는 총 보상의 기댓값입니다. Q-학습기법은 **벨만 최적 방정식**을 바탕으로 상태-행동 가치를 찾고, 이를 바탕으로 정책을 개선하는 오프폴리시 가치기반기법입니다. Q-학습기법의 특징은 시간차법을 오프라인 방식으로 사용한다는 것입니다.

상태와 행동이 모두 이산적일 때는 표로 상태-행동 가치를 표현해 업데이트할 수 있습니다. 상태가 연속일 때는 Q를 함수로 생각하고, Q를 찾기 위해 지도학습기법을 적용하는 **FQI(Fitted Q Iteration)**로 변형될 수 있습니다. 하지만 행동이 연속일 때는 사용하기 힘듭니다. 특정 상태에서 어떤 행동이 가장 높은 가치를 갖는지를 알아야 하는데, 행동이 연속적일 때는 풀기 까다로운 비볼록 최적화 문제를 풀어야 하기 때문입니다. 또한 상태-행동 값이 과대평가되는 경향이 있습니다.

DQN기법

DQN(Deep Q Network)기법은 Q-학습기법과 딥러닝기법을 성공적으로 융합해 아타리 비디오 게임을 인간 수준으로 수행할 수 있는 에이전트 학습에 사용된 오프폴리시 가치기반기법입니다. 에이전트가 아타리 게임의 화면 이미지를 상태로 받아들이기 때문에 고차원의 상태 공간을 다룰 수 있는 CNN기반의 딥러닝 모델을 사용해 상태-행동 가치함수(Q-함수)를 학습합니다.

학습 데이터끼리의 상관성을 완화하기 위해 이전 상호작용 데이터를 **재현 메모리(Replay Memory)**에 따로 저장해 두는 '**경험 재사용(Experience Replay)**'기법을 사용했습니다. 또한 **목표 네트워크(Target Network)**를 도입해 Q-학습기법의 문제점인 상태-

행동 가치의 과대평가 문제를 완화하고, Q-함수 학습의 안정성
을 도모했습니다.

REINFORCE기법

REINFORCE기법은 정책기반기법, 그중에서도 정책경사기법입
니다. 정책기반기법이기 때문에 정책을 하나의 함수로 생각하는
정책함수(Policy Function)를 만들어 리턴의 기댓값이 높아지는
쪽으로 정책함수를 찾아갑니다. 먼저 상태-행동 가치를 몬테카를
로 방식으로 추정한 후 정책경사이론을 사용해 정책의 파라미터
를 개선합니다. 정책경사법을 사용하기 때문에 행동 공간이 연속
일 때도 사용할 수 있다는 장점이 있지만, 정책 기울기 추정량이
하나의 상호작용 에피소드에 의존하므로 분산이 크다는 단점이
있습니다. 보상이 조금만 달라져도 정책이 많이 달라져 버리고,
온폴리시기법이기 때문에 데이터가 많이 필요하다는 단점도 있
습니다.

A2C기법

A2C(Advantage Actor-Critic)기법은 **어드밴티지함수**
(Advantage Function)를 가치함수로 사용하는 온폴리시 액터-
크리틱기법입니다. REINFORCE기법에서 상태-행동 가치를 판
단하는 데 몬테카를로 방식을 사용했다면, 액터-크리틱 방식은
가치기반기법의 방식을 사용합니다. DQN에서 Q함수를 추정하
는 방식을 쓴 것처럼 액터-크리틱에서는 상태-행동 가치를 어드
밴티지 함수를 사용해 추정한 후 이 추정치를 이용해 정책경사를
계산합니다.

상태-행동 어드밴티지 함수 $A(s, a)$는 상태-행동 가치 $Q(s, a)$에서 상태 가치 $V(s)$를 뺀 것으로, 평균적으로 상태 s에 도달하면 얻는 가치 대비 상태 s에서 행동 a를 취했을 때 얻는 가치를 상대적으로 나타낸 값입니다. 몬테카를로기법 대신 어드밴티지 함수를 사용하면 정책경사 추정량의 분산이 급격히 줄어드는 효과가 있습니다.

TRPO기법

TRPO(Trust Region Policy Optimization)기법은 정책 파라미터가 너무 많이 변하지 않게 제약 조건을 준 상태에서 학습하는 온폴리시 액터-크리틱기법입니다. 이와 비슷한 기법으로, TRPO에서 사용되는 이차 근사를 간단화한 PPO(Proximal Policy Optimization)가 있습니다.

TD3기법

TD3(Twin Delayed Deep Deterministic Policy Gradient)기법은 액터-크리틱기법에서 발생하는 상태-행동 가치 과대평가 문제를 완화하고, 정책경사 추정량의 분산을 줄이는 오프폴리시 액터-크리틱기법으로, TD3기법의 결과로 나오는 정책은 결정적 정책입니다. TD3기법의 특징은 Q함수 2개를 사용해 좀 더 작은 값을 선택하는 Clipped Double Q-Learning기법과 타깃 네트워크를 사용하는 Q함수 업데이트의 주기를 정책 개선의 주기보다 더 빠르게 하는 Delayed Policy Update기법을 제안한다는 것입니다.

SAC기법

SAC(Soft Actor-Critic)기법은 에이전트가 탐색을 고려해 학습할 수 있도록 하는 오프폴리시 액터-크리틱 기법입니다. 원래 강화학습 문제의 목적이 리턴의 기댓값을 최대화하는 것이었다면, SAC기법의 목적은 리턴의 기댓값과 정책의 엔트로피를 함께 최대화하는 **최대우도 강화학습(Maximum Entropy Reinforcement Learning)** 문제를 해결하는 것입니다. 정책의 엔트로피가 크다는 것은 여러 행동을 할 확률이 고르게 퍼져 있다는 것을 뜻하기 때문에 에이전트가 탐색하는 것을 장려하는 특징이 있습니다. 이와 비슷한 기법으로 SQL(Soft Q-Learning)이 있습니다.

12　머신러닝 패키지

앞서 소개한 머신러닝 기법의 알고리즘과 같이 잘 정립돼 인기가 많은 알고리즘은 오픈 소스 개발자가 패키지로 엮어 배포하기도 합니다. 이번에는 많은 사용자가 검증한 패키지를 소개합니다. 다음 패키지의 사용법에 익숙해지면 데이터 분석 효율이 높아질 것입니다. 여기서 소개하는 패키지는 일부에 불과하므로 다양한 오픈 소스 프로젝트나 기업에서 공개하는 머신러닝 패키지 중 필요한 패키지를 찾아 사용해도 됩니다.

데이터 애널리스트는 '**그래픽 사용자 인터페이스(Graphical User Interface, GUI)**'를 기반으로 한 시각화나 'Tableau', 'Knime',

'Spotfire' 등과 같은 데이터 분석 도구를 많이 사용합니다. 하지만 사용하고 싶은 알고리즘이 내장돼 있지 않거나 더 정교하게 모델의 구조나 하이퍼파라미터를 바꿔가면서 실험하고 싶을 때 프로그래밍 능력을 갖춘 데이터 애널리스트는 오픈 소스 패키지를 활용해 정교하고 능동적인 분석을 진행합니다.

데이터 사이언티스트나 데이터 리서처가 개발한 모델의 성능을 비교할 수 있는 '벤치마크(Benchmark)'를 얻거나 빠른 시간 내에 대략의 인사이트를 도출하기 위해서도 패키지를 사용하죠.

사이킷런

사이킷런(Scikit-learn)은 파이썬 사용자 사이에서 가장 널리 쓰이는 머신러닝 패키지입니다. 앞서 소개한 알고리즘 중 강화학습을 제외하고 모두 사이킷런을 이용해 손쉽게 사용할 수 있죠. 알고리즘뿐 아니라 데이터셋을 나눠 주는 함수, 성능 평가 지표 등 다양한 함수가 구현돼 있을 뿐 아니라 '넘파이(NumPy)', '사이파이(SciPy)' 등과 호환이 잘돼 활용도가 높습니다.

사이파이

사이파이(SciPy)는 파이썬 넘파이(Python NumPy) 객체를 활용해 수학적 연산을 도와주는 패키지로, '고윳값', '역행렬' 등의 선형대수 개념에 포함되는 계산뿐 아니라 간단한 수리적 '적분', '최적화', '신호처리' 등의 함수가 포함돼 있습니다.

판다스

에이큐알자산관리(AQR Capital Management) 출신인 퀀트가 데이터 처리의 편의성을 위해 개발한 '판다스(Pandas)'는 데이터 자체의 연산을 다루는 데 가장 널리 사용되는 패키지입니다. 기본적으로 SQL과 비슷한 애플리케이션 프로그래밍 인터페이스(Application Programming Interface, API)를 제공하기 때문에 기존에 데이터베이스를 다뤄 본 사람은 물론, 초심자도 조금만 시간을 투자하면 판다스를 이용해 데이터 전처리를 매우 쉽게 진행할 수 있습니다.

캐럿

R을 사용하고자 한다면 '캐럿(Caret)' 패키지를 눈여겨보세요. 파이썬의 사이킷런과 같이 데이터 전처리, 데이터셋 분리부터 모델 학습까지 다양한 기능을 하나의 패키지에서 지원합니다.

OpenAI 짐

OpenAI 짐(OpenAI Gym)은 OpenAI에서 강화학습을 위해 만든 패키지로, 강화학습에 필요한 프레임워크가 갖춰져 있어서 자신의 환경을 구축해 새로운 알고리즘을 구현하는 데 많이 사용됩니다. 그뿐 아니라 새로운 알고리즘의 성능을 확인할 수 있는 벤치마크 환경도 내장돼 있어서 본인의 알고리즘을 실험해 볼 수도 있습니다.

딥러닝 프레임워크

딥러닝 모델을 구현하기 위해서는 앞서 소개한 패키지와 조금 다른 방법을 사용해야 합니다. 딥러닝 모델을 처음부터 직접 구현해 활용할 수도 있지만, 대부분은 '텐서플로(TensorFlow)', '파이토치(PyTorch)', '케라스(Keras)' 등과 같이 공개된 '딥러닝 프레임워크'를 활용합니다. **딥러닝 프레임워크**는 딥러닝 모델을 편리하게 구축하고 사용할 수 있는 패키지와 모듈 등을 모아 놓은 것으로, 프레임워크를 활용하면 모델을 효율적으로 구축하고 사용할 수 있기 때문에 반드시 알아 둬야 합니다. 프레임워크를 활용하면 구축하는 데 몇 주가 걸리는 딥러닝 모델을 단 몇 줄의 코드로 완성할 수 있습니다.

딥러닝을 처음 배운다면 우선 하나의 프레임워크를 선택해 익혀야 합니다. 하지만 지금까지 공개된 딥러닝 프레임워크가 무척 많기 때문에 하나를 선택하는 것조차 쉽지 않죠. 이어지는 내용을 읽고 적합한 프레임워크를 선택해 공부해 보세요. 물론 소속된 회사나 팀이 있다면 주로 사용하는 프레임워크를 선택해 공부하면 됩니다. 프레임워크를 선택하기 전에 다음 사항을 고려해야 합니다.

첫째, '주로 사용하는 프로그래밍 언어'와 '숙련도'입니다. 파이썬 사용자라면 텐서플로, 파이토치, 케라스 등과 같은 다양한 선택을 할 수 있습니다. 만약, 자바 사용자라면 자바 기반의 'DL4J'를 선택할 수도 있습니다. 또 파이썬을 사용할 수 있지만 숙련도가 낮다면, 문법이 간결하고 코드가 직관적인 '케라스'를 선택할 수 있습니다.

둘째, '딥러닝의 용도'입니다. 기존의 딥러닝 모델을 빠르게 구축해 시험하고 싶다면 코드를 빠르게 작성하기 편한 케라스나 fast.ai를 선택하는 것이 좋습니다. 반면, 딥러닝 연구를 이용해 새로운 모델을 직접 만들고 싶다면 더 정교하게 설정할 수 있는 텐서플로나 파이토치를 선택하고, 여러 플랫폼에 딥러닝을 적용하려면 텐서플로를 선택하는 것이 좋습니다. 딥러닝 모델을 구축해 AWS

와 같은 클라우드 서비스를 이용해 대규모 서비스를 제공할 계획
이라면 MXNet 등을 선택지로 고려할 수 있습니다.

셋째, '학습의 효율성'입니다. 텐서플로나 파이토치는 사용자가
많기 때문에 커뮤니티를 이용해 프레임워크에 관련된 질문을 하
고 코드를 세공받는 등 효율적으로 학습할 수 있습니다. 하지만
사용자가 적은 프레임워크는 상대적으로 스스로 해결해야 하는
문제가 많기 때문에 학습하는 데 어려움이 많을 수밖에 없죠. 따
라서 스택오버플로와 같은 각종 사용자 커뮤니티에서 도움을 받
고 싶다면 텐서플로, 파이토치와 같이 사용자가 많은 프레임워크
를 선택하는 것이 좋습니다.

이외에도 취업을 희망하는 기업에서 주로 사용하는 프레임워크
는 무엇인지, 또 앞으로도 지속적인 서비스가 가능한지, 본인이
속한 분야의 특수성은 무엇인지 등을 감안해 프레임워크를 선택
하는 것이 좋습니다. 또한 딥러닝 관련 기술이 빠르게 발전하고
있는 만큼 프레임워크도 빠르게 변화하고 다양한 기능이 추가되
고 있기 때문에 다양한 커뮤니티에서 항상 새로운 정보를 수집하
고 본인에게 필요한 프레임워크가 무엇인지 고민하는 것이 좋습
니다.

대학가에서 흔히 '스터디'라고 하면, 비슷한 목표를 가진 사람이 모여 공부하는 모임을 말합니다. 토익 스터디, 면접 스터디, 자격증 스터디 등 목적에 따라 다양한 스터디가 있고, 빅데이터 분야도 마찬가지죠. 여기서는 특히 데이터 사이언티스트나 데이터 리서처에게 필수인 논문 스터디를 알아보겠습니다.

우선 논문 스터디는 말 그대로 논문을 함께 공부하는 모임입니다. 모임은 대개 4~10명 정도의 인원으로 구성되고, 일 주일에 1~2회 모여 논문 2~4편 정도 공부합니다. 모이는 횟수나 공부하는 논문의 수는 정하기 나름이므로 적절한 수준이나 자신의 성향과 맞는 스터디를 찾는 것이 매우 중요합니다. 일단 스터디를 시작하면 구성원이 서로 순서를 정해 논문을 발표합니다. 발표자는 담당한 논문을 이해한 후 논문의 내용을 다른 구성원에게 소개하는 역할을 맡습니다. 다른 구성원은 발표자가 논문을 소개하면 논문에 관해 질문하고 의견을 나눕니다.

논문 스터디가 처음인데 스스로 이해하기 어려운 논문을 과연 잘 소개할 수 있을지 염려되겠지만, 전혀 걱정할 필요 없습니다. 왜냐하면 공부를 시작하는 단계에서는 보통 해당 연구 분야의 근본이 되는 중요한 논문을 접하는 경우가 많은데, 이러한 논문은 이미 많은 사람이 공부한 것이고, 해당 논문에 대한 설명이나 의견 등이 많은 블로그에 정리돼 있기 때문이죠. 그러니 많은 블로그의 글을 참고해 논문을 공부하면 쉽게 이해할 수 있을 것입니다. 그리고 이렇게 논문을 이해했다면 스터디에서 논문을 소개하는 것도 크게 어렵지 않을 것입니다. 이외에도 어떤 논문을 선정해야 할지 고민이라면 관심 분야에 따라 정리된 추천 논문 리스트 등을 참고하면 논문을 쉽게 선택할 수 있을 것입니다. 이러한 추천 논문 리스트는 'Deep Learning Papers for Beginners'라는 검색어로 검색하면 쉽게 확인할 수 있습니다. 만약, 특정 분야에 관심이 있다면 해당 분야의 키워드를 'Deep Learning Papers'에 추가해 검색하면 됩니다. 검색 결과의 논문 목록을 정리하면 어떤 논문을 읽어야 할지 알 수 있습니다.

단순히 논문을 소개하는 것에 그치지 않고 좀 더 깊이 이해하고 싶다면 스터디 구성원과 공유한 논문의 아이디어를 코딩으로 직접 구현하고, 그 결과를 공유해 보세요. 데이터를 공부하는 많은 사람이 이미 이렇게 구현한 결과를 깃허브에 공유하고 있습니다. 또한 논문과 관련된 다양한 사람의 글을 이용해 다른 사람은 해당 논문을 어떻게 생각하는지를 공부하는 것도 좋습니다. 논문과 관련된 다양한 글은 블로그, 깃허브, 오픈 리뷰에서 찾아볼 수 있습니다.

13   공부 자료

머신러닝 기법을 공부하는 방법을 크게 세 단계로 나눠 설명하면 다음과 같습니다. 첫째, 머신러닝 기법의 이론과 내부 작동 원리, 둘째, 공부한 알고리즘 직접 구현, 셋째, 데이터셋에 머신러닝 기법을 적용해 패키지 사용 방법 습득하는 것입니다.

먼저, 이 책에 소개한 공부 자료를 바탕으로 머신러닝 기법의 작동 원리를 이해하고, 이론을 익히는 것으로 시작해 보세요. 주의 깊게 살펴봐야 할 부분은 회귀나 분류 등의 기본 성격, 기법의 알고리즘이 풀고자 하는 최적화 문제 그리고 어떤 기법을 이용해 문제를 풀어나가는지 살펴보는 것입니다.

머신러닝 기법의 이론을 이해했으면 이제 실제로 모델을 구현해 볼 차례입니다. 머신러닝 패키지의 도움을 최소화하는 것이 중요합니다. 행렬 연산을 도와주는 넘파이나 사이파이 정도의 패키지만 활용해 머신러닝 알고리즘의 작동 원리를 체득해 보세요.

두 번째 단계는 데이터 사이언티스트와 데이터 리서처에게 적용되는 내용입니다. 데이터 애널리스트일 때는 오히려 이론을 공부한 후 머신러닝 패키지의 활용법을 익히는 데 좀 더 많은 시간을 더 투자하는 것이 좋습니다. 물론 관심이 있다면 모델을 직접 최소한의 패키지로 구현해 보는 것도 좋습니다.

마지막으로, 알고리즘을 어느 정도 이해했다고 생각한다면 패키지에서 기본으로 제공하는 'MNIST', 'IRIS Dataset' 등의 데이터셋에 패키지가 제공하는 머신러닝 알고리즘을 적용하면서 실전 감각을 쌓는 것부터 시작해 보세요. '장난감 데이터셋(Toy Dataset)'이라는 데이터셋을 이용해 머신러닝 기법에 익숙해졌다면 직접 데이터를 수집·가공해 데이터셋에 머신러닝 기법을 적용하면서 전반적인 머신러닝 모델 구축과 프로세스의 이해는 물론 패키지에 익숙해지는 것을 목표로 공부할 것을 추천합니다.

머신러닝 이론을 공부할 때 가장 널리 알려진 자료는 '앤드류 응(Andrew Ng)' 교수의 머신러닝 수업입니다. 구글 브레인, 코세라의 창업자이자 스탠퍼드대학의 교수인 앤드류 응은 머신러닝 대중화에 앞장서고 있는 석학입니다. 머신러닝 수업은 코세라뿐 아니라 유튜브에서도 찾아볼 수 있으며, 머신러닝 입문 코스로 제격입니다. 하버드대학에서도 'CS109: 데이터 사이언스'라는 이름의 무료 온라인 코스를 배포하고 있습니다.

책을 이용해 머신러닝에 입문하려면 『Mathematics for Machine Learning』(Deisenroth)이라는 책의 두 번째 파트인 'Central Machine Learning Problems'를 추천합니다. 모델 선택 문제부터 회귀, 차원 감축, 분포 추정, 군집까지 기본적이고 중요한 머신러닝 기법의 이론을 고르게 다룹니다. 코세라에서도 임페리얼 칼리지 런던(Imperial College London)에서 제공하는 동명의 비디오 강의가 있으므로 함께 공부하는 것이 좋습니다.

『Mathematics for Machine Learning』의 난이도가 너무 높다

면 『An Introduction to Statistical Learning』(Tibshirani)를 추천합니다. 이와 반대로 난이도가 너무 낮다면 『Elements of Statistical Learning』(Tibshirani), 『Pattern Recognition and Machine Learning』(Bishop) 등을 추천합니다.

원서가 부담스럽다면 『단단한 머신러닝』(제이펍)을 추천합니다. 이 책은 중국에서 사용하는 머신러닝 교과서의 번역본으로, 다양한 내용을 다루고 있어 머신러닝 입문서로 추천합니다. 『Pattern Recognition and Machine Learning』은 『패턴 인식과 머신러닝』(제이펍), 『Elements of Statistical Learning』은 『통계학으로 배우는 머신러닝』, 『An Introduction to Statistical Learning』은 『가볍게 시작하는 통계학습』이라는 제목으로 한국어 번역본이 출간됐습니다.

처음부터 프로그래밍을 이용해 머신러닝을 공부하려면 『Hands-On Machine Learning with Scikit-Learn, Keras and Tensorflow』(Aurelien)의 2판을 추천합니다. 아마존(Amazon) 머신러닝 분야의 베스트셀러인 이 책은 머신러닝 알고리즘을 설명과 함께 사이킷런 패키지 사용법, 딥러닝까지 다루고 있습니다. 『핸즈온 머신러닝』(제이펍)이라는 한국어 번역본도 있습니다.

딥러닝을 공부하고 싶다면 김성훈 교수의 '모두를 위한 딥러닝' 비디오 강좌 시리즈를 추천합니다. 이 강좌는 입문자를 위해 설계됐고, 실습 문제까지 포함돼 있습니다. 중급 수준의 딥러닝을 공부하고 싶다면 각각 이미지 처리와 자연어 처리 분야의 딥러닝 적용을 다루는 스탠퍼드대학의 비디오 강의인 'CS231n',

'CS224n'을 추천합니다. 만약 딥러닝 프레임워크를 집중적으로 익히고 싶다면 네이버 부스트코스의 관련 강좌를 참고하세요. 딥러닝 관련 교과서로는『Neural Networks and Deep Learning』(Springer)을 추천합니다. 한국어 번역본도 있습니다. 이외에 한국말로 쓰여진 교과서를 찾는다면『기계학습』(한빛미디어)을 추천합니다.

강화학습에 관심이 많다면 UCL(University College London)의 교수인 '데이비드 실버(David Silver)'의 강화학습 온라인 수업을 추천합니다. 자막이 없고 녹음 품질이 다소 조악하지만, 무료 온라인 공부 자료 중 강화학습의 기본을 다지는 데 적합합니다. 유튜브 채널 '팡요랩'에서는 이 수업을 한국말로 풀어 설명하는 영상을 연재하고 있으므로 참고하세요.

이외에도 강화학습에 딥러닝을 적용한 심층 강화학습 분야를 중심으로 다루는 UC 버클리대학 세르게이 르빈(Sergey Levine) 교수의 CS285 수업, 스탠퍼드대학의 엠마 브룬스킬(Emma Brunskill) 교수의 CS234 수업 등이 있습니다. 최적 제어의 관점이 궁금하다면 매사추세츠공과대학(MIT) 드미트리 버트시커스(Dimitri Bertsekas) 교수가 진행하는 'Reinforcement Learning Course at ASU'를 추천합니다.

강화학습에서 널리 사용되는 교과서는『Reinforcement Learning: An Introduction』(Sutton)입니다. 이 책으로 강화학습의 역사와 문제 정의, 전통적인 강화학습 해결 방법 등을 공부할 수 있습니다.『단단한 강화학습』(제이펍)은『Reinforcement

Learning: An Introduction』의 번역본입니다. 이 책의 난이도
가 낮다면 『Reinforcement Learning and Optimal Control』
(Bertsekas)이나 『Reinforcement Learning: Theory and
Algorithms』(Alekh Agarwal)를 추천합니다.

강화학습 연구를 활발히 진행하고 있는 연구 집단 중에는
'OpenAI'라는 회사가 있습니다. OpenAI 짐을 배포한 OpenAI
는 심층 강화학습 교육용 패키지인 '스피닝 업(Spinning Up)'도
배포했습니다. 이론부터 공부하는 것이 지루하다고 생각한다면
스피닝 업의 다큐멘테이션 페이지의 설명만 읽으면서 코딩으로
강화학습을 공부할 수 있습니다.

서울대학교 최병선 교수는 마이클 조던 교수의 책 목록을 기반으
로 머신러닝을 공부하기 위한 책 목록을 업데이트해 게시하고 있
습니다. 난이도가 있는 원서 위주이기 때문에 데이터 리서처를 꿈
꾸는 독자들에게 추천합니다.

온라인 코스

 코세라, Machine Learning(Stanford
University)

 DeepMind 유튜브 채널(RL Course by David
Silver)

팡요랩(Pang-Yo Lab) 유튜브 채널(강화학습의 기초이론)

 UC Berkeley University 온라인 강의(CS285: Deep Reinforcement Learning)

 Stanford University 온라인 강의(CS234: Reinforcement Learning)

 Stanford University 온라인 강의(CS229: Machine Learning)

 서울대학교 이정우 교수 유튜브 채널(강화학습의 기초)

 KAIST 문일철 교수(한국어 기계학습 강좌)

KAIST 문일철 교수(한국어 기계학습 강좌, 심화)

 네이버 부스트코스

 깃허브, 홍콩 과학기술대 김성훈 교수(모두를 위한 머신러닝/딥러닝 강의)

 깃허브, 홍콩 과학기술대 김성훈 교수(모두를 위한 딥러닝 시즌 2)

 네이버 부스트코스, 텐서플로로 시작하는 딥러닝 기초

 네이버 부스트코스, 파이토치로 시작하는 딥러닝 기초

Stanford University 온라인 강의(CS231n: Convolutional Neural Networks for Visual Recognition)

 Stanford University 온라인 강의(CS224n: Natural Language Processing with Deep Learning)

 MIT 교수 Dimitri Bertsekas의 ASU 강의 자료 (Reinforcement Learning Course at ASU)

 코세라, Deep Learning Specialization (deeplearning. Ai)

책

- 『Hands-On Machine Learning with Scikit-Learn, Keras, and Tensorflow』(O'Reilly Media)
- 『Mathematics for Machine Learning』(Cambridge University Press)
- 『Pattern Recognition and Machine Learning』(Springer)
- 『Introduction to Statistical Learning』(Springer)
- 『Elements of Statistical Learning』(Springer)
- 『Neural Networks and Deep Learning』(Springer)
- 『Reinforcement Learning: An Introduction』(MITPress)

- 『Deep learning』(MITPress)
- 『Reinforcement Learning and Optimal Control』(Athena Scientific)
- 『Machine Learning: A Bayesian and Optimization Perspective』(Academic Press)
- 『모두의 딥러닝』(길벗)
- 『단단한 머신러닝』(제이펍)
- 『케라스 창시자에게 배우는 딥러닝』(길벗)
- 『밑바닥부터 시작하는 딥러닝』(한빛미디어)
- 『기계학습』(한빛아카데미)

기타

 서울대학교, 최병선 교수의 추천 교과서 목록

- 『OpenAI Spinning Up Official Documentation』 - https://spinningup.openai.com/en/latest/
- 『Reinforcement Learning: Theory and Algorithms』(Alekh Agarwal) - https://rltheorybook.github.io/

9

데이터 파이프라인 및 클라우드

데이터를 수집, 저장, 가공, 분석하는 과정에서 공통적으로 발생하는 현상은 '데이터의 이동'입니다. 데이터는 데이터 파이프라인이라는 길을 따라 이동합니다. 수도관을 따라 움직이는 물과 같다고 볼 수 있죠. 9장에서는 데이터 파이프라인이 무엇인지, 왜 필요한지를 알아보겠습니다. 한편 데이터를 다룰 때는 그 규모나 특성에 맞게 적절한 인프라를 갖춰야 합니다. 이러한 설비를 직접 구매할 수도 있지만, 일정 사용료를 지불하고 외부의 설비를 이용할 수도 있죠. 이러한 외부의 설비 서비스를 '클라우드'라고 하는데, 이 클라우드에 대해서도 알아보겠습니다.

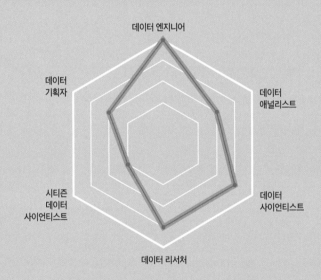

★★★★
데이터 엔지니어: 데이터 엔지니어의 주요 업무와 관련된 내용으로, 아주 기초적인 내용만을 담고 있으니 충분히 읽고 이해하는 것이 좋습니다.

★★
데이터 애널리스트: 데이터 애널리스트의 주요 업무와 상관 없을 수도 있지만 읽어 보는 것이 좋습니다.

★★★   ★★★
데이터 사이언티스트 / 데이터 리서처
데이터 사이언티스트와 데이터 리서처가 직접 수행하는 업무는 아니지만 분석 결과를 배포할 때 활용되는 기술이므로 배경 지식 정도로 알아 두는 것이 좋습니다.

★
시티즌 데이터 사이언티스트: 시티즌 데이터 사이언티스트에게 중요하지 않은 내용입니다.

★★
데이터 기획자: 데이터 기획자의 주요 업무와 상관 없을 수도 있지만, 배경 지식 정도로 읽어 두는 것이 좋습니다.

01 데이터 파이프라인

데이터 파이프라인이란?

데이터 파이프라인은 '데이터가 지나가는 길'을 뜻합니다. 물론 데이터가 지나가는 모든 길을 데이터 파이프라인이라고는 하지 않습니다. 데이터 파이프라인은 데이터의 이동이 어느 정도 체계화, 자동화된 것으로 수집, 가공, 처리, 저장 등이 함께 일어납니다. 예를 들어, 인터넷 쇼핑몰에서 구매가 발생하면 구매 기록 데이터가 생성·수집된 후 일련의 처리 과정을 거쳐 데이터 웨어하우스에 저장되는데, 이때 **데이터 웨어하우스**까지 이동한 경로를 '데이터 파이프라인'이라고 합니다.

데이터의 중요도가 높아지면서 데이터 파이프라인 구축 업무의 중요성도 함께 높아지고 있습니다. 데이터 파이프라인은 수도관에 비유할 수 있습니다. 수도관이 낡아 물이 오염되거나 단수된다면 씻지도 못하고, 요리도 할 수 없어 일상생활에 불편함이 생기는 것과 같이 데이터 파이프라인을 제대로 구축하지 않으면 데이터 이동 중 손실이 발생하거나 이동 속도가 느려져 원하는 시점에 데이터를 사용할 수 없게 되거나 데이터 분석을 할 수 없게 됩니다. 따라서 데이터의 손실이 없이 신뢰할 수 있고, 필요한 만큼 빠른 속도로 데이터가 효율적으로 흐르게 하기 위해서는 데이터 파이프라인 구축이 매우 중요합니다.

최근에는 데이터의 크기가 커진 것은 물론, 그 종류와 발생 경로,

빈도, 쓰임새가 다양해지고 복잡해졌습니다. 그리고 이렇게 복잡해진 데이터만큼 이동 방법도 다양해졌죠. 이런 환경에서 데이터를 체계적이고 효율적으로 옮길 수 있는 데이터 파이프라인의 필요성과 가치가 커진 것입니다.

그렇다면 **ETL**은 데이터 파이프라인과 어떤 관계가 있을까요? 데이터의 추출(Extraction), 가공(Transformation), 적재(Load)를 뜻하는 ETL은 다양한 데이터 파이프라인 중 하나입니다. ETL도 데이터가 흐르는 길로 데이터 추출에서 시작해 가공, 저장으로 이어지는 경우를 특정해 이야기하는 것입니다. 또한 실무에서는 ETL을 주기적으로 반복되는 데이터 처리 업무라는 뜻으로 사용하기도 합니다. 그렇기 때문에 맥락에 따라 무엇을 이야기하는지 파악해야 합니다.

데이터 파이프라인과 아키텍처

데이터 파이프라인을 만들 때는 어떤 데이터가 어디를 지나고, 어떤 처리 과정을 거치는지를 고려해 효율적으로 설계해야 합니다. 자가용, 버스, 전철, 택시 등 다양한 교통 수단을 조합해 목적지를 찾아가는 것처럼 데이터도 데이터의 특성과 사용자의 요구사항 등을 고려해 다양한 데이터 솔루션이나 플랫폼을 조합해 만듭니다. 그리고 이렇게 만들어진 데이터 파이프라인의 구조 또는 데이터 처리 구조를 '**아키텍처**'라고 합니다. 그렇다면 데이터 솔루션을 선택할 때는 무엇을 고려해야 할까요?

첫째, 데이터의 유입 방식 또는 변동 가능성입니다. 데이터의 종류에는 크게 '**바운디드 데이터(Bounded Data)**'와 '**언바운디드 데**

이터(Unbounded Data)'가 있습니다. 바운디드 데이터는 데이터의 수가 바뀌지 않는 데이터, 언바운디드 데이터는 추가 데이터가 유입될 가능성이 있는 데이터입니다. 예를 들면 태양계 행성 데이터는 바운디드 데이터, 음식점 주문 데이터는 언바운디드 데이터입니다. 태양계에서 새로운 행성이 발견되거나 사라지지 않는 이상 태양계 행성 데이터는 바뀌지 않을 것이고, 음식점의 주문은 언제든지 발생할 수 있으므로 새로운 데이터가 추가될 가능성이 높겠죠. 데이터 파이프라인을 설계할 때는 데이터 추가나 변경 가능성을 감안해야 합니다. 물론 빅데이터 분야에서 언바운디드 데이터를 다룰 때가 훨씬 많겠죠.

둘째, 데이터 처리 방식입니다. 데이터 처리 방식에는 '**배치(batch)**' 방식과 '**스트리밍(streaming)**' 방식이 있습니다. 배치 방식은 일정한 주기에 따라 데이터를 모은 후 배치 단위로 한 번에 처리하고, 스트리밍 방식은 데이터를 연속적으로 처리합니다. 실시간 데이터를 처리해야 할 때는 '스트리밍 방식', 그렇지 않을 때는 '배치 방식'으로 데이터를 처리합니다. 데이터 파이프라인을 설계할 때 두 가지 방식 중 하나를 선택해야 하는 것은 아닙니다. **람다 아키텍처(Lambda Architecture)**는 배치 방식과 스트리밍 방식을 모두 적용할 수 있죠. 이외에도 배치 방식과 스트리밍 방식을 적용하기 위한 데이터 솔루션이 많으므로 필요에 따라 원하는 솔루션을 선택하면 됩니다.

셋째, 데이터 저장 방식입니다. 데이터는 여러 형태로 저장되기 때문에 데이터의 특성이나 데이터 사용자의 요구를 고려해 적합한 데이터 저장 방식을 선택해야 합니다. **데이터 레이크**, 데이터 웨어하우스 중 어떤 개념을 사용할지, **분산 저장**한다면 어떤 **분산 시스템**을 이용할지, 데이터베이스 종류는 어떤 것을 이용할지 등을 정해 데이터 파이프라인에 반영해야 합니다.

이 세 가지를 고려하면 효율적인 데이터 파이프라인을 구축해 데이터의 흐름을 체계화할 수 있습니다. 그리고 이를 이용해 데이터 관리 비용의 절감은 물론, 데이터 업무의 효율성 개선 효과를 기대할 수 있습니다. 데이터 파이프라인을 구축하는 것에 그치지 않고 구축된 파이프라인을 효율적으로 관리할 수 있는 데이터 파이프라인 모니터링 솔루션까지 탑재한다면 효율성을 유지할 수 있고, 데이터 파이프라인의 개선도 기대할 수 있습니다.

전문가의 조언 정형 데이터와 비정형 데이터

- 정형 데이터: 정형 데이터(Structured Data)는 일정한 구조가 있는 데이터를 말합니다. 다른 말로, 숫자로 표현된 데이터 또는 숫자로 표현하기 좋은 데이터입니다. 예를 들어, '2021년 한국인의 키'라는 데이터가 있다고 가정하면, 이 데이터는 정형 데이터입니다. 모두 숫자 값이고, 일정한 범위 안에서 표현되는 값이기 때문이죠.

- 비정형 데이터: 비정형 데이터(Unstructured Data)는 정형 데이터와 달리 일정한 구조가 없는 데이터를 말합니다. 텍스트, 이미지, 사운드, 비디오 데이터 등이 이에 해당하며, 여러 비정형 데이터가 동시에 존재하는 비정형 데이터도 있습니다. 데이터 분석 기술이 발전하면서 과거에는 분석하기 어려웠던 비정형 데이터 다룰 수 있게 됐으며, 이에 따라 많은 기업이 비정형 데이터에서 새로운 가치를 찾기 위해 노력하고 있습니다. 이 과정에서 비정형 데이터를 사용하는 데 필요한 새로운 데이터 파이프라인과 아키텍처에 대한 고민이 필요합니다.

02 클라우드

클라우드 서비스

데이터를 다루는 데는 IT 자원이 필요합니다. 하지만 설비를 충분히 갖추기 위해서는 많은 비용을 치러야 하고, 설비를 도입한 후의 관리 비용도 만만치 않죠. 이러한 부담을 줄이기 위해 IT 자원이 필요할 때마다 인터넷을 이용해 원격으로 외부 자원을 사용할 수 있는 서비스를 '클라우드' 또는 '클라우드 서비스'라고 합니다.

기업이 자체적으로 IT 설비를 갖추고 이용하는 것을 '온프레미스(On-Premise)'라고 합니다. 그리고 외부 설비를 필요할 때마다 사용하는 클라우드 방식을 '온디맨드(On-Demand)' 또는 '오프프레미스(Off-Premise)'라고 합니다. 온프레미스 방식은 IT 설비 도입 비용과 관리 비용이 드는 반면, 온디맨드 방식은 클라우드 서비스 업체가 과금하는 사용료만 지불하면 됩니다. 전 세계적으로 IT 자원 활용 방식이 좀 더 경제적이고 기업 내 IT 자원의 수요에 따라 사용 규모를 유연하게 조절할 수 있는 온디맨드 방식으로 변화하고 있습니다. 한국은 각종 규제로 기업에 따라 내부망과 외부망이 분리돼 온디맨드 방식을 사용할 수 없을 때 어쩔 수 없이 온프레미스 방식을 취하고 있습니다.

이렇게 많은 기업이 온디맨드 방식의 클라우드를 도입하고 있기 때문에 데이터 전문가도 클라우드상에서 데이터를 처리할 수 있는 능력이 필요해졌습니다. 데이터 엔지니어의 주업무는 데이터 파이프라인을 클라우드상에서 구현하는 것이죠. 또한 다양한 클라우드 서비스 업체가 데이터 처리를 위해 공통적으로 제공하는 기능이 있기도 하지만, 그렇지 않은 기능도 있기 때문에 다양한 기능을 제공하는 클라우드 서비스를 선택해 공부해야 하고, 기업 역시 데이터 전문가를 고용할 때 해당 기업에서 사용하는 클라우드 서비스를 활용할 수 있는지를 묻습니다.

클라우드 서비스 업체는 자사 클라우드 서비스 관련 자격증 제도를 운영하고 있습니다. 아마존(Amazon)의 AWS는 기초, 어소시에이트, 프로페셔널의 등급과 전문 분야를 구분해 다양한 자격증을 운영하고 있고, 마이크로소프트(Microsoft)의 애저(Azure)나 구글(Google)의 GCP도 자체 자격증 제도를 운영하고 있습니다.

클라우드 컴퓨팅 종류

클라우드 컴퓨팅은 퍼블릭 클라우드(Public Cloud), 프라이빗 클라우드(Private Cloud), 하이브리드 클라우드(Hybrid Cloud), 멀티 클라우드(Multi Cloud)로 구분할 수 있습니다. 퍼블릭 클라우드는 말 그대로 특정 사용자가 아닌 여러 사용자에게 공개된 클라우드로, 그 예로는 우리가 흔히 알고 있는 아마존의 AWS나 마이크로소프트의 애저 등을 들 수 있습니다. 프라이빗 클라우드는 특정 사용자나 기업을 위한 전용 클라우드로, 상대적으로 보안성이 뛰어나다는 장점이 있습니다. 또한 하이브리드 클라우드는 퍼블릭 클라우드와 프라이빗 클라우드를 함께 이용하는 것을 말하고, 멀티 클라우드는 여러 클라우드 서비스를 동시에 이용하는 것을 말합니다. 즉, 아마존의 AWS와 마이크로소프트의 애저를 동시에 이용하는 것이죠.

클라우드는 보통 퍼블릭 클라우드를 기준으로 배우지만, 기업에서는 실무적 이점을 고려해 기업의 특성에 맞는 클라우드를 선택해 사용합니다. 예를 들어, 민감한 고객 정보를 다루는 금융 기업은 프라이빗 클라우드, 서비스의 안정성이 중요한 스트리밍 기업은 멀티 클라우드를 이용해 클라우드 서비스 중 하나에 문제가 있더라도 스트리밍 제공자에게 계속 서비스할 수 있게 합니다. 물론 모든 종류의 클라우드를 경험해 보기 어렵고 그렇게 해야 할 필요성도 없지만, 각 클라우드의 특성을 이해하고 있다면 데이터 환경을 좀 더 효율적으로 구축할 수 있을 것입니다.

빅데이터 취업

빅데이터 직업 시장은 빅데이터 산업의 성장에 맞춰 매년 그 수요가 커지고 있지만, 더 좋은 기회를 잡기 위해서는 잘 준비해야 합니다. 넷째마당에서는 빅데이터 시장에 취업하기 위해서는 어떤 준비를 해야 하는지 살펴보겠습니다.

1 빅데이터 직업 시장

빅데이터 직업 시장의 상황을 알아보고, 어떤 직무와 도메인을 선택해야 하는지 생각해 보겠습니다. 그리고 대기업, 스타트업, 공공 기관별로 어떤 특징을 지니고 있는지 살펴보겠습니다.

빅데이터 직업과 상관없이 반드시 읽어야 할 내용입니다.

01 빅데이터 직업 시장에 참여하기

빅데이터 취업 시장에 도전하기 전에 최근 빅데이터 취업 시장의 통계 자료를 이용해 빅데이터 분야의 전망을 살펴보겠습니다.

'한국데이터산업진흥원'이 출간한 『2020 데이터산업백서』는 향후 수년간 지속적으로 빅데이터 관련 인력의 부족 현상이 계속될 것으로 전망하고 있습니다. 시간이 지날수록 데이터를 체계적으로 저장하고 관리하는 기업이 늘어나고, 기업에서 수집하는 데이터의 양이 증가하며, 빅데이터 직무에 대한 수요는 끊이지 않을 것입니다. 또한 그동안 중요하지 생각하지 않았던 이미지, 텍스트, 음성, 사용자 행동 기록 등의 데이터를 분석하려는 시도가 늘어나고 있고, 특정 데이터를 분석하기 위한 수요도 증가하고 있습니다.

특히, 국내 빅데이터 취업 시장은 오랫동안 공급이 수요를 따라가지 못하는 상황으로 실제 데이터를 분석하는 데이터 애널리스트, 데이터 사이언티스트, 데이터 리서처 등의 전문가나 데이터를 체계적으로 관리·수집하는 데이터 엔지니어에 대한 수요가 꾸준히 증가하고 있습니다. 국내 빅데이터 분야의 성장 잠재력이 높은 만큼 빅데이터 전문가를 꿈꾸는 사람들에게도 많은 기회가 있는 것이죠. 빅데이터 전문가를 꿈꾼다면 북맵을 참고해 빅데이터 취업 시장에 도전해 보세요.

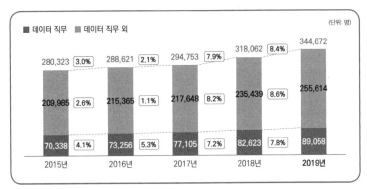

▲ 최근 5개년(2015~2019년) 데이터산업 전체 인력 현황

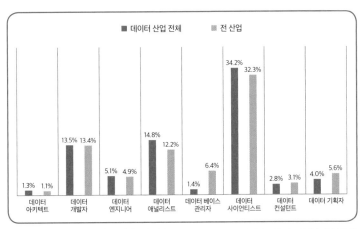

▲ 향후 5년 내 데이터 직무 인력 부족률　　[출처: 2020 데이터산업 백서(한국데이터산업진흥원)]

02 직무 정하기

이제 본격적으로 빅데이터 취업 시장에 관련된 내용을 살펴보겠습니다. 빅데이터 분야는 범위도 넓고 준비해야 할 것도 많기 때문에 빅데이터 공부를 시작하기 전부터 다양한 빅데이터 직업 중 하나를 선택하는 경우는 드뭅니다. 그리고 무엇부터 공부해야 할지 막막하기도 하죠. 지금까지 여러 빅데이터 직업과 각 직업이 어떠한 일을 하는지, 어떤 성향을 지닌 사람에게 적합한지, 무엇을 준비를 해야 하는지 알아봤습니다. 이제 자신의 장점, 배경, 성향 등을 되돌아 보면서 다음 질문에 답해 보세요.

자신이 무엇을 잘하는지 고민하거나 주변 사람을 보면서 자신이 무엇을 잘하는지 깨달은 경험이 있나요? 스스로가 숫자에 강한지, 풀리지 않는 문제의 답을 찾기 위해 몇 주, 몇 달 동안 끊임없이 고민하는지, 배운 것을 응용하는 능력이 뛰어난지, 스토리텔링을 이용해 설명이나 설득을 잘하는지 질문해 보세요. 만약, 데이터와 관련된 전체적인 시스템 구조를 설계하는 것을 좋아한다면 '데이터 엔지니어', 데이터를 사용한 스토리텔링을 좋아한다면 '데이터 애널리스트', 숫자에 강하다면 '데이터 사이언티스트', 깊이 연구하고 이해하는 것 자체에 즐거움을 느낀다면 '데이터 리서처'를 선택하는 것이 좋습니다.

누군가는 빠르게 발전하는 분야에서 새로운 기술을 적용해 새로운 결과물을 만드는 것에 만족감을 느낄 수 있고, 누군가는 당장 해결할 수 없는 기술적 한계에 도전하기 위해 탄탄한 이론적 배경을 갖추고, 깊이 연구하고 이해하는 것 자체에 즐거움을 느낄 수 있습니다. 또 누군가는 자신의 안이 채택될 수 있도록 경영진과 고객을 설득하는 것에 매력을 느낄 수도 있고, 누군가는 시스템을 구축하고 이를 유지보수하는 데 즐거움을 느낄 수도 있습니다.

빅데이터 취업 시장에 도전하기 전, 스스로 무엇을 잘하는지, 어떤 일을 할 때 즐거움이나 성취감을 느끼는지 진지하게 고민하고 또 질문해 보세요. 그리고 원하는 업무나 특성, 성향에 적합한 직업을 선택한다면 성공적인 취업에 한 발 더 다가설 수 있을 것입니다. 또한 지원하는 빅데이터 직업의 특성에 맞는 강점을 구별해 이력서를 작성하는 것이 좋습니다. 채용 담당자에게 지원하는 직업에 적합한 사람이라는 인상을 심어 줄 수 있기 때문입니다.

03 산업 도메인 정하기

빅데이터 프로젝트를 성공적으로 수행하려면 기술적인 지식뿐 아니라 관련 데이터에 대한 도메인 지식이 필요합니다. 도메인 지식은 분석할 데이터 재료에 대한 이해로, 빅데이터 프로젝트에서 중요한 역할을 합니다.

빅데이터 프로젝트를 진행하는 데 도메인 지식이 없다면 여러 가지 문제가 생길 수 있습니다. 가장 대표적인 것은 상관관계와 인과관계입니다. 예를 들어 교회가 많은 지역일수록 범죄율이 높다는 통계가 있다면, 교회가 많기 때문에 범죄율이 높다고 생각할 수 있을 것입니다. 하지만 '인구'라는 다른 요인을 생각해 보면 교회의 수가 범죄율 증가의 직접적인 이유라고 말하기 힘듭니다. 인구가 많기 때문에 교회도 많은 것이고, 인구가 많기 때문에 범죄율이 높은 것이죠. 즉, 둘 사이에는 상관관계가 있는지, 인과관계가 있는지는 섣불리 판단하기 힘든 것입니다. 만약 범죄율을 낮추기 위해 교회 수를 줄여야 한다는 주장을 한다면 목표에 효과적으로 도달하지 못할 것입니다.

기업 역시 도메인 지식을 겸비한 구직자를 선호합니다. 하지만 취업하기 전부터 원하는 분야를 결정하는 경우는 드물기 때문에 보통 처음 취업하는 회사가 자신의 도메인이 되는 경우가 많습니다. 우선 처음 입사한 회사에서 어느 정도 경력을 쌓고 이직을 고려할 때는 지금까지 쌓은 도메인 지식을 강점으로 준비하는 것이 유리합니다. 다른 직종에서 일하다가 빅데이터 전문가가 되려면 그동안 쌓은 도메인 지식 역시 강점으로 내세울 수 있습니다. 데이터를 다루지 않았더라도 유통 산업에서 쌓은 경험이 유통 데이터를 분석하는 데 도움이 되는 것처럼 말이죠. 또한 빅데이터를 사업에 적용하는 것은 한 사람이 할 수 있는 일이 아닙니다. 빅데이터 사이클은 팀 단위로 진행되고, 기술 전문가와 도메인 전문가의 협력이 필요합니다. 도메인 전문가는 기술 전문가와 다른 관점에서 문제를 바라볼 수 있습니다. 만약, 도메인 지식이 부족하다면 다른 것을 강점으로 내세워야 하고, 빅데이터 관련 전문 지식을 갖췄더라도 신입과 같은 대우를 받을 수도 있습니다.

그렇다면 취업 전, 현장 경험이나 도메인 지식이 부족한 상황에서 어떻게 흥미를 느낄 수 있는 분야를 탐색할 수 있을까요? 우선 채용 정보 사이트나 관련 커뮤니티를 자주 방문해 어떤 기업에서 어떤 데이터를 다루는지 파악해 보세요. 그러다 보면 관심 도메인이 점점 구체화될 것입니다. 그리고 거의 모든 분야에서 데이터가 생성되고 있으므로 최대한 다양한 데이터를 연습 데이터로 다루면서 구체적인 경험을 쌓아 보세요. 또한 특정 분야에서는 채용 공고에 관련 자격증을 요구하는 등 도메인 전문성을 갖춘 사람을 우대하기도 합니다. 그렇기 때문에 지원하려는 회사에서 요구하는 도메인 지식과 수준을 파악하는 것도 중요합니다.

학습으로 전문성을 기를 수 있는 분야가 아니더라도 평소 관심 있고 친숙한 분야라면 이를 바탕으로 다루게 될 데이터와 발생 가능한 문제 그리고 해결책 등을 예상할 수 있습니다. 평소 게임을 좋아한다면 게임 분야에서 발생할 수 있는 문제와 해결책을 고민해 볼 수 있겠죠. 예를 들어 게임 시스템의 허점을 이용해 게임 내 재화를 획득하는 어뷰징 행위나 마우스, 키보드와 같은 하드웨어 또는 소프트웨어를 조작하는 불법 매크로 등의 문제를 예상하고, 어떤 데이터를 수집해 무엇을 살펴봐야 할지, 어떤 방법으로 이러한 문제를 해결할 수 있을지 구체적으로 고민해 보는 것입니다. 이러한 고민은 면접에 많은 도움이 됩니다. 앞으로 다루게 될 데이터에 대해 고민해 본 지원자와 그렇지 않은 지원자 중 어떤 지원자가 더 매력적일지는 조금만 고민해 봐도 쉽게 알 수 있죠.

도메인 지식이 부족한 분야에 지원하더라도 면접 전, 관련 분야에 관련된 키워드와 발생할 수 있는 문제와 해결책, 진행할 수 있는 프로젝트와 이를 통해 해당 기업이 얻을 수 있는 가치 등을 고민하고 자신의 이력이나 경력과 연관시켜 어필하는 것이 좋습니다.

04 적합한 회사 찾기

빅데이터 전문가가 아닌 다른 직업도 그렇겠지만, 취업을 준비하면서 가장 고민하는 것 중 하나는 인지도 있고 탄탄한 대기업과 성장 가능성이 높은 스타트업 중 하나를 선택하는 것입니다. 이번에는 빅데이터를 중심으로 대기업과 스타트업을 비롯한 공공 기관의 장단점뿐 아니라 나에게 적합한 좋은 회사는 무엇인지 알아보겠습니다.

대기업

빅데이터를 활용하기 위해 전폭적으로 지원하는 대기업의 장점은 많은 데이터를 확보하고 있다는 것입니다. 이외에 만족스러운 연봉, 복지, 데이터 파이프라인을 포함한 체계화된 시스템도 장점입니다. 하지만 대기업에서 빅데이터 전문가로 일을 시작했는데 생각했던 것과 실무가 너무 다르다는 사람이 많습니다. 이는 특별 채용이 아닌 일반 채용의 경우에 더욱 많이 발생합니다.

은행을 예로 들면, 데이터 분석 신입으로 채용됐지만 갑자기 일반 은행 업무를 하거나 개발 부서에서 유지보수 업무를 하게 되는 등 채용 후 업무가 달라지는 경우가 빈번합니다. 빅데이터 분야에서도 정작 대기업에 취업했지만, 데이터 프로젝트 경험이 상대적으로 풍부한 박사 학력이 아닌 학·석사 학력이라면 채용 이후 빅데이터 프로젝트에 참여하지 못하는 경우가 생기기도 합니다.

스타트업

뛰어난 기술력을 바탕으로 성장 가능성이 높은 스타트업은 대기업에 비해 연봉이나 복지 등이 만족스럽지 못할 것입니다. 또한 항상 인력이 부족하기 때문에 멀티플레이를 원하는 곳이 많습니다. 하지만 스타트업은 상대적으로 신입에게 주어지는 업무의 비중이 크고, 프로젝트에 기여할 수 있는 기회가 많습니다. 더 많은 기회는 곧 자신의 실력을 빠르게 향상시킬 수 있다는 것을 의미하죠. 그만큼 많은 부분에서 성취감을 느낄 수 있습니다.

스타트업은 사내 문화나 회사만의 색깔이 뚜렷하기 때문에 자신의 성향에 잘 맞는 곳이라면 더할 나위 없이 즐거운 회사 생활을 할 수 있습니다. 그리고 당장의 연봉이나 복지가 만족스럽지 못하더라도 회사의 성장에 따라 *스톡옵션 등의 보상을 하는 약속하는 스타트업도 있죠.

스톡옵션
기업이 직원에게 회사 주식 일부를 일정한 가격에 매수할 수 있는 권리를 주는 제도

공공 기관

최근에는 다양한 공공 기관에서도 데이터 관련 인력을 채용하고 있습니다. 공공 기관에 취업하면 일반 기업에서 확보하기 어려운 데이터를 다룰 수 있다는 장점이 있습니다. 예를 들어 한국전력공사에 입사한다면 외부에서 접근할 수 없는 국내 전력과 관련된 데이터를 분석할 수 있죠. 특정 공공 분야의 데이터를 분석하고 싶다면 공공 기관이 좋은 선택지가 될 것입니다. 또한 일반 기업

에 비해 상대적으로 안정적이라는 것도 큰 장점입니다.

하지만 공공 기관은 위계질서가 엄격하고 보수적입니다. 물론, 이를 보완하기 위해 다양한 정책을 시도하고 있고, 점차 개선되는 추세이긴 하지만, 이런 보수적인 문화는 데이터 관련 업무에도 영향을 미칩니다. 딥러닝과 같은 최근 기술은 성능이 뛰어나지만, 매우 복잡해 모델의 결과를 설명하기 어렵고, 안정성이 충분히 검증되지 않아 이런 기술을 실무에 적용하기 어렵다는 등의 이유로 아직 충분히 검증이 되지 않은 새로운 방식보다 검증되고 안정적인 방식으로 문제를 해결하는 경우가 많습니다.

또한 공공 기관은 국가의 예산으로 운영되고, 민감한 정보를 많이 다루기 때문에 실무자에게 많은 제약이 있을 수 있습니다. 또한 일반 기업에 비해 늦게 데이터를 활용하기 시작한 공공 기관은 데이터 조직이 잘 갖춰지지 않은 경우가 많습니다. 그리고 실제로 조직을 새롭게 신설하거나 기존 데이터 관리 조직의 업무를 확장하는 경우가 많아 데이터 엔지니어의 업무에서 데이터 사이언티스트의 업무까지 광범위한 역할을 요구할 수 있습니다.

전문가의 조언　알리오

알리오(All Public Information In-One, ALIO)는 기획재정부에서 운영하는 공공 기관의 경영정보공개시스템으로, 이를 이용하면 공공 기관의 채용 정보나 연봉 정보를 손쉽게 확인할 수 있습니다. 이외에 공공 기관의 주요 통계나 정책 자료 등을 제공하기도 합니다.

데이터에 지원하는 기업

자체적인 빅데이터 부서를 운영하고 데이터에 많이 지원하는 회사로는 '네이버', '삼성전자', 'NC소프트' 등이 있습니다. 이외에도 빅데이터에 지원을 아끼지 않는 기업도 많습니다. 이런 정보는 채용 박람회나 데이터 관련 커뮤니티, 컨퍼런스 등의 행사에서 얻을 수 있습니다. 채용 담당자나 인사 담당자와 관계를 유지하면서 취업의 기회를 만들어 보는 것도 추천합니다.

좋은 회사 구별하는 방법

모든 구직자가 좋은 회사에 취업하고 싶을 것입니다. 그렇다면 구직자는 어떻게 수많은 스타트업과 대기업 중 좋은 회사를 구별할 수 있을까요? 빅데이터 전문가에게 좋은 회사는 성장에 도움이 되고, 회사의 문화가 자신의 성향과 일치하는 회사입니다.

성장에 도움이 되는 회사의 공통점은 '데이터팀에 많은 투자를 한다.'는 것입니다. 따로 데이터팀을 운영하고 있는지, 데이터 관련 인력을 얼마나 많이 채용하고 데이터 활용에 대해 얼마나 홍보하는지를 살펴보면 그 회사가 데이터팀과 데이터에 얼마나 많이 투자하고, 데이터 인력을 중요하게 생각하는지 알 수 있습니다. 이외에도 데이터를 사업의 보조적인 요소로 다루는지, 주요 요소로 다루는지, 데이터팀에 실력 있는 전문가가 있는지 등을 살펴보면 좋은 회사와 나쁜 회사를 구별할 수 있습니다.

데이터를 활용해 사업 가치를 창출하는 회사라면 이를 홍보할 것이기 때문에 정보를 비교적 수월하게 얻을 수 있습니다. 그리고 어떤 취업 공고에 지원해야 원하는 업무를 할 수 있는지를 조사해 보세요. 면접 과정에서 데이터 업무에 대한 질문을 하지 않거나 면접관 중 데이터팀의 실무자가 없다면 입사 후 데이터 업무의 비중이 낮을 가능성이 높습니다. 이와 반대로 채용 과정 중 별도의 코딩 테스트나 데이터 분석 프로젝트 등이 포함돼 있다면 빅데이터 전문가로서의 역할을 기대하고 있다고 예측할 수 있습니다.

유명한 스타트업 회사도 많지만, 대부분 처음 들어 보는 회사일 것입니다. 스타트업에 취업할 생각이라면 빅데이터 기술력만큼은 대기업에 뒤처지지 않는 회사에 취업하는 것을 목표로 하세요.

스타트업의 면접은 대기업에 비해 편안한 분위기에서 진행됩니다. 보통 면접 마지막에 궁금한 것에 대한 질문을 받는데, 궁금한 것이 없더라도 면접관에게 질문하면 많은 정보를 얻을 수 있습니다. 빅데이터 프로젝트를 진행하면서 문제가 된 점 등을 질문하면 실제 취업 이후 직접 겪을 수 있는 문제를 간접적으로 알 수 있을 것입니다. 만약 '장비 부족'이라는 답변을 받는다면 데이터팀에 얼마나 투자하는지 알 수 있고, '프로젝트 마감 시간 부족'이라는 답변을 받는다면 근무 강도를 알 수 있을 것입니다. 데이터팀의 규모에 대해 질문한다면 데이터 인력을 충원할 예정인지를 알 수 있겠죠. 그리고 회사에 도움을 준 데이터팀의 프로젝트에 대해 질문한다면 진행한 프로젝트와 함께 스타트업에서 데이터팀을 운영하는 이유와 앞으로 어떤 업무를 하게 될지 알 수 있을 것입니다.

전문가의 조언   신중하게 선택하세요

앞서 소개한 데이터 애널리스트 김용희 씨는 "저는 금융 데이터와 사랑에 빠졌습니다."라고 말했습니다. 그리고 "제가 사랑하는 데이터를 분석하는 데서 오는 만족감이 데이터 애널리스트로서의 가장 큰 매력입니다. 그렇기 때문에 취업을 희망하는 분야를 정할 때 스스로 그 분야를 좋아하는지, 그 분야가 세상에 어떤 영향을 미칠지 고민하고 취업할 분야를 결정하세요."라는 말을 덧붙였습니다. 김용희 씨는 화학공학을 전공했지만, 금융공학 석사에 진학해 원하는 기업에 입사할 수 있었습니다. 분야 선택은 취업 성공률을 높이는 차원을 넘어 업무 만족도에도 영향을 미칠 수 있기 때문에 취업 전에 신중하게 고민해야 합니다.

2 | 준비 활동

취업준비생은 '데이터 인력이 부족하다고 하지만 정작 '경력 있는 신입'을 원하기 때문에 취업이 어렵다.'라고 하소연합니다. 2장에서는 데이터 인력은 부족하지만, 정작 신입을 위한 자리는 없는 빅데이터 채용 시장에서 경쟁력 있는 신입이 되기 위해서는 무엇을 준비해야 하는지 알아보겠습니다.

빅데이터 직업과 상관없이 반드시 읽어야 할 내용입니다.

01 인턴십

인턴십은 어떤 직무를 준비하더라도 도움이 되는 경험으로, 이력서에 인턴십 경험을 내세우는 것은 큰 강점이 됩니다. 얼마 채용하지 않는 신입 채용 공고에 경력자도 지원하는 상황에서 채용 담당자의 눈에 띌 수 있는 이력이 바로 '인턴십 경험'이죠.

인턴십의 장점

자신이 희망하는 직무의 인턴십 프로그램을 잘 선택하는 것이 중요합니다. 최근 들어 많은 기업에서 취업 연계형 인턴십 외에 다양한 빅데이터 인턴십 프로그램을 운영하고 있으므로 잘 찾아보면 취업에 많은 도움이 될 것입니다. 인턴십 프로그램을 찾는 데는 정기적으로 인턴 채용 공고를 살펴보는 방법도 있지만, 평소에 관심 있던 회사나 부서에 '콜드메일(Cold Mail)'을 보내 인턴으로 채용되는 경우도 많습니다. 학생이라면 방학 기간을 잘 활용해 인턴 경험을 쌓아 보세요.

잠깐만요 | 콜드메일은 보통 사업 아이템을 홍보하기 위한 수단으로, 불특정 다수에게 발송하는 홍보 메일을 뜻하지만, 여기서는 친분이 없는 수신자에게 발송하는 메일을 의미합니다. |

이외에도 인턴십은 취업 준비생이 지금까지 공부한 기술을 실제로 활용하는 회사의 데이터에 적용해 경험을 쌓을 수 있다는 장점이 있습니다. 또한 실제 업무를 통해 직무 적성에 맞는지 판단할 수 있다는 장점도 있습니다.

데이터 관련 지식이 없는 학생에게 데이터 업무에 필요한 사항을 가르치면서 인턴십을 운영하는 회사는 드뭅니다. 인턴십은 신입 사원 연수 프로그램이 아니기 때문입니다. 인턴십을 위해서는 적어도 한 가지 이상의 프로그래밍 언어에 익숙한 것이 좋지만, 그렇지 않다면 인턴십을 운영하는 회사에 대한 이해나 관심을 바탕으로 한 인사이트 도출 능력을 갖추는 것이 좋습니다. 하지만 다룰 수 있는 프로그래밍 언어가 없다면 데이터 관련 업무를 수행하기도 전에 프로그래밍 언어만 배우다가 인턴십을 끝낼 가능성이 높습니다.

영어 소통이 어느 정도 가능한 구직자라면 국내의 인턴십으로만 한정하지 말고, 해외 인턴십도 적극적으로 찾아볼 것을 권합니다. 미국, 유럽, 인도 등 다양한 나라의 기업과 대학 기관은 훨씬 퀄리티가 좋은 인턴십 프로그램들을 운영하고 있습니다. 'Top 50 Data Science Internship Program' 등의 검색어로 검색하면 매년 세계적으로 인기 있는 인턴십 프로그램에 관련된 정보를 얻을 수 있습니다.

이렇게 다양한 인턴십 프로그램 중 'Infosys'의 '인스텝(Instep)'이라는 인턴십 프로그램을 추천합니다. Infosys는 인도에서 두 번째로 큰 IT 기업으로, 매년 여름 100명 내외의 인턴들을 전 세계에서 받는데, 각 부서별로 다양한 분야와 배경의 학생들을 모집합니다. 절차는 서류와 전화 면접으로 이뤄지고, 짧게는 6주, 길게는 16주까지 부서와 조율해 자신이 원하는 기간 동안 인턴십을 하며, 멘토의 멘토링을 받으면서 개별 또는 팀별 프로젝트를 진행합니다. 이 회사는 하나의 예시일 뿐, 좋은 프로그램을 제공하는 해외 인턴십 기회도 많다는 것을 잊지 말고 찾아보기 바랍니다.

주의해야 할 점

하루가 아쉬운 취업준비생은 '아무 인턴십'이 아닌 '좋은 인턴십'을 경험하고 싶어합니다. 또한 인턴십 프로그램은 짧게는 한 달, 길게는 여섯 달 동안 진행되기 때문에 인턴십 프로그램에 참여하기 전 신중하게 고민해야 합니다. 많진 않지만 전시 행정의 결과로 인턴십 프로그램 내내 시간만 낭비하는 인턴십 프로그램도 있고, 무급으로 진행되는 인턴십 프로그램도 있습니다.

그렇다면 어떻게 좋은 인턴십 프로그램을 찾을 수 있을까요? 꼭 대기업에서 진행하는 인턴십 프로그램만 좋은 것은 아닙니다. 스타트업에서도 내실 있는 인턴십 프로그램을 진행하기 때문에 좋은 경험을 할 수 있습니다. 우선 처음 진행하는 인턴십 프로그램보다 여러 번 운영된 인턴십 프로그램이 더 알찰 가능성이 높습니다. 그리고 이렇게 여러 번 진행된 인턴십 프로그램은 친구, 선배 또는 인터넷 검색을 통해 인턴십에 대한 다양한 후기를 찾아볼 수 있습니다.

채용 박람회나 인터넷 검색을 통해 인턴십 정보를 확인할 때는 정확히 어떤 업무를 하게 될지 확인하고 비교해 보세요. 어떤 업무나 프로젝트를 진행하게 될지 미리 알 수 있다면 좋은 인턴십인지 확인할 수 있을 뿐 아니라 취업을 희망하는 직무나 분야에 도움이 되는 인턴십인지도 확인할 수 있습니다. 그렇다고 해서 너무 많은 인턴십 경험을 쌓을 필요는 없습니다. 취업을 희망하는 분야나 직무와 관련된 인턴십 한두 번이면 충분합니다.

02 연구 경험

대학원 연구실 인턴은 대학 생활 중 대학원 생활을 직·간접적으로 체험할 수 있고, 연구가 무엇인지 알 수 있는 좋은 경험입니다. 또한 빅데이터 직무를 선택하기 전에 연구를 경험해 보고 싶다면 연구실 인턴을 추천합니다.

연구

데이터 리서처가 되고 싶다면 반드시 연구 경험이 필요합니다. 일반적으로 연구 경험은 누군가의 도움 없이 처음부터 스스로 쌓기에는 진입 장벽이 높은 스펙이죠. 처음에 연구를 할 때는 연구가 무엇이고, 어떤 것을 어떻게 연구해야 할지조차 파악하기 어렵습니다.

대학 연구실 인턴

대학원 진학과 더 깊은 연구에 관심이 있다면 대학 연구실의 인턴십에 지원하는 방법도 고려해 볼 수 있습니다. 연구실 인턴은 연구실마다 다르기 때문에 우선 지원하려는 연구실에 인턴을 수용하는지, 지도 교수가 무엇을 연구하는지 미리 알아보는 것이 좋습니다. 주변에 지원하려는 연구실의 인턴 경험이 있는 지인이 있다면 어떤 업무를 하고, 무엇을 배울 수 있는지 알아보는 것도 도움이 됩니다. 지원하려는 연구실의 인기가 많다면 한 학기 전부터 준비하는 것이 좋습니다.

연구실 인턴은 다양한 방법으로 지원할 수 있습니다. 연구실의 인턴 지원 공고를 보고 지원하거나, 연구실 홈페이지의 연구원에게 콜드메일을 보내거나, 지도 교수에게 직접 문의하는 방법 등이 있습니다. 이때 같은 과 교수에게 콜드메일을 보내는 것은 피하는 것이 좋고, 메일을 보낸 후 일주일 이상 연락이 없다면 무작정 기다리지 말고 다른 연구실에 문의하세요.

기업 연구 인턴

연구 경험이 있다면 기업의 연구실 인턴십에 지원할 수도 있습니다. 이번에는 기업 연구실의 인턴십에 대해 알아보겠습니다. 기업 연구실 인턴은 연구가 주업무인 부서에서 운영하는 인턴십 프로그램으로, 실제 연구 경험이 있는 지원자를 선호합니다. 연구실 인턴은 일반 인턴십과 같이 회사와 지원자가 서로를 평가할 수 있는 기회입니다. 인턴 연계형 채용은 정식 채용에 비해 문턱이 낮기 때문에 기업에서 연구를 이어가고 싶다면 취업에 더 유리하죠. 인턴십 기간이나 운영 방식은 기업마다 차이가 있지만, 보통 현직자와 함께 연구를 진행하고 인턴십으로 업무 능력이나 협업 능력 등을 자연스럽게 평가받습니다. 추천하는 기업 연구실 인턴십의 대표적인 예로는 '네이버 클로바'의 인턴십 프로그램이 있는데, 주로 네이버 내부에서 진행 중인 서비스와 비슷한 컴퓨터 비전, 텍스트, 자연어 처리, 음성 인식 등 인공지능 전반의 연구 경험이 있는 지원자를 선발합니다.

연구실의 연구원이나 지도 교수는 많은 메일을 받기 때문에 콜드메일을 읽는 데 시간을 할애하지 않을 가능성이 높습니다. 그렇기 때문에 콜드메일은 최대한 간결하고 공손하게 작성해야 합니다. 연구실 인턴십에 지원하기 위한 콜드메일 작성법을 소개합니다.

- 메일 제목에 자신의 소속과 이름, 콜드메일의 목적을 분명히 밝히세요.
- 본문의 시작에는 정중한 인사와 함께 자기 자신을 소개하세요. 만약 인턴십 공고가 있었다면 공고를 보고 인턴십에 지원한다는 내용을 밝히세요.
- 어떤 계기로 연구실 인턴에 관심을 갖게 됐는지 설명하세요. 지인 추천 등과 같은 단순한 이유보다 연구실에서 어떤 경험을 하고 싶고, 왜 연구실과 연구에 관심을 갖게 됐는지에 대한 내용을 자신의 전공이나 경험과 연관 지어 설명하는 것이 좋습니다.
- 첨부 파일로 메일 발신자의 이력서를 첨부했다는 것을 알리고, 파일을 꼭 첨부하세요.
- 감사 인사로 마무리하세요.

03 데이터 분석 대회(공모전)

데이터 대회와 공모전은 데이터 애널리스트나 데이터 사이언티스트를 꿈꾸는 신입에게 좋은 경험이 됩니다. 데이터 분석 대회는 특정 주제의 목표와 데이터, 평가 방법을 제시해 참가자의 경쟁을 통해 고민하던 문제에 대한 해답을 얻고, 참가자에게 상금을 지급하는 플랫폼입니다.

데이터 분석 대회(공모전)는 기업이나 단체가 데이터 문제를 해결하기 위해 상금을 걸고 데이터의 일부를 참가자에게 공개한 후 다양한 해결법을 평가하는 것입니다. 정형 데이터, 이미지, 텍스트 등과 경영, 컴퓨팅, 예술, 공학, 통계, 인터넷, 교육 등 다양한 데이터와 분야의 데이터 분석 대회(공모전)가 있습니다. 대기업에도 지속적이 투자가 이뤄지고 있기 때문에 대회 상금과 함께 취업 전 실력 있는 빅데이터 전문가와 경쟁하며 스펙을 쌓을 수 있는 좋은 기회죠.

국내외에 다양한 데이터 분석 대회 플랫폼이 있지만, 그중 가장 영향력 있고, 인지도 높은 데이터 분석 대회 플랫폼은 2010년 설립된 '캐글'입니다. 캐글에는 파이썬과 R을 사용하는 전 세계의 수많은 데이터 과학자가 참여합니다. 참여자가 제출한 다양한 해결법은 정해진 성능 평가 방식에 따라 순위가 매겨집니다. 최종 순위는 공개하지 않은 다른 데이터셋으로 채점하고, 대회 기간 동안 게시판에서 토론이 활발하게 진행되죠. EDA와 데이터 분석, 다양한 모델을 통해 도출된 결과 등을 커널(Kernel)이나 코드로 공개하고, 서로의 의견을 덧붙이며 집단지성으로 결과를 발전시켜 나갑니다.

잠깐만요 | EDA에 대한 자세한 내용은 123쪽을 참고하세요. |

국내에는 '빅콘테스트', '데이콘', '카카오 아레나', '공공데이터 활용 빅데이터 분석 공모전' 등의 데이터 분석 플랫폼이 있습니다. 국내에서 한국어로 운영되는 특성상 캐글과 같이 전 세계인이 참여하는 플랫폼으로 성장하는 데는 한계가 있지만, 토론장, 코드 공유 게시판이 활발하게 운영되고 있고, 세계 대회에 도전하기 전 실력을 쌓는 데 많은 도움이 됩니다.

주의해야 할 점

많은 데이터 분석 대회와 공모전이 있는 만큼 대회 기간 동안 충분한 참가자 수를 채우지 못하거나 대회에서 제공하는 데이터의 질이 좋지 않고, 최종 평가 데이터의 사전 유출 또는 평가 방식 오류가 발견되는 등 기본적인 준비사항조차 제대로 지켜지지 않는 대회도 있습니다. 가장 영향력 있는 캐글조차 종종 최종 평가 데이터가 유출되거나 잘못돼 비난을 받기도 하죠.

또한 대회에서 좋은 점수를 얻은 해결법이 꼭 혁신적이고 좋은 것은 아니기 때문에 많은 대회에 참가해 높은 점수를 얻기 위해 모델링하는 것보다는 대회에 참가해 배운 내용을 정리하는 것이 좋습니다. 이렇게 대회 경험을 통해 공부한 내용을 기술 블로그에 정리하고, 이력서와 함께 제출하면 면접에서 대회에 대한 질문을 받을 가능성이 높겠죠. 기술 블로그에 정리한 내용을 바탕으로 해결법을 도출하기 위해 얼마나 많이 고민했고, 이를 통해 얼마나 성장할 수 있었는지에 대해 답변한다면 다른 구직자보다 좋은 인상을 남길 수 있습니다. 그리고 데이터 분석 대회를 통해 한정된 시간 내에 과제를 해결하는 능력, 다른 팀원과의 협업 능력 등을 기를 수 있습니다.

전문가의 조언   연구 인턴십 기회가 없다면?

기업이나 대학원 연구실의 인턴십 기회가 없다고 해서 좌절할 필요는 없습니다. 학위 과정 중 일반적인 모델의 배경과 내용을 궁금해하고, 스스로 질문하는 습관을 기르는 것이 도움이 되기 때문이죠. 지금 연구 중인 것이 실제로 적용되기까지는 어느 정도 시간이 필요하기 때문에 데이터 리서처의 연구는 실제 산업의 최전선에 있습니다. 그렇기 때문에 최신 논문과 연구 동향을 파악하는 능력이 중요하죠. 연구실 인턴십 기회가 없다면 최신 논문을 찾아 공부하면서 개인 블로그에 공부한 내용을 정리하는 것만으로도 좋은 스펙이 될 수 있습니다. 혼자 논문을 공부하는 것이 어렵다면 326쪽의 논문 스터디를 참고해 기술 블로그를 만들어 보세요.

04 프로젝트 경험(개인 경험)

인턴십, 연구, 대회 수상 이력 외에도 프로젝트 경험을 내세워 자신을 차별화할 수 있습니다. 프로젝트 경험은 학교에서 데이터 관련 과목을 수강하며 진행한 프로젝트나 대학원생이라면 연구실에서 참여한 기업 과제, 개인적으로 기획해 실천한 프로젝트 등 다양합니다.

개인 프로젝트 경험은 자기 주도적이고 적극적인 면을 강조할 수 있는 스펙입니다. 개인 프로젝트 주제는 평소 관심이 있었던 분야에서 찾을 수 있습니다. 만약 개인 프로젝트가 부담된다면 비슷한 관심사를 가진 사람들과 공동 프로젝트를 진행하는 것도 좋은 방법입니다. 여기서는 'Glassdoor Job Search' 사례를 이용해 개인 프로젝트를 알아보겠습니다.

'Glassdoor Job Search'는 채용 정보 사이트로, 특정 기업의 전 직원이 남긴 리뷰를 통해 해당 기업을 평가할 수 있는 서비스를 제공하고 있습니다. 직장인 A는 해당 기업의 전 직원이 익명으로 작성한 'Glassdoor Job Search'의 기업 리뷰가 해당 기업이 직접 하는 소개보다 신뢰받을 수 있을 것이라 생각했습니다.

실제로 많은 사람이 일하고 싶어하고, 신뢰하는 기업의 리뷰가 월등하게 좋은 것을 발견했고, 'Glassdoor Job Search'에 등록된 리뷰와 기업의 특징, 실적 사이의 관계를 탐구하기 위해 프로젝트를 시작했습니다. 리뷰의 텍스트를 효과적으로 분석하기 위해 감정 분석, 텍스트 마이닝, 자연어 처리 기법 등을 공부했고, 프로젝트를 진행하면서 어떤 기업에서 근무한 사람이 더 행복한지를 고민하며 데이터셋을 모아 분석하고 다양한 기법을 공부하는 과정에서 독특한 경험을 할 수 있었습니다. 그리고 이런 프로젝트 경험은 이직 과정에서 좋은 인상을 남겨 성공적으로 이직할 수 있었습니다.

주의해야 할 점

개인 프로젝트는 스스로 진행하는 프로젝트인 만큼 꾸준함이 중요합니다. 평소 관심 있던 분야에서 '이런 것을 해 보면 어떨까?'라는 생각으로 프로젝트를 시작하지만, 정작 학업이나 다른 일에 밀려 마무리되지 않는다면 아무런 쓸모가 없으므로 끝까지 마무리하는 것이 중요합니다.

05 인사이트 도출 훈련

빅데이터 직업에서 소개한 인터뷰이뿐 아니라 많은 빅데이터 전문가가 인사이트 도출 능력을 강조합니다. 인사이트 도출 능력은 구체적으로 무엇일까요? KT의 김혜주 상무는 다양한 데이터 분석 기법을 알고 있으면 문제 해결에 상상력을 더해 넓게 이해할수 있지만, 이보다 중요한 것은 데이터 분석 기법이 아니라 인사이트 도출 능력이고, 이를 기르기 위해서는 일상생활 속에서 어떤 데이터를 활용해 다양한 선택을 하고 있는지 고민해야 한다고 이야기합니다.

인사이트 도출을 위한 훈련으로 'Makeover Monday' 프로젝트를 소개합니다. 'Makeover Monday'는 매주 제공하는 데이터를 활용해 시각화를 연습할 수 있는 프로젝트로, 프로젝트 참여자는 'Makeover Monday'가 제공하는 데이터와 관련 기사, 시각화 차트를 활용해 더 직관적이고 이해하기 쉬운 차트 또는 인사이트를 도출해 업로드하면 'Makeover Monday'는 프로젝트 참여자에게 피드백을 제공합니다. 이때 프로젝트 참여자는 데이터를 확인하지 않은 상태에서 기사를 읽으며 스스로에게 질문하고, 데이터를 가공해 질문에 대한 답변을 찾는 연습을 합니다. 여기서 중요한 것은 데이터의 통계에서 질문을 생각하는 것이 아니라 데이터를 확인하지 않은 상태에서 기사를 읽고, 스스로에게 질문하는 것입니다. 이렇게 스스로에게 질문하는 과정에서 다른 데이터에서 인사이트를 도출하는 연습을 할 수 있는 것이죠.

전문가의 조언 **인사이트 도출 능력이란?**

- 궁금증이 많고 문제의 핵심이 무엇인지 이해하는 능력
- 현실 세계의 문제를 데이터 분야의 문제로 바꿔 생각할 수 있는 능력
- 문제를 해결하기 위해 어떤 데이터가 필요한지 정의하는 능력

06 링크드인과 깃허브로 온라인 프로필 관리하기

문서 형식의 이력서 외에 소셜 미디어나 온라인 전문가 커뮤니티의 프로필을 활용하면 자신의 능력을 효과적으로 강조할 수 있습니다. 이번에는 '링크드인(Linked in)'과 '깃허브(GitHub)'를 이용해 프로필을 관리하는 방법을 알아보겠습니다.

링크드인

링크드인은 온라인 커리어 네트워크 서비스 플랫폼으로, 구인·구직자가 프로필을 관리하고, 직업 공고를 올릴 수 있는 서비스입니다. 링크드인을 활용하면 개인 프로필을 편리하게 관리할 수 있을 뿐 아니라 다른 사용자와 인맥을 쌓을 수 있고, 이력서 스터디에도 유용합니다. 링크드인의 장점은 '프로필 관리', '직업 찾기', '네트워크'로 정리할 수 있습니다.

잠깐만요 | 이력서 스터디에 대한 자세한 내용은 396쪽을 참고하세요. |

링크드인의 효율적인 프로필 관리 시스템을 통해 사용자의 학교와 전공, 대외 활동, 직업, 경력, 주요 업무, 자격증, 기타 스킬 등 이력서에 모두 정리하기 어려운 내용을 자세하게 관리할 수 있고, 링크드인 자체의 알고리즘이 사용자 프로필을 기반으로 관련성 높은 직업 공고를 제공합니다. 평소에 프로필 관리를 잘했다면 링크드인에 접속하는 것만으로도 사용자에게 적합한 직업 공고를 바로 확인할 수 있는 것이죠.

링크드인의 가장 큰 장점은 '사용자 네트워크'입니다. 링크드인은 실제로 만난 적 있는 사람뿐 아니라 앞으로 알아가고 싶은 사람도 간편하게 연결해 줍니다. 학교 친구, 직장에서 만난 사람, 헤드헌터, 팀원을 찾는 팀장 등 다양한 링크드인 사용자가 서로의 프로필을 통해 각자의 배경과 스킬을 알아갈 수 있습니다. 물론 링크드인에서 찾은 새로운 사람에게 먼저 1촌을 신청할 수도 있습니다.

잠깐만요 | 헤드헌팅과 헤드헌터에 대한 자세한 내용은 377쪽을 참고하세요. |

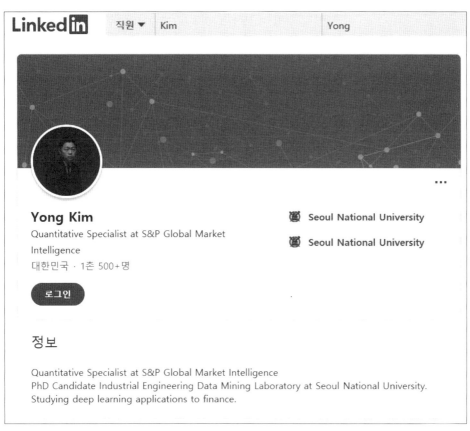

▲ 링크드인 프로필 예시   [출처: 링크드인]

학교 채용 설명회 등에서 만난 현업 전문가의 명함을 받았다면 링크드인에서 1촌 신청하는 것을 잊지 마세요. 링크드인 1촌 신청은 이메일이나 전화 등의 개인 연락처로 연락하는 것보다 부담이 덜해 자연스럽게 연락을 이어갈 수 있는 수단으로 활용할 수 있습니다. 만약, 면접 전 면접관에 대한 정보가 있다면 링크드인을 통해 면접관의 배경과 관심사를 알 수도 있겠죠. 이와 반대로 면접관이 면접자의 링크드인에 찾아오는 경우도 있습니다. 따

라서 예비 상사나 인사 담당자가 나의 프로필에 방문하는 경우에
대비해 프로필을 꾸준히 관리하는 것이 좋습니다.

깃허브

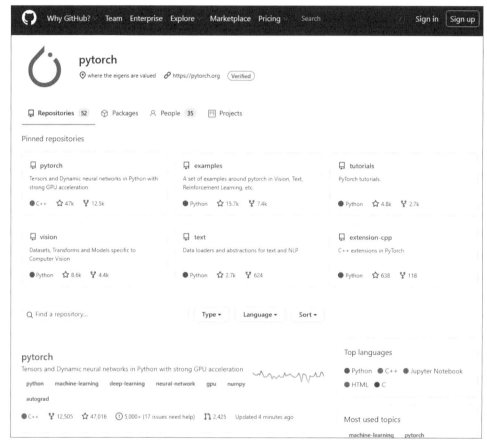

▲ 깃허브 프로필 예시

깃허브는 전 세계에서 가장 큰 개발자 커뮤니티 겸 코드 관리협
업 서비스 제공자로, 사용자 프로필 관리와 오픈소스 코드를 공유
할 수 있는 서비스를 제공합니다. 빅데이터 업무에 코딩 능력은
상당한 자산이 되기 때문에 깃허브에서 활발히 활동하면서 코딩

경력을 남기면 매력적인 지원자가 될 수 있습니다. 여기서는 기본적인 깃허브의 서비스, 활용법, 깃허브를 제대로 활용할 수 있는 개인 프로젝트 관리, 프로젝트 참여, 코딩 방식 벤치마킹, 블로그 관리 방법을 알아보겠습니다.

깃허브는 기본적으로 '깃(Git)'이라는 프로그램을 사용합니다. 깃은 버전 관리, 백업, 협업 등의 기능을 제공하는데, 깃허브뿐 아니라 실무 프로그래밍 업무의 협업 프로젝트에도 깃을 사용하기 때문에 익숙해지면 실무에도 많은 도움이 됩니다. 깃허브의 사용자 프로필에서 '레포지토리(Repository)'라는 저장소를 생성하면 자신의 코드 뭉치를 다른 깃허브 사용자와 공유할 수 있습니다. 공개된 레포지토리에 저장한 코드 뭉치는 오픈소스로 다른 다른 깃허브 사용자가 자유롭게 사용할 수 있습니다.

독자적인 데이터 분석 프로젝트를 진행한다면 깃의 버전 기록 기능을 활용해 내 레포지토리가 어떤 과정을 거쳐 현재의 모습을 갖추게 됐는지를 프로젝트의 시행착오 과정까지 업로드할 것을 추천합니다. 이렇게 관리한 레포지토리는 이력서에 제대로 설명할 수 없는 코딩 능력이나 성실성을 표현할 수 있는 좋은 수단이 됩니다.

깃허브를 사용하다 보면 내 레포지토리의 코드 뭉치에 대한 다른 깃허브 사용자의 조언을 얻을 수도 있고, 프로젝트를 함께 진행할 수도 있습니다. 이와 반대로 다른 깃허브 사용자의 레포지토리에 관한 조언을 하거나 진행 중인 프로젝트에 참여할 수도 있죠. 이런 방식으로 전 세계 프로그래머가 조금씩 기여하는 프로젝트와 완성된 프로그램은 오프소스 형태로 유지와 배포가 진행됩니다. 깃허브를 이용해 다른 사용자의 프로젝트에 참여하면 취업 전 실무 경험을 쌓을 수 있습니다. 책임감을 갖고 프로젝트에 참여하면 능력 향상에 필요한 연습은 물론 그 과정을 기록으로 남길 수도 있습니다.

프로젝트에 참여하지 않더라도 다른 사용자의 레포지토리에서 코딩 스타일이나 문제 접근 방식을 참고하며 벤치마킹하는 것도 많은 도움이 됩니다. 또한 같은 문제에 대한 결과물을 참고한다면 처음 사용하는 패키지나 함수의 효율적인 사용법을 자신의 코드에 알맞게 활용할 수도 있습니다.

깃허브는 프로필당 하나의 블로그 호스팅 서비스를 지원합니다. 블로그 운영이 취업에 결정적인 영향을 미치진 않지만, 지금까지 공부한 내용이나 논문 리뷰 등을 부지런히 기록한다면 면접 과정에서 자신의 장점을 주장할 수 있는 증거 자료가 됩니다.

07 헤드헌터와의 관계 관리하기

이미 사회생활을 시작해 경력을 쌓은 직장인이라면 공개 채용 외에도 헤드헌터를 통해 구직 활동을 할 수 있습니다. 헤드헌팅은 기업의 요구사항에 맞는 인력을 대신 찾아 연결해 주는 업무로, 헤드헌터는 주로 경력직을 대상으로 적합한 인력을 찾아 연결하는 서비스를 제공합니다.

경력자가 헤드헌터를 활용한다면 이직 시장에 대한 전반적인 정보와 필요한 요건 등을 수시로 파악할 수 있기 때문에 채용 정보를 검색하는 시간을 줄이는 것은 물론, 다양한 채용 기회가 올 수 있습니다. 그렇기 때문에 평소에 헤드헌터와 좋은 관계를 잘 유지한다면 구직 및 이직에 많은 도움을 얻을 수 있습니다.

헤드헌터 측에서 먼저 연락을 받는 경우는 헤드헌터에게 경쟁 기업의 핵심 인력을 지목하거나 전문 조사 회사를 통해 발굴되는 것입니다. 이런 경우에는 공개된 연락처를 통해 헤드헌터의 연락을 받을 수 있는데, 당장 헤드헌터의 제안에 관심이 없더라도 언제 다시 제안을 받게 될지 알 수 없기 때문에 우선은 좋은 관계를 유지하는 것이 좋습니다. 먼저 헤드헌터에게 연락하고 싶다면 링크드인, 사람인, 인크루트, 잡코리아 등과 같은 취업 사이트를 이용해 직접 헤드헌터에게 연락하거나 해당 사이트에 자신의 정보를 자세하게 작성한 후 공개해 헤드헌터가 자신을 찾기 좋은 상황을 만들어야 합니다.

헤드헌터는 기업과 계약을 맺고 구직자를 찾기 때문에 특정 분야의 특정 업무에 특화된 경우가 많습니다. 국내에서는 데이터 분석 분야가 주목받은 지 오래되지 않아 데이터 분야의 전문 헤드헌터를 찾기 힘들기 때문에 IT 분야에 특화된 헤드헌터를 활용할 수 있습니다. 또한 헤드헌터를 활용하려면 다음 사항을 신중히 고려해야 합니다.

믿을 만한 헤드헌터인지 확인하라

헤드헌터가 되기 위해서는 많은 자본금이나 특별한 자격이 필요한 것이 아니기 때문에 헤드헌팅 기업이 많아지는 추세입니다. 이 가운데에는 단순히 할당된 후보 숫자를 채우기 위해 채용 조건을 과장하거나 이력서 지원을 강요하는 등의 피해 사례가 발생하고 있으니 믿을 만한 헤드헌터인지 확인하는 것이 중요합니다. 이는 경력, 규모, 해당 업계 실적 등을 이용해 확인할 수 있습니다.

자신의 업무를 이해하는 헤드헌터를 찾아라

헤드헌터가 모든 분야에 정통한 것은 아닙니다. 헤드헌터가 기업이 요구하는 업무의 내용과 능력을 정확히 파악할 수 있어야 적합한 구직자를 연결할 가능성이 높습니다. 특히 주목받은 지 오래되지 않은 데이터 분석 분야는 헤드헌터의 도움을 받아 이직한 후 제안받은 내용과 다른 업무를 맡게 될 수도 있기 때문에 더욱 조심해야 합니다.

제안받은 사항을 자세히 확인하라

기본적으로 헤드헌팅 제안과 함께 '직무 분석표(Job Description)'를 받게 됩니다. 이때 직무 분석표상의 담당 업무와 자격 조건 정보

외에도 제안받은 업무가 신설된 업무인지, 전임자가 급하게 퇴사하는 바람에 채용을 진행하는지 등 전반적인 상황에 대한 정보를 확인하는 것이 중요합니다.

헤드헌터가 자신을 어떻게 찾았는지 확인하라

헤드헌터가 자신을 어떻게 찾았는지 파악하면 도움이 됩니다. 지인 추천이나 링크드인 프로필 등 어떤 경로로 자신을 확인해 연락했는지 알 수 있다면 확인한 경로를 중심으로 정보를 업데이트하는 등과 같은 준비를 통해 좀 더 좋은 조건을 제안받을 확률을 높일 수 있기 때문입니다.

두 명 이상의 헤드헌터와 교류하라

헤드헌터는 특정 기업과 계약을 통해 채용을 진행하기 때문에 제안 조건이 제한적일 수 있습니다. 하지만 2명 이상의 헤드헌터와 교류한다면 업계 동향을 파악해 다양한 조건을 제안받을 확률을 높일 수 있습니다.

결과는 자기가 책임진다는 것을 명심하라

헤드헌터는 정보를 제공하지만 결과에 책임지지 않습니다. 또한 헤드헌터라는 직업의 특성상 이직을 권장할 수밖에 없습니다. 이직의 최종 결정과 결과는 자기 자신에게 있다는 것을 명심하고 결정을 내리기 전에 자신이 처한 상황을 객관적으로 고민해야 합니다.

3 | 취업 절차

경쟁력 있는 신입이 되기 위한 준비가 끝났다면, 실제로 국내 및 해외 취업을 하기 위해 어떤 절차를 거쳐야 하는지 알아보겠습니다.

빅데이터 직업과 상관없이 반드시 읽어야 할 내용입니다.

01 국내 취업 절차 알아보기

사람들은 대부분 다양한 채용 정보를 한 번에 검색하기 위해 사람인, 잡코리아와 같은 채용 검색 사이트의 도움을 받습니다. 채용 검색 사이트는 기본적으로 지역이나 직업별로 채용 정보를 세분화해 검색할 수 있고, 공채는 물론 인턴 채용부터 채용 일정까지 한 번에 확인할 수 있습니다.

현대자동차, 네이버와 같이 수시 채용을 진행하는 기업들이 점차 늘어나는 추세지만, 여전히 많은 기업은 공개 채용을 이용하고 있습니다. 데이터 관련 직군은 대기업뿐 아니라 중견 기업과 스타트업에서도 수요가 많습니다. 수시 채용에 대한 기회가 생각보다 많으므로 구직 준비가 잘돼 있다면 수시 채용에 도전해 보는 것도 좋습니다.

서류 준비

공개 채용이든, 수시 채용이든 지원을 하기 위해서는 이력서와 자기소개서 등을 제출해야 합니다. 이력서에는 인적사항과 학력, 학점, 수상 내역, 자격증 등과 같은 개인의 능력을 나타낼 수 있는 사항을 기록하는데, 일부 기업에서는 지원자를 좀 더 깊이 있게 파악하기 위해 사전 준비된 질문에 서술식으로 답변해 줄 것을 요구하기도 합니다. 최근에는 채용 과정에서의 편견이나 불합리한 차별을 방지하기 위해 출생지, 가족 관계, 학력, 외모 등의 사항을 요구하지 않는 블라인드 채용을 진행하는 곳도 있으므로 기업별로 요구하는 서류 양식에 맞게 이력서를 작성하면 됩니다.

자기소개서는 가능한 한 구직 준비를 하면서 준비한 데이터 관련 활동에 대해 최대한 자세하게 설명하는 것이 좋습니다. 데이터 관련 업무에 지원하는 만큼 관련 도구의 숙련도 정도의 단순한 내용보다는 데이터 관련 활동 중 자신의 역할, 활동 중 배운 점, 데이터 분석 과정에서 어떤 어려움이 있었고, 어떻게 해결했는지 등의 내용을 자세하게 정리하면 좋은 인상을 남길 수 있습니다.

인성 면접

채용 과정 중 임원 면접이 없는 기업이 있기도 하지만, 인성 면접은 대부분의 기업에서 진행하고 있습니다. 인성 면접은 지원자가 어떤 가치관을 가진 사람인지, 조직에 잘 융화될 수 있을지 등의 인성적인 면을 평가하는 면접으로, 특별한 형식이 정해져 있지 않기 때문에 각 기업의 면접 후기 등을 통해 대략적인 분위기를 파악하고 면접에 임하는 것이 좋습니다. 보통 지원자의 성장 환경, 성격의 장단점, 경험, 가치관, 여가 활동 등 다양한 분야에 대한 질문을 하기 때문에 예상 질문 리스트를 작성해 자기 스스로에 질문에 진솔하고 차분하게 설명할 수 있도록 준비하고, 책임감과 리더십과 같이 직장 생활에 도움이 되는 경험을 답변 중간에 적절히 표현하면 좋은 평가를 받을 수 있습니다.

전문가의 조언	인성 면접 예상 질문 리스트

- 갈등이나 좌절한 경험은 무엇인가요?
- 자신만의 차별화된 강점은 무엇인가요?
- 자신의 강점을 통해 좋은 결과를 얻을 수 있었던 경험이나 사례를 말해 주세요.
- 자신의 장단점은 무엇인가요?
- 자신의 약점은 무엇이고, 극복한 경험이나 사례를 말해 주세요.
- 가장 크게 실패(성공)했던 경험을 말해 주세요.
- 가장 소중하게 생각하는 것은 무엇인가요?
- 자신의 단점 세 가지를 말해 주세요.
- 자신이 리더로 추진한 일이 있나요? 있다면 어떤 성과를 냈는지 말해 주세요.
- 자신은 따라가는 스타일입니까, 주도하는 스타일입니까?
- 자신의 능력 밖의 업무를 맡게 된다면 어떻게 하겠습니까?
- 인생에서 가장 열정적인 순간은 언제였습니까?
- 관련 업종의 최근 이슈를 말해 주세요.
- 우리 회사의 인재상 중 자신에게 해당하는 한 가지와 그 이유를 말해 주세요.
- 우리 회사의 장단점을 말해 주세요.
- 우리 회사의 이미지를 말해 주세요.
- 우리 회사에 대해 궁금한 점이나 질문이 있나요?
- 조직을 이해하는 관점이 중요합니다. 우리 회사의 핵심 가치는 무엇이라고 생각합니까?
- 우리 회사가 왜 지원자를 뽑아야 한다고 생각합니까?

직무 면접

직무 면접은 지원자가 지원한 업무와 관련 있는 실무진이 진행하는 것입니다. 주로 업무와 관련된 내용을 중심으로 진행되며, 최근에는 특정한 가치나 민감한 사항에 대해 질문해 곤란한 상황에서 지원자의 논리적인 사고 능력이나 대처 능력 등을 확인하는 압박 면접의 형태로 진행하기도 합니다.

직무 면접 중 준비 활동에서 설명한 인턴십이나 연구 경험, 데이터 분석 대회 등의 경력이 있다면, 면접관이 해당 활동에 대해 질문할 것입니다. 이때 어떤 활동을 했고, 어떤 알고리즘을 활용했다는 1차원적인 경험담보다 어떤 상황에서 왜 그 알고리즘을 선택했고, 해당 알고리즘을 적용하는 과정에서 겪었던 애로사항과 해결법, 그 결과와 한계 등을 논리 있게 설명하면 면접관에게 더 좋은 평가를 받을 수 있을 것입니다. 특히 데이터 분야에서는 기초 수학 및 통계학 등 관련 지식에 대한 질문을 받는 경우도 많으므로 관련 내용을 한 번 더 공부해 면접에 대비하는 것이 좋습니다. 최근에는 코딩 테스트나 실제 데이터 분석이나 문제 해결 과정을 직접 테스트하는 경우도 많으므로 평소에 미리 준비해 두면 많은 도움이 될 것입니다.

AI 역량 검사

최근 185개 이상의 기업에서 AI 역량 검사를 채용에 도입했습니다. AI 역량 검사는 채용 솔루션 제공업체인 '마이다스 아이티'의 AI 역량 검사 프로그램으로 진행됩니다. 기업에 따라 AI 역량 검사를 통해 합격, 불합격을 직접 결정하기보다 참고용으로 활용하고 있긴 하지만, 점점 그 활용과 중요도가 점점 높아지고 있습니다.

AI 역량 검사는 지원자가 원하는 시간과 장소에서 지원자의 컴퓨터를 통해 진행되고 ❶ 마이크 테스트 등 컴퓨터 환경 세팅, ❷ 자기소개, 지원 동기, 장단점 말하기 등 구술 면접, ❸ 인성 검사, ❹ 상황 면접, ❺ 역량 분석 게임, ❻ 심층 구조화 면접으로 구성돼 있으며 'V4(VISION, VOICE, VERBAL, VITAL)' 분석과 'P6 역량' 분석 게임을 활용해 지원자의 성과 역량과 직군 적합도를 파악합니다.

국내 최고 면접 전문가가 평가한 1억 건 이상의 데이터를 바탕으로 학습한 'V4' 기술이 적용된 V4 분석은 지원자의 질의 응답 과정에서 발생하는 음성, 영상 정보 등의 실시간 반응을 분석해 호

감도, 매력도, 감정 전달 능력, 의사 표현 능력 등을 판단합니다.

'뇌의 CEO'라고도 불리는 전전두엽의 여섯 가지 영역과 관련된 역량을 측정하는 'P6' 기술을 바탕으로 설계된 P6 역량 분석 게임은 지원자가 게임을 진행하는 과정에서 발생하는 전전두엽의 다양한 활동을 측정해 성과, 관계, 조직 적합도 등 약 31개의 역량을 분석하고 판단합니다.

AI 역량 검사는 지원자에 대한 성향과 특징을 좀 더 깊게 파악하기 위해 진행하는 검사로, 성적보다 검사 진행 과정에서 파악할 수 있는 지원자의 성향에 가장 잘 맞는 직무를 판단하는 역할을 합니다. 대략적인 검사의 흐름과 방식을 미리 파악해 검사 중 당황하지 않도록 대비하는 것이 좋긴 하지만, 검사 성적을 높이기 위해 많은 시간을 할애할 필요는 없습니다.

임원 면접

임원 면접에서는 지원자가 지원한 팀이나 부서의 임원 참석해 회사에 대한 열정, 관심도 등에 대해 질문하고 최종 평가를 합니다. 임원 면접은 임원 개인의 성향에 따라 직무와 관련된 사항을 물어보긴 하지만, 보통은 편안한 분위기에서 임원이 지원자를 파악하는 질문으로 진행됩니다. 임원 면접에서는 주로 살아오면서 경험한 일, 특별했던 일, 앞으로 회사에서 이루고 싶은 일 등에 대한 질문을 받게 될 것입니다.

- 자기소개를 해 보세요.
- 우리 회사를 지원한 이유는 무엇인가요?
- 입사 지원한 회사의 선택 기준은 무엇인가요?
- 해당 직무에 지원한 이유는 무엇인가요?
- 현재의 전공 선택한 이유는 무엇인가요?
- 산업의 관심 이슈는 무엇인가요?
- 경력을 위한 계획은 무엇인가요?

02 해외 취업 절차 알아보기

새로운 도전을 위해 해외 취업에 도전하고 싶지만, 언어 문제부터 낯선 곳에서 일하는 것 등 취업 절차 외에도 신경써야 할 것이 많아 해외 취업이라고 하면 지레 겁먹을 수 있습니다. 하지만 기본적인 취업 절차는 국내 취업 절차와 크게 다르지 않습니다. 여기서는 해외 취업을 희망하는 예비 빅데이터 전문가를 위해 해외 취업 절차를 알아보겠습니다.

채용 공고 확인하기

해외 기업은 팀 단위의 상시 채용이 많은 편으로, 인사권을 가진 팀 리더가 인력을 요구하면 회사 공식 채널에 채용 공고가 등록되기 때문에 각 회사의 채용 공고를 모두 확인하는 것은 어렵습니다. 이 경우에는 'Glassdoor Job Search', 'Indeed' 등의 해외 인사·채용 정보 사이트나 링크드인을 이용해 한 번에 확인할 수 있습니다. 채용 공고를 확인한 후에는 채용을 진행하는 회사의 공식 홈페이지를 이용해 지원하면 됩니다. 하지만 따로 채용 정보 사이트에 채용 공고를 등록하지 않는 회사도 있기 때문에 평소 관심 있는 분야의 기업 리스트를 정리해 놓고, 자주 확인하는 수밖에 없습니다. 하지만 팀 단위의 상시 채용이 많고 팀 리더에게 많은 인사 권한을 주기 때문에 채용 공고를 등록하지 않고 헤드 헌팅 등을 포함한 주변 네트워크를 통해 채용을 진행하기도 합니다. 이런 경우는 보통 경력자 채용을 위한 것이지만, 신입 사원 채용에도 주변 네트워크를 활용합니다. 만약 채용 박람회 등을 통해 실무진이나 헤드헌터와 만나 좋은 관계를 유지하고 있다면 바로 면접을 진행하거나 간단한 채용 절차를 거치는 기회를 얻을 수도 있습니다.

하지만 해외 취업을 위한 채용 공고를 확인할 때는 주의해야 할 것이 있습니다. 빅데이터 분야는 아직 명확한 기준으로 직무명이 분류되지 않은 경우가 많기 때문에 채용 공고를 확인할 때는 직무 분석표의 '직무(Responsibilities)'와 '요건(Qualifications)' 항목을 잘 살펴 자신이 원하는 직무인지 꼼꼼하게 확인하고 지원해야 합니다. 또한 해외 취업을 준비할 때 외국인의 취업비자를 후원할 여력이 되는 회사인지 미리 확인하면 지원할 회사의 범위를 좁힐 수 있습니다.

서류 준비

대부분의 해외 기업은 정해진 이력서 양식이 없기 때문에 이력서의 내용뿐 아니라 디자인에도 신경써야 합니다. 또한 이력서에 많은 개인 정보를 요구하지 않으므로 채용에 직접적으로 도움이 되는 내용이 아니라면 이름과 연락처, 깃허브 블로그 등 개인 홈페이지 주소 정도만 입력하면 됩니다. 본인 사진도 첨부할 필요 없습니다.

보통 인사 담당자가 한 명의 이력서를 검토하는 데 20초 내외의 시간을 할애한다고 합니다. 따라서 A4 한 페이지나 최대 두 페이지 안에 필요한 내용을 잘 정돈되고 간결하게 정리하는 것이 좋습니다. 또한 팀 단위 상시 채용이 많다는 것은 지원자에게 기대하는 경험이나 요구 능력, 채용 후 맡게 될 업무가 상세하다는 의미이기도 합니다. 채용 공고에도 이런 내용이 자세하게 설명돼 있을 것이므로 이력서도 채용 공고에 맞춰 작성하는 것이 좋습니다.

앞서 말했듯이 다수의 국내 기업과 달리, 해외 기업에서 요구하는 이력서는 양식이 정해져 있지 않은 경우가 대부분입니다. 따라서 어떤 글꼴을 사용할 것인지 등 전반적인 형식을 직접 선택해야 합니다. 자유도가 높기 때문에 혼란스러울 수도 있지만, 글꼴을 통일하고 줄 간격의 일관성을 유지하며 섹션 제목을 적절하게 강조하는 것만으로도 전문성을 피력할 수 있습니다.

이력서의 양식은 간결하고 한눈에 들어올 수 있는 것을 선택하는 것이 좋습니다. 다양한 양식을 살펴볼 수 있는 웹 사이트로 'Canva', 'Resume', 'Overleaf'를 소개합니다. 세 웹 사이트 모두 무료로 이력서 양식을 둘러볼 수 있고, 더 나아가 직접 간편하게 이력서를 만들 수도 있습니다. Overleaf의 경우 'TeX'라는 자체 프로그램을 사용할 줄 알아야 이력서를 수월하게 작성할 수 있습니다. TeX는 사용법에 익숙하다면 좀 더 자유로운 양식의 이력서를 만들 수 있지만, 진입 장벽이 높은 편입니다. 이 책에서 소개한 웹 사이트의 서비스를 활용하는 것도 좋고, 다양한 양식을 참고해 직접 자신만의 이력서를 만드는 것도 좋습니다. 이렇게 작성한 이력서는 PDF 형식으로 제출하는 것을 잊지 마세요.

▲ canva [출처: canva.com]

▲ resume [출처: resume.com]

▲ overleaf [출처: overleaf.com]

이력서에 사용하기 좋은 글꼴에는 명조체(세리프, serif)와 고딕체(산세리프, san-serif)가 있습니다. 영어 이력서에서 흔히 사용하는 명조체는 'Georgia', 'Bell MT', 'Garamond' 등이 있고, 고딕체에는 'Arial', '**Tahoma**', 'Century Gothic', '**Lucida Sans**' 등이 있습니다. 명조체는 가독성이 좋은 반면, 고딕체는 현대적이고 도시적인 느낌을 줍니다. 이력서의 섹션이 시작되거나 강조하고 싶은 부분이 있을 때는 글꼴을 유지한 상태에서 글자를 **굵게**하거나 *기울이거나* 밑줄을 사용할 수 있습니다. 어떤 글꼴을 사용하든 큰 상관은 없지만, 전반적으로 같은 글꼴로 통일해야 한다는 것을 기억하세요.

이력서는 크게 네 부분으로 나눠 기본사항, 학력사항, 이력사항, 기타사항을 정리하면 됩니다. 먼저 기본사항에는 불필요한 내용 없이 이름과 연락처 정도만 기재하면 됩니다. 학력사항에는 최종 학력이나 취득 예정 학력을 기재합니다. 학교명, 학위명, 재학 기간(재학 중이라면 졸업 예정일)과 학위 과정 중 지원하는 직무와 관련 있는 수업 명을 기재하면 면접 과정 중 장점으로 강조할 수 있습니다. 이때 주의해야 할 점은 면접관이 이력서에 기재한 수업과 관련한 질문을 던질 수 있다는 것입니다. 이때 수업 관련 질문에 대답을 잘하지 못한다면 장점이 아니라 오히려 감점 요인으로 작용할 수도 있습니다. 이력서에 써서 제출한 순간부터 이력서의 모든 사소한 부분까지 면접관이 질문할 수 있으므로 미리 준비하는 것이 좋습니다.

Gil Dong Hong

+82 1012345678 · gildong@gmail.com · gildong.github.io

Education

Hankuk University   *Seoul, Korea*
MS Computer Science (Big Data Lab)   *Feb 2019 – Jun 2022 (Expected)*
Relevant Modules: Machine Learning, Deep Learning, Statistics, Optimization
Supervisor: Prof. Soon Shin Lee (Director of Big Data Lab)

Hankuk University   *Seoul, Korea*
BS (Hons) Mathematics   *Feb 2015 – Feb 2019*
Relevant Modules: Linear Algebra, Scientific Computing, Statistical Modelling, Numerical Analysis

---

▲ 이력서의 기본사항

이력사항에는 근무했던 회사, 직책명, 근무 기간과 직무 세부사항을 기재합니다. 지원하려는 직업의 직무와 요건을 살펴 가장 연관이 깊고 최근 경험부터 기재하는 것이 좋습니다. 직무 세부사항은 무엇을 '했는지'보다 무엇을 '이뤘는지'를 강조해야 합니다. 특히, 'action verb for CV'를 검색해 영어 동사 리스트를 참고하는 것이 좋습니다. 영어 동사 리스트를 참고해 수동태를 삼가는 것만으로도 좋은 인상을 심어 줄 수 있습니다. 예를 들어 홈페이지의 유저 접속 데이터를 분석해 새로운 마케팅 전략을 수립했다는 것을 이력서에 쓰고 싶다면, 다음과 같이 기재하면 됩니다.

- **'무엇을 했는지'**: Responsible for monitoring Google Analytics to propose new marketing strategies.
- **'무엇을 이뤘는지'**: Delivered a 15% exposure boost by promoting novel ads strategies through audience analysis with Google Analytics.

위와 같이 능동적으로 수행한 일이 실제로 팀에 기여한 바를 중심으로 기술해야 합니다. 만약 일의 성과를 숫자로 표현할 수 있다면 꼭 숫자로 표기하세요. 이와 더불어 회사에서 원하는 경험과 자질이 돋보일 수 있도록 채용 공고의 직무 분석표를 제대로 숙지할 것을 권합니다. 예를 들어 직무 분석표에 특정한 프로그래밍 언어나 머신러닝 프레임워크에 대한 언급이 있고, 해당 기술에 대한 경험이나 전문성이 있다면 그 기술을 활용해 산출한 결과물을 기재하는 것이 좋습니다.

하지만 지나치게 길고 자세하게 기재할 필요는 없습니다. 이력서는 면접까지 안내하는 역할을 하기 때문에 자신의 이력서를 확인하는 사람이 자신을 좀 더 알고 싶게 만드는 것이 더 중요하기 때문이죠. 이력사항은 한 회사의 직무당 3~4줄 정도가 적당하지만, 직무를 맡은 기간에 따라 더 많거나 적을 수 있습니다.

Employment History

Samsan Tech 　　　　　　　　　　　　　　　　　　　　　　　　　　　 *Seoul, Korea*
Data Analyst Intern, Data Analysis Department 　　　　　　　　　　 *Jul 2019 – Sep 2019*
- Delivered a 15% exposure boost by promoting novel ads strategies through audience analysis with Google Analytics.
- Maintained a Tableau dashboard solution and produced regular reports for the mobile handheld device market.
- Extensive use of SQL for efficient data extraction based on database comprehension.

▲ 이력서의 이력사항

기타사항에는 학력사항과 이력사항 외에 채용에 도움이 될 만한 정보를 정리합니다. 주로 대학에서 동아리 임원을 맡았다거나 대외 활동, 온라인 공개 수업(MOOC)에서 수강한 코스, 자격증, 수상 경력 등을 기재합니다. 이외에도 흥미롭거나 특이한 내용 기재하면 면접관의 관심을 끌어 면접 초반의 어색함을 깨고 자연스러운 대화를 이어 나갈 수 있습니다.

Additional Information

Experienced technologies: Python (Tensorflow, Pytorch, Pandas), Javascript (Node.js, React), MongoDB, SQL, Java
President of Hankuk University Rowing Club (2018-2019)
Holding 10 MOOC (Coursera) certificates including:
    Machine Learning (StanfordU), Reinforcement Learning Specialisation (UAlberta), Deep Learning Specialization (deeplearnig.ai), Applied Data Science with Python Specialization (UMichigan)

▲ 이력서의 기타사항

이력사항과 별개의 개인 연구 경력이나 연구 성과가 있다면 기타사항에 기재하는 것이 좋습니다. 개인 연구였다면 연구 내용, 팀 연구였다면 팀에서 맡은 직책이나 소속 기관 등을 기재합니다. 연구 내용이 저널에 소개됐거나 컨퍼런스에 발표됐다면 저널이나 컨퍼런스의 정보까지 정확히 기입하세요. 만약 데이터 리서처를 꿈꾸고 있다면 이 부분이 상당히 길 수 있는데, 이럴 땐 길이에 개의치 말고 길게 작성해도 됩니다.

자기소개서

몇몇 회사는 지원 과정에 이력서 이외의 영문 자기소개서(Cover Letter)를 요구하거나 제시한 질문을 주제로 한 에세이를 요구하기도 합니다. 자기소개서는 지원하는 회사와 직무에 관심을 갖게 된 계기, 자신이 지원 직무에 적임자인 이유 등을 제시할 수 있는 기회가 됩니다. 자기소개서를 요구하지 않더라도 최대한 제출하는 방향으로 취업 절차를 진행하는 것이 좋습니다. 자신의 강점을 부각할 수 있기 때문이죠. 만약 자기소개서에 담길 만한 내용을 정리한 온라인 프로필이 있다면 이력서에 해당 링크를 넣는 것도 좋은 방법입니다.

자기소개서는 A4 한 페이지 이내에 3~4 문단으로 작성하면 됩니다. 이력서에 담지 못한 자신의 이야기나 경력 목표, 장점, 지원하는 회사와 부서, 직무에 대한 이해도 등을 하나의 이야기로 엮어 작성하고, 에세이는 주로 회사와 직무에 대한 이해도와 함께 관련 산업에서 지원하는 회사의 위치나 역할 등에 대해 이해하고 있는지에 관련된 질문을 제시합니다.

면접

면접 전에는 꼭 'Glassdoor Job Search'에서 해당 업무의 면접 질문을 검색해 보세요. 다양한 후기 중, 실제 면접 질문을 그대로 정리한 후기가 있으므로 미리 확인하면 면접에 많은 도움이 됩니다. 또한 이 회사에 지원한 이유, 지원한 업계에서 일하고 싶은 이유, 자신의 경력 계획 등 기본적인 사항에 답변을 미리 준비하는 것이 좋습니다. 이 세 가지 질문을 유기적으로 연결해 답변할 수 있을 정도로 자신만의 이야기를 만들었다면 비로소 면접 준비를 마쳤다고 할 수 있는 것이죠.

대부분의 면접은 세 단계를 거쳐 진행됩니다. 우선 첫 번째 면접은 주로 인사 담당자가 주관하는 전화 면접이나 대면 면접입니다. '핏 인터뷰(Fit Interview)'라고 하는 첫 번째 단계에서는 지원자의 면접 준비 상태를 확인합니다. 핏 인터뷰 예상 질문은 인터넷을 통해 쉽게 검색할 수 있고, 문제은행에 출제되기도 합니다. 딱히 어렵지 않으므로 조금만 준비하면 무난하게 통과할 수 있을 것입니다. 예상 질문은 'Fit Interview Questions'라는 검색어로 쉽게 검색할 수 있고, 약 50개 정도의 질문에 답변할 수 있을 정도로 준비하는 것이 좋습니다. 핏 인터뷰에서 좋은 점수를 받고 싶다면 최대한 지원하는 직무에 관련된 질문에 답변할 수 있도록 준비하세요. 간혹 실무자와 함께 핏 인터뷰를 진행하기도 하는데, 지원자 입장에서 실무자가 핏 인터뷰에 참여하는지 알 수 없기 때문에 기회가 있을 때 최대한 자신이 지원하는 직무에 적합하다는 것을 보여 주는 것이 좋습니다. 실무자가 주의 깊게 살피는 것은 지원자가 실제로 맡은 업무를 잘 해낼 수 있을지에 대한 것입니다.

두 번째 면접에서는 실무진이 지원 업무를 수행할 수 있는 충분한 지식과 경험을 갖고 있는지를 확인합니다. 이 두 번째 면접은 '테크니컬 인터뷰(Technical Interview)'라고도 하는데, 지원 업무에 필요한 필수 지식뿐 아니라 이력서에 기재된 경험을 해당 업무와 연관 지어 설명하는 연습을 하는 것이 좋습니다.

데이터 사이언티스트나 데이터 엔지니어라면 간단한 코딩 테스트를 진행할 수도 있습니다. 데이터 애널리스트라면 즉석에서 발표 자료를 만들어 발표할 수도 있고, 데이터 리서처의 경우에는 지원자 대부분의 학력이 대학원 이상이기 때문에 자신의 학위 논문에 대한 질문이나 실무 지식과 관련한 질문을 받을 수 있습니다. 이때 기술적인 질문에 직접 진행한 프로젝트나 분석 사례와 연결해 답변할 수 있다면 자신의 이해도를 더 뽐낼 수 있을 것입

니다. 테크니컬 인터뷰에서 어떤 질문을 받는지 더 알고 싶다면
『데이터 과학자와 데이터 엔지니어를 위한 인터뷰 문답집』(제이
펍, 2020)을 추천합니다.

세 번째 면접은 임원급 면접관이 주관합니다. 보통 개괄적인 경력
목표나 이 회사에서 이루고자 하는 개인적인 목표 등을 질문하며
지원한 회사와 비슷한 비전을 갖고 있는지 평가합니다. 또한 첫
번째 인터뷰에서 받은 질문을 똑같이 하기도 합니다. 세 번째 면
접을 위해서는 지원한 회사에 대해 많은 조사가 필요합니다. 회사
홈페이지를 꼼꼼히 살피거나 'Glassdoor Job Search'의 후기를
통해 지원한 회사에 대해 최대한 많이 알아 두는 것이 좋겠죠.

해외 기업 면접에 가장 중요한 것은 면접이 영어나 지원한 기업
의 언어로 진행된다는 것입니다. 면접에서 자신의 실력을 제대로
보여 줄 수 있도록 지원한 기업에서 사용하는 언어로 말하는 연
습을 꾸준히 하세요. 지금까지 알아본 면접 과정은 어디까지나 일
반적인 과정으로 지원하는 기업마다 다를 수 있기 때문에 면접
일정을 정하기 전 인사 담당자에게 면접의 성격이나 준비 사항에
대해 꼼꼼히 질문하는 것도 좋은 방법입니다. 예정된 면접이 핏
인터뷰인지, 테크니컬 인터뷰인지, 면접관 중 어떤 사람이 포함돼
있는지 묻는 것은 실례되는 것이 아니므로 최대한 많은 질문을
통해 면접을 준비하는 것이 좋습니다. 특히 면접관으로 포함된 사
람을 링크드인에서 검색할 수 있다면 면접관의 경력이나 전공, 관
심 분야 등을 미리 확인할 수 있습니다. 만약 자신과의 교집합이
있다면 면접에서 부각하는 것도 좋은 전략입니다.

이력서 스터디는 링크드인, 깃허브 등의 소셜 네트워크 프로필을 활용해 여러 전문가의 경력을 살펴보는 것으로, 다양한 전문가나 자신만의 롤모델을 찾아 그들의 선택을 살펴보는 것이 취업에 많은 도움이 됩니다. 예를 들어 이 책에서 소개한 것과 같이 데이터 사이언티스트나 데이터 리서처는 대학원 수준의 지식과 연구 경험이 있어야 쉽게 취업할 수 있습니다. 만약 데이터 사이언티스트나 데이터 리서처로 취업하고 싶다면 대학원에 진학하거나 우선 비교적 학위나 연구 경험이 덜 중요한 데이터 애널리스트로 취업한 후 데이터 사이언티스트로 이직을 준비할 수 있습니다. 어떤 과정을 거치든 최종적으로 데이터 사이언티스트에 도달할 수 있는 계획이지만, 지금 어떤 선택을 하는 것이 더 좋을지 예상할 수 없을 때 롤모델을 참고할 수 있습니다.

이력서 스터디를 하려면 우선, 링크드인이나 깃허브에서 키워드 위주로 프로필을 검색해 보세요. 자신이 목표로 하는 직책명, 산업군, 회사명 등을 검색해 최대한 많은 프로필을 확인하다 보면 링크드인의 알고리즘이 확인한 프로필과 연관성이 높은 프로필을 계속 보여 줄 것입니다. 이렇게 검색한 프로필의 사람은 어떤 과정을 거쳐 지금의 위치에 올 수 있었는지 살펴보세요. 이와 비슷한 일을 하려면 무엇을 공부해야 하는지 정리하고 학부 전공과 지금 하는 일의 연관성을 살펴보는 것도 많은 도움이 됩니다. 그리고 경력 중간에 MBA나 다른 대학원을 진학했는지도 충분히 참고할 만한 사항입니다.

검색한 프로필과 자신의 공통점이나 차이점 비교하면 미래를 설계하고 동기를 부여하는 데도 많은 도움이 됩니다. 특히 기억에 남는 프로필이 있다면 따로 연락해 직접 조언을 구하는 것도 좋은 인맥 관리 방법입니다. 링크드인의 서비스 목적은 직장의 네트워킹이기 때문에 일면식이 없는 사람과 메시지를 주고받는 것이 전혀 이상하지 않습니다. 두려워하지 말고 능동적으로 조언을 구해 보세요. 열정에 감동한 선배가 도움을 줄지 모르니까요.

INDEX